行政法学原理与实务研究

张彦俊　著

九州出版社

JIUZHOUPRESS

图书在版编目（CIP）数据

行政法学原理与实务研究 / 张彦俊著 . —北京：
九州出版社，2019.12
ISBN 978 - 7 - 5108 - 8730 - 7

Ⅰ.①行… Ⅱ.①张… Ⅲ.①行政法学—研究—中国
Ⅳ.①D922.104

中国版本图书馆 CIP 数据核字（2020）第 001423 号

行政法学原理与实务研究

作　　者	张彦俊　著
出版发行	九州出版社
地　　址	北京市西城区阜外大街甲 35 号（100037）
发行电话	（010）68992190/3/5/6
网　　址	www. jiuzhoupress. com
电子信箱	jiuzhou@ jiuzhoupress. com
印　　刷	虎彩印艺股份有限公司
开　　本	710 毫米 ×1000 毫米　　16 开
印　　张	14
字　　数	233 千字
版　　次	2020 年 6 月第 1 版
印　　次	2020 年 6 月第 1 次印刷
书　　号	ISBN 978 - 7 - 5108 - 8730 - 7
定　　价	65.00 元

前言

当代行政法学意义上有关行政的含义有各种各样的界定。总体概括来说，主要有以下三种："排除说"认为，行政是指国家立法、司法以外的一类职能；"目的说"认为，行政是指在法律规制之下，为实现国家职能而实施的积极、连续、整体、统一的管理活动；"内容说"认为，行政是指国家行政机关对国家与公共事务的决策、组织、管理以及调控。

行政法在国家生活和社会生活中发挥着重要的作用。行政主体行使行政职权，是国家实现政治、经济、文化等建设任务的最重要途径和手段。因此，保障行政主体有效且正确地行使行政职权，就是实现国家职能、确保国家现代化建设事业得以实现的重要前提。在现代，无论哪个国家的行政管理都必须依法进行，行政法是行政主体行使行政职权的主要依据，对行政管理活动发挥着不可估量的保障作用。并在保障行政相对人的合法权益方面、促进民主与法治的发展方面都具有相当重要的意义。本书的作用就是为了探究行政法学的原理与实务，希望对行政法的推进与发展能有一定的作用。

全书共分为八个章节，主要包括了行政法的概述、行政法需要遵循的基本原则、行政法的主体、行政行为的含义、行政立法相关知识、行政程序相关内容、行政复议和行政诉讼的内容与内涵等。书中的内容由浅入深，兼容了行政法相关的深度与广度，为行政法学的探究之路铺砖加瓦。由于作者水平有限，书中难免有错误和疏漏之处，还望各位读者批评指正。

张彦俊

目　录

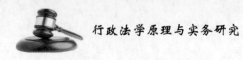

第一章　行政法概述

第一节　行政法的概念和特点

一、行政法的概念和调整对象

（一）行政的含义和特征

行政（administration）一词，在英语中是治理、管理和执行事务的意思，行政与施政是同义词。

当代行政法学意义上行政的含义有各种各样的界定。概括起来，主要有以下三种："排除说"认为，行政是指国家立法、司法以外的一类职能；"目的说"认为，行政是指在法律规制之下，为实现国家职能而实施的积极、连续、整体、统一的管理活动；"内容说"认为，行政是指国家行政机关对国家与公共事务的决策、组织、管理和调控。

我们认为，行政是行政主体依法对国家和社会公共事务进行组织和管理的一种国家职能。行政主要有以下特征。

1. 行政具有主体恒定性

行政的主体是一定的国家组织或社会组织，行政是对国家事务或社会事务的管理，必须由一定的法律主体来进行。行政的主体主要是行政机关，即从事国家事务和社会公共事务管理的国家组织。由于行政任务的多元化和复杂化，除行政机关外，非行政机关的组织也可根据法律或法规的授权从事一定的行政管理职能，成为行政的主体。当然，组织的行政活动还需要这些组织中的工作人员来具体实施或完成。实践中还存在行政机关委托社会组织或

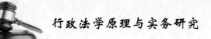

人员从事一定行政事务活动的情形。

2. 行政具有执行性

行政并不是国家的所有活动，而是行政机关实施国家行政权的活动。这种活动主体主要是国家行政机关，活动的内容是实施国家行政权。在我国，行政作为一种执行活动，是行政机关执行权力机关意志的活动。

3. 行政具有法律性

现代行政管理首先是依法管理，行政活动不能超越法律，要受法律的约束。"依法行政"是当代行政法的原则和核心，一切行政都要遵循法律所规定的条件、程序、方式、形式等，违法行政自然没有法律效力。

4. 行政具有强制性

行政是国家的活动，体现了国家的意志，行政的实施以国家的政权为后盾，以法律的强制力为保障。行政主体所实施的行政活动，相对人有服从、接受和协助的义务，否则，行政主体可以借助法律手段强制相对人执行和服从自己的行政决定。

5. 行政内容具有公益性

行政是一种与公共权力相联系的国家行为，它具有公益性。它以社会公共利益的取得为自己的宗旨和目标。

6. 行政具有受监督性

行政活动必须受到严格的监督，这种监督既有来自权力机关的监督，也有行政机关自身的约束，还有来自政党和其他社会组织以及自然人的监督。

（二）行政法的概念和调整对象

行政法的定义至今仍有争论。在大陆法系国家，行政法被认为是调整公共行政活动的公法。大陆法系的这种观点，是与其将法律分为公法、私法的法律传统相关的。在英美法系国家，行政法被认为是控制行政机关权力的法律，它规定行政机关可以行使的权力，确定行使这些权力的原则，对受到行政行为损害的相对人给予法律救济。英美法系的行政法与其法律不分公法、私法，注重程序的传统相关。

我国行政法是在我国特定的国情条件下孕育和发展起来的。与其他国家的行政法有共同特性，又有其自身的特点。因此，在确定我国行政法的概念的时候，应当既要合理汲取外国的理论营养，又要符合我国行政法发展的特点和规律。基于此，我们认为，行政法是关于行政权力的授予、行使以及对行政权力进行监督的法律规范的总称。

行政法的调整对象是行政主体在行使行政职权的过程中产生的特定社会关系。这种社会关系包括行政关系和监督行政关系。

1. 行政关系是行政主体在实施行政管理活动的过程中与行政相对人发生的各种社会关系

依照行政关系主体的不同，行政关系又可细分为：行政主体与其他国家机关之间的关系；行政主体与公务员之间的关系；行政主体与公民、法人和其他组织之间的关系。在上述行政关系中，有的是内部行政关系，如上下级行政机关之间的关系、行政领导人员与一般工作人员之间在执行职务过程中发生的关系等，它们基于地位上的从属性，依国家强制命令而形成，受到层级的节制；有的是外部行政关系，如国家税收行政机关与企事业单位之间发生的征税、纳税关系等，它们基于国家法律或命令的规定，依强制或其他方式而形成，不受层级的节制，双方意思表示不对等，行政主体处于主导地位。

2. 监督行政关系是国家有权机关对行政主体的监督关系

这些关系通常也是由于行政职能的存在及其行使引起的。在这类关系中，行政主体处于被监督地位，监督主体处于主导地位。监督行政关系包括国家权力机关与行政主体之间的监督与被监督关系，司法机关与行政主体之间的监督与被监督关系，行政监察机关与行政主体之间的监督与被监督关系等。

二、行政法的特点

（一）行政法的形式特点

1. 在形式上没有统一的行政法典

由于公共利益、个人利益非常广泛，公共利益与个人利益间的关系极为繁杂，并且总是处于迅速变化之中，因而很难制定一部统一的、包罗万象的行政法典。

有的国家做过制定统一的行政法典的努力。如德国的威敦比克邦曾在1925～1936年花了11年的时间制定了一部四编共224条的行政法典，后因希特勒上台而未付诸实施。1992年荷兰制定出了世界上第一部统一的行政法典——《荷兰国基本行政法典》。该法对行政活动涉及的问题做了比较全面的规定。在立法体例上采取分阶段立法模式，它首先规定最需要解决的问题，然后不断加入新的内容，至今仍处在未完成状态，它的体系结构也没有定型，它的生效也是分阶段的。1992 年制定后，1994 年该法的头两部分生效，1998 年 1 月 1 日又有部分生效。因此，行政法只能表现为众多的单行法律、法规和规章等，不同于以统一法典为主要表现形式的宪法、刑法和民法等部门法。然而，行政法在形式上没有一部统一的法典，并不意味着行政法的杂乱无章。众多的行政法规范，在行政法基本原则的统帅和依法行政精神的指导下，构成了一个有机的整体和体系。

2. 形式多样，数量庞大

宪法和刑法的表现形式基本上是法典、法律及法律解释。与此不同，行政法的表现形式较多。具体有宪法、法律、行政法规、地方性法规、规章和法律解释等。行政法的这一特点反映了一定层次的公共利益与个人利益关系的多样性、行政职能的广泛性、行政法规范制定主体的多元性、行政法效力的层级性和地域性。行政法没有统一的法典，有多种具体表现形式，调整对象又非常广泛，因而行政法规范的数量十分庞大。大量的行政法规、部门规章和地方性法规、规章，大多属于行政法的范畴。因此，行政法从数量和规模上来看，比其他部门法庞大。

3. 实体法规范与程序法规范相互交织

传统上将法律分为实体法和程序法，如民法与民事诉讼法、刑法与刑事诉讼法，可将程序性法律规范和实体性法律规范分别制定法典或法律，但是行政法往往是实体法与程序法混合。行政法既规定公民、法人或其他组织有哪些行政法上的实体权利义务，同时又规定公民、法人或其他组织实现权利和履行义务的程序和方式；在规定行政机关享有特定行政管理权的同时，又规定行政机关行使权力的条件、程序等，以实现行政管理的规范化和防止行政权的滥用。在大多数国家，行政程序性规范不是集中在自成体系的行政程序法文件中，而是散见于以行政实体性规范为主的众多法律文件中。当然，行政法律规范的这一特点并不影响把共通的行政程序独立出来，不影响行政程序法的独立存在。

（二）行政法在内容上的特点

1. 行政法内容具有广泛性、确定性、技术性

现代国家的行政活动领域十分广泛，政府职能几乎无所不在，但行政法的调整对象及其范围是确定的，即始终以行政关系和监督行政关系为调整对象。由于行政活动有许多是面向未来的创设性活动，或者是对特定专业领域

进行管理的活动，行政法在规定行政活动的目的、手段和方法时，必须对未来可能发生的情况或有关专业问题进行科学、客观的分析、预测和论证，从而具有较强的专业技术性。

2. 行政法律规范的内容具有易变性

由于行政管理活动涉及的范围非常广泛，涉及的事务又非常具体，且处在经常不断的变化之中，相应的，作为调整行政活动的行政法律规范也经常处于动态之中。当然，作为一种法律规范，行政法规范同样具有法律规范的必要稳定性，不能朝令夕改，使人无所适从。只是相对于其他法律规范而言，行政法规范易于变动。

3. 行政法具有很强的命令性与服从性

由于行政法规定行政主体的主导地位，因而具有强烈的服从与命令性质。行政主体依法具有单方面设定、变更和消灭行政法律关系的权力，对所依法设定的行政相对人的义务，行政主体有权依法强制相对人履行，相对人不得对抗。

第二节　行政法的历史和作用

一、行政法的历史

（一）行政法的产生

行政法作为一个独立的基本部门法，不应该只看这方面的法律规范是否存在、有多少或者在书本中"行政"与"法"被提到过多少次，而主要应当看是否存在独立的行政审判或行政诉讼。由此看来，在近代以前并不存在独立的行政法这一法律部门。

从世界范围内看，行政法直到自由资本主义末期才产生。资本主义初期，法制建设的重点是宪政法制及私法。尽管在自由资本主义时期，行政法已经孕育、生长，但可以说并未最终形成。在被称为"行政法母国"的法国，到1872 年行政诉讼成熟，国家参事院才成为法律上的最高行政法院，从而成为法国行政法作为一个独立部门法存在的里程碑。法国最初的行政法学著作，出现于 19 世纪 70 年代，这时行政法才得到理论上的重视、承认和肯定。对行政法等部门法的产生标志，我们是从大陆法系国家及我国的现实来认定的。至于英美法系国家，并不存在部门法的划分。"行政法""宪法"或"民法"往往只具有学科上的意义，对"部门法"的认定也可以有不同的标准。在英国，行政法的产生和发展是与 19 世纪 90 年代的行政权扩大、委任立法增多以及司法审查的频繁相联系的。英国的第一部行政法学著作，到 1929 年才出版在美国，尽管行政法的历史可以追溯到美国政府成立之时，确立司法审查体制的第一个判例发生在 1803 年，但一般认为美国行政法的产生是与独立管理机构的成立相联系的，其标志是 1887 年美国州际商业委员会的成立。因此，英美法系法学上所承认的行政法产生时间，也是自由资本主义的末期。

宪法的产生与实施为社会提供了民主和法治的基础。然而，法治社会是一种和平的民主社会，即将冲突保持在一定秩序范围内的民主社会。整体力量的冲突和对立，如有组织的罢工、游行、集会和言论自由等，往往容易突破这种秩序的范围，威胁到统治阶级的统治。因此，统治阶级需要分而治之。同时，单个的社会成员或个人并不能直接、独立行使宪法上的权利。只有在将整体利益关系转换成为公共利益与个人利益关系、个人利益与个人利益关系，将宪法上的权利转换成为行政法上的权利、民法上的权利后，单个的公民或个人才能行使。于是，"国家法"就分成宪法和行政法两大法律部门。宪法的产生和实施，也为行政法作为一个独立的部门法的形成，提供了政治基础。

行政法的产生是与社会生产力的发展，利益的增长相联系的。然而，单个社会成员的个人利益无论多强大，都是无法与统治阶级的整体利益相抗衡的。只有当社会成员尤其是被统治阶级的社会成员的个人利益发展到一定程度，形成本阶级或集团的整体利益时，才能成为统治阶级整体利益的独立对立面和抗衡力量。这种整体利益是单个社会成员的个人利益与作为公共利益的统治阶级的整体利益这一对立统一运动得以充分展开的前提和保障。同时，行政法的产生是与法本身的发展紧密相连的。当整体利益与整体利益关系，尤其是当统治阶级的整体利益与被统治阶级的整体利益有必要用相应的法律规范来调整时，国家法才从法中分离出来，独立成为一个与私法相对应的公法部门。尽管在英美法系国家，并不存在公法和私法的划分，却同样存在调整整体利益与整体利益关系的法律领域。只有当各阶级或集团在国家生活中的地位和集体人权有保障并积极予以实现时，国家法才分裂成为宪法和行政法两大独立的公法部门。

宪法典的制定，确立了个人自由和私有财产的神圣不可侵犯。这些大多只是一种抽象的人权和集体的人权。只有当这种人权得到实现和保障时，即表现为具体的单个社会成员的政治自由、人身自由、人格尊严和财产权利并可获得司法保护时，行政法才成为一个基本的独立部门法。

(二) 行政法的发展

1. 资本主义行政法的发展

行政法从资本主义社会产生后，得到了迅速的发展，到第二次世界大战结束时又发生了重大的变化。19世纪末20世纪初，在经济上资本主义创造出了比以往任何社会都要丰富的物质财富。资本主义的生产方式已由自由竞争发展成为垄断经营。从此，人与人之间的交往日益频繁，社会关系更加复杂，社会的变化更加迅速。但个人的生存能力受到了社会的严重制约，就业、教育、卫生、交通和环境等，都已成了严重的社会问题。在政治上，封建复辟的危险性已经消除，但无产阶级已经成为一个有马克思主义指导的成熟的革命阶级，工人运动一浪高过一浪。同时，国内危机的加剧，发展成为对他国利益的掠夺，终于先后爆发了两次世界大战，给人类社会带来了严重的战争创伤。在理论上，资产阶级理论家认识到，对这种社会形势除了政府以外没有任何一个组织或个人能够应付，政府的角色有必要重新塑造。在哲学上已不能再强调矛盾的斗争性而应强调矛盾的同一性，否则就不可能有政权的巩固和社会秩序的稳定。这种变化了的社会现实及与之相适应的理论，促进了现代行政法的产生和发展。

现代行政法在内容上侧重于促进行政主体为相对人提供社会生活各领域的从"摇篮到坟墓"的服务。这主要表现在以下几个方面：

第一，行政强制的弱化。当代行政法的实施，已不仅仅表现为强制性的、单方面的行政决定，而更多地采用了行政合同和行政指导等非正式手段。

第二，实质行政法治的确立。古典行政法治是一种形式法治，依法行政要求行政的一举一动都应符合法律的规定，而不论行政的实质如何，服务行政法所要求的是一种实质行政法治，即只要行政决定实质上合法，对某些瑕疵可予补正或转换，对某些明显错误可予更正，而无须撤销或宣告无效。并且，对行政法规范的理解和解释，不能拘泥于文字，而要探求立法的意图，以便使在立法中形成的带有指导性的原则得以实施。

第三，行政程序法制的建立。古典行政法只注重结果而不注重过程。在第二次世界大战前，只有西班牙于 1889 年制定过一部行政程序法。现代行政法则不仅重视服务结果或已发生法律效力的行政决定，而且还强调行政程序即服务与合作的过程，使行政主体的意思表示融合相对人的意志，使最终作出的行政决定具有公正性、效率性、准确性和可接受性，避免违法行政决定的作出。为此，西方国家在第二次世界大战后形成了一股制定行政程序法的潮流。

第四，公正与效率关系的调整。公正和效率是一组对立统一的矛盾。古典行政法的价值取向是公正，即个人自由．但当代行政法的价值取向却是效率，即个人对社会的责任。为此，行政权得以不断扩大，自由裁量权得以不断膨胀，委任立法和行政司法日益发达。

第五，特别权利关系的普通化。特别权利关系即内部行政法关系，是普通权利关系即外部行政法关系的对称。古典行政法要求公职人员对国家负特殊的忠诚勤勉义务，不受法律优先和法律保留原理的支配，其中的相对人也不受司法保护。第二次世界大战以来，除军事行政关系以外的内部行政关系已基本实现民主化和法治化，与外部行政关系同等对待。

古典行政法将行政主体与相对人之间的关系认定为一种命令与服从关系，因而这种关系被限制在尽可能小的范围内，即命令权或公共权力的范围内。然而，现代行政法将行政主体与相对人之间的关系解释为服务与合作关系，因而在适用范围上得到了拓展。这主要表现在以下几个方面。

（1）从自由利益到生存和发展利益。古典行政法主要适用于自由利益关系。行政主体即使为相对人提供一定便利，也仅仅是行政主体对相对人的"恩赐"。相对人对这种便利的提供并不具有请求权。现代行政法则将适用范围拓展到环境、交通、文化、教育、卫生和保险等涉及个人生存和发展的广泛领域。当相对人的请求得不到满足时，可以"行政不作为"违法为理由，请求司法保护。

（2）从独享利益到共享利益。现代行政法把因分享公共利益而形成的关系，纳入行政主体与相对人关系的范围。

（3）从实体利益到程序利益。古典行政法仅仅适用于实体利益关系。现代行政法却将行政法的适用范围拓展到了程序利益关系，使相对人拥有了程序上的了解权和参与权。

（4）从双方关系到三方关系。古典行政法只适用于行政主体与相对人之间的利益关系。一个针对相对人的行政决定涉及第三人的权利义务，该第三人并不能参加到行政主体与相对人的行政权利义务关系中来，而只能与该相对人形成民事法律关系。但现代行政法既适用于行政主体与相对人之间的利益关系，也适用于行政主体与第三人之间的利益关系，从而拓宽了行政法的范围。

同时，古典行政法对行政主体主要是从形式意义上来界定的，因而行政主体主要是指行政机关。现代行政法对行政主体则主要是从实质意义上来界定的，认为行政主体是指一切享有和行使行政权的组织。因此，立法机关和司法机关同公职人员之间的利益关系，也是行政法的调整对象。

与行政法的产生有一个过程一样，行政法的发展也有一个过程。尽管我们可以将第二次世界大战作为古典行政法转变为现代行政法的标志，但这种转变既是以往发展的结果，也是以后发展的新起点。这种转变也仅仅是行政法内容和适用范围上的发展变化，而不是行政法本质上的变革。并且，与行政法在各国的产生时间并不完全相同一样，这种转变的时间也并不一致。

2. 社会主义行政法的产生

在资本主义行政法发生变化的同时，人类社会第一次出现了一种新型的行政法即社会主义行政法。社会主义行政法的产生，可以从社会主义国家的诞生起算。但是，社会主义行政法作为一个独立的部门法而存在，是 20 世纪 60 年代后才实现的。第一个社会主义国家苏联诞生后，由于严峻的国内外形势，实行了高度集权的政治体制和计划经济体制。同时，由于极"左"思想的禁锢和法律虚无主义的盛行，在彻底砸碎旧的国家机器和国家制度时，也忽视了对法律这种人类文明成果的继承和它作为社会关系调整器的价值。因此，社会主义宪政并没有得到及时推行，行政法并没有得到重视。虽然苏联苏维埃主席团曾在个别单行法中规定了法院对某些行政决定的审查权，但直到苏联解体前，统一、独立的行政诉讼制度始终没有建立起来，公众的公法权利并不能得到有效的司法保护。因此，行政法在苏联并没有真正成为一个独立的部门法。受苏联的影响，当时的其他社会主义国家也不存在独立的行政法。

社会主义行政法的产生是有关社会主义国家对国内政治体制进行改革的结果，这一突破是从南斯拉夫开始的。南斯拉夫的第一部宪法即 1946 年宪法，是以 1936 年的苏联宪法为蓝本制定的，体现了高度的中央集权。从 1950 年开始，南斯拉夫开始了摆脱苏联控制的历程，对国内宪政体制进行了一系列改革。先后制定了 1953 年《宪法》和 1963 年《宪法》，1967 年、1968 年、1971 年又三次修改了《宪法》，并于 1974 年制定了新《宪法》，逐步实现了权力的分工和政治的民主化。根据《宪法》的规定，南斯拉夫联邦共和国和自治省都设立了负责审查各种法令和规章是否符合宪法和联邦法律，监督宪法实施的宪法法院和维护宪法制度委员会。随着宪政基础的逐渐成熟，思想的进一步解放，南斯拉夫在旧行政程序法的基础上，于 1957 年制定了长达303 条的新行政程序法，其中的重要内容之一就是对行政决定的法律救济程序。1965 年南斯拉夫又制定了统一的行政诉讼法，并于 1977 年制定了新行政诉讼法。这样，到 20 世纪 60 年代，南斯拉夫行政法完成了它的产生和形成过程，成为一个独立的基本部门法。在波兰，1960 年制定行政程序法，规定了对行政决定的法律救济，并于 1980 年制定了行政法院法，建立了行政法院制度，从而使波兰行政法成了一个独立的法律部门。与南斯拉夫的行政案件归普通法院的管辖不同，波兰的行政案件都归行政法院管辖。但波兰的行政法院又不同于法国式的、作为行政机关的行政法院，而是一种专门法院。波兰最高行政法院法官独立，只服从法律，但受波兰最高法院监督。与此同时，其他东欧社会主义国家也作了相应的努力。1957 年的匈牙利行政程序法和1960 年的捷克斯洛伐克的行政程序法，都规定了行政决定的法律救济问题。然而，东欧社会主义行政法产生后不久，却随着东欧社会主义国家的解体而改变了性质。

我国社会主义行政法是随着对宪政的重视和旧体制改革的展开而产生的。中华人民共和国成立后，彻底废除了旧法统，并致力于社会主义法制建设。1954 年《宪法》的颁布，是我国法制建设的重要里程碑，也在宪政建设上迈出了重要的一步。然而，封建专制的惯性、苏联的影响、思想上的禁锢和法律虚无主义的泛滥，使宪政并没有真正实现，法治观念并没有确立。我们在批判资产阶级民主和法治的反动本质的同时，也抛弃了作为人类文明成果的民主和法治。直到党的十一届三中全会后，深入广泛开展的思想解放运动，明确了社会主义的本质和法治的价值，抛弃了斗争哲学。1982 年颁行的《宪法》确立了宪法的最高法律地位，表现出了实现宪政的决心和信心，国家对权力高度集中的不受法律约束的政治体制进行了一系列改革，个人利益得到了应有的尊重。于是，宪政的进程开始了，作为上层建筑组成部分的行政法终于成长起来了，公法权利的司法保护机制逐渐形成了，起初是在《民事诉讼法》中作了象征性规定，接着又有了单行法的零碎条款，终于在 1989 年制定了统一的《行政诉讼法》。至此，社会主义行政法在我国最终完成了它的产生过程，成为我国社会主义法律体系中的一个基本的独立部门法。应当指出，在《行政诉讼法》颁布以前，我国已有大量的行政法规范，由于不存在有效的司法保护机制，行政法并不能构成为一个独立的行政法律部门。

在法国、英国和美国，都是在通过革命、具有较发达的宪政基础上循序渐进地产生出行政法的；而在德国、日本和新中国成立前的旧中国，却是在宪政基础不成熟的条件下，通过改革或改良和对他国文化的借鉴迅速建立起行政法律部门的。也就是说，前一类行政法产生于宪政之后，是逐渐为人们所接受、适应的，并具有较民主和适合本国国情的特点。后一类行政法的产生则是与宪政交互促进的，几乎是突然出现在人们面前的，需要相应的适应过程和本土化过程。我国社会主义行政法的产生属于后一类型。正因为如此，在我国才有《行政诉讼法》的出台是过早还是过晚的争论。说它的出台过早，实际上是指它在人们面前的出现有些突然。说它的出台过晚，实际上是指它的形成早在中华人民共和国成立时就应开始，它的发展和成型过于缓慢。也正因为如此，我国行政诉讼这一法律机制的实际作用还很有限，行政法还需要随政治体制的改革、宪政的进一步推进，逐步实现现代化和本土化。

二、行政法的地位和作用

（一）行政法在法律体系中的地位

行政法在法律体系中的地位，主要是指行政法在法律体系中的角色以及与其他法律的关系。

1. 行政法是宪法的具体化

行政法规范与宪法规范往往难以区分。从宪政史的角度来考察，行政法作为具体化了的宪法，不能离开宪法的原则指导，而宪法的原则规定，也不能离开行政法的具体规定和落实。宪法是行政法的基础，而行政法是宪法的实施。行政法即使不能说是宪法的一部分，也可说是宪法的具体化，是宪法的重要的实施法。尽管刑法、民法等都是宪法的实施法，但相对而言，行政法与宪法的关系最为紧密。

2. 行政法是一个基本部门法

基本部门法，是法律体系中第一层次的部门法，也就是法律系统中第一层次的子系统，而不是子系统的子系统。如组织法律规范、军事法律规范、矿产资源法律规范、社会保障法律规范等，分属于各基本部门法。行政法与民法和刑法等一起，构成了一国法律体系中的基本部门法。行政法作为一个基本部门法，是不隶属于任何其他部门法而独立存在的。行政法的独立地位，是由行政法的基础和调整对象即一定层次的公共利益与个人利益关系的独立性决定的。一方面，行政法不依附于其他部门法而独立存在；另一方面，行政法对其他部门法的影响越来越大。行政法规范逐渐向社会的各个角落渗透，直接对其他法律规范产生影响，随着现代国家对社会生活规范的扩大和加强，行政法在国家中的影响也必将越来越大。

（二）行政法的作用

行政法在国家生活和社会生活中发挥着重要的作用。

1. 保障行政权的有效行使

行政主体行使行政职权，是国家实现政治、经济、文化等建设任务的最重要途径和手段。因此，保障行政主体有效行使行政职权，是实现国家职能、确保国家现代化建设事业得以实现的重要前提。现代国家的行政管理必须依法进行，行政法是行政主体行使行政职权的主要依据，对行政管理活动发挥着不可估量的保障作用。这种作用体现在以下几个方面：

（1）确认行政权的相对独立性，赋予行政主体相应的行政职权。行政权只能由国家行政机关享有和行使，其他任何国家机关、社会组织和公民个人未经法律特别规定，不得非法侵犯行政机关的行政权，也不得非法干涉行政机关行使行政权的活动。

（2）明确行政主体与行政相对人的关系。行政法一方面确立了行政主体对行政相对人的主导地位；另一方面又确立了行政相对人对行政主体的监督制约权力。行政法确立的这种行政主体与行政相对人之间的关系，对于保障行政职权的有效行使，具有特别重要的意义。

（3）明确行政主体与公务员、被委托组织及个人之间的关系。行政法一方面规定了行政主体对其公务员的管理权，对其他组织和个人行使职权的委托权和监督权；另一方面也规定了公务员、被委托组织及个人相应的权利和义务，这对于明确它们之间的相互关系，保障行政职权的有效、合法行使，具有重要意义。

（4）明确行政主体行使行政职权的手段和程序。行政法一方面赋予行政主体许多相应的管理手段，如命令、制裁、强制执行等，以保证行政职权的有效行使；另一方面对如何运用管理手段，规定了明确的步骤和方法，如要求行政主体事先说明理由、事中听取意见、事后告知救济权利、公开行政依据、设立听证制度等。这对于保障行政活动的合理、合法进行有着重大意义。

（5）明确对违法行使行政职权的行为和妨碍行使行政职权的违法行为的制裁。行政法既规定了对行政主体违法行使行政职权的行为的制裁措施，也规定了对行政相对人妨碍行政职权行使的违法行为的制裁措施，这是保障行政主体有效行使行政职权必不可少的内容。

2. 保障行政相对人的合法权益

行政法将宪法确定的行政相对人的各种基本权利具体化，并补充规定行政相对人在行政领域的其他权利，规定实现这些权利的程序、方法和保障，创建各种有关的机构、设施，颁布各种规则，确定违反这些规则的责任和制裁措施。这样就为行政相对人合法权益的实现及权益免遭侵害提供了保障。同时，它规定了行政违法和不当的法律责任，规定了公民申请行政复议和提起行政诉讼的权利和程序，使公民的合法权益受到有效的法律保护。行政机关及其工作人员违法侵害了行政相对人的合法权益，必须承担相应的行政赔偿责任。行政机关及其工作人员合法损害了行政相对人的合法权益，同样也必须承担相应的行政补偿责任。

3. 促进民主与法治的发展

公共利益与个人利益关系是一种相互制约的社会联系。它一方面是行政主体对社会成员谋求个人利益的制约关系，目的是达成社会成员占有利益的社会公正性；另一方面又是社会成员对行政主体集合和分配公共利益的制约关系，目的是求得集合和分配公共利益本身的社会公正性，从而保证社会成员占有利益的社会公正性。公共利益与个人利益关系的上述特点，必然体现在行政法规范中，使行政法既以实现社会公正为己任，又以实现行政民主为己任。换言之，行政法的目标是要实现政府与公众之间在利益关系上的一致性，在观念上的相互信任，在行为关系上的服务与合作。因此，没有民主和公正就没有行政法，而没有行政法也就难以促进和实现行政民主和公正。这样，行政法发达与否自然成了一国民主发展程度的衡量标志，在宪法已经确立的社会更是如此。有的学者甚至宣称，如果说18世纪是宪法时代的话，那么从19世纪起便进入了行政法时代。公共利益与个人利益间的关系，也是一种非常广泛的利益关系。人们在生、老、病、死和衣、食、住、行方面所形成的利益关系，大多是公共利益与个人利益间的关系。因为人要生存就得谋求个人利益，从而一方面形成了个人利益与个人利益之间的关系；另一方面又形成了个人利益与公共利益之间的关系。公共利益与个人利益关系的广泛性，决定了行政法调整范围的广泛性。在当今社会，随着个人需求的发展和交往的拓展，个人利益与公共利益关系的范围日益扩大，因而行政的职能及范围也越来越大。每一方面的公共利益与个人利益关系是否都能实现有法可依、有法必依、执法必严、违法必究，每一方面的行政活动是否都有相应的法律来规范，已成为一国法制是否健全的重要标志。没有行政法或行政法不完备的社会，绝不是法治社会或法制健全的社会。

第三节　行政法的渊源和分类

一、行政法的渊源

（一）行政法渊源的发展

行政法的渊源也就是行政法的表现形式。行政法的内容需要通过一定的形式表现出来。在不同的国家，行政法律规范的表现形式不尽相同。例如，法国行政法绝大多数来自最高行政法院的判例，而我国行政法一般来源于成文法。

中华人民共和国成立并制定《宪法》后，依照新的国家学说和政治理论，全国人民代表大会成为最高权威，一切权力由它而生，法律自它而出。这种理念在 1954 年《宪法》中得到鲜明的体现。它规定，"全国人民代表大会是行使国家立法权的唯一机关"。不单国务院和地方没有被赋予立法权，连全国人大常委会都没有国家立法权（全国人大常委会有权解释法律），可谓"法不二出"。但 1954 年《宪法》刚出，立法权旋即发生了分化，全国人大常委会和最高人民法院审判委员会分别被授予制定法律和就法律具体应用进行解释的权力；20 世纪 70 年代末以后，国务院、省级地方人大、省级地方政府、最高人民法院和最高人民检察院、国务院各部委、各省会城市和一些较大市的人大和政府相继取得了规则制定的权力。这些被授权制定的行政法规、地方性法规、规章和法律解释文件，都属于法的范畴。经过这些连续的授权，法律渊源在 20 世纪 80 年代中期基本成型，在 2000 年的《立法法》中得到确认。从此，宪法、法律、行政法规、地方性法规和行政规章、自治条例和单行条例，构成了法律文本意义上的法。

20 世纪 70 年代末 80 年代初期，虽然开始强调"有法可依、有法必依"，但法学理论对法并没有更多的形式上的要求：只要是国家机关制定的规范性文件，无论哪个机关制定，也无论以什么方式制定，都是法。在行政法著作出现前，权威的法学辞书在介绍行政法时，用的是与法理学相同的表述。萌发于 20 世纪 80 年代初期的中国行政法学，在行政法的概念上基本照搬了法理学的定义。第一本全国行政法学统编教材《行政法概要》在论述行政法的渊源时称，"行政法是由各种含有行政法规范性质和内容的法律文件和法规所组成的"。直到 20 世纪 80 年代中后期，行政法的概念和渊源被重新讨论。多数作者把行政法渊源限定在宪法、法律、行政法规、地方性法规、自治条例和单行条例以及行政规章范围，反对把行政规章"排除在行政法之外"，也反对把行政法的范围扩大到乡或者县一级人民政府的规范性文件。一些专著、论文和教科书，特别是第二本全国统编教材《行政法学》，纷纷采用此观点，使之成为通说。

（二）我国行政法的一般渊源

我国行政法的一般渊源，依其制定主体、层次、制定程序的差别，可分为下述几种形式。

1. 宪法

宪法是我国的根本大法，在我国法律渊源体系中，宪法具有最高的法律地位和效力，是制定法律的依据。我国宪法确认了一系列行政法规范和原则。例如，关于国家行政机关组织和职权的规范，关于国家行政机关活动基本原则的规范，以及关于公民基本权利自由和对这些基本权利自由提供保障的规范等。与其他法律形式相比，宪法是行政法的根本渊源。不过，在我国行政机关的行政执法中，很少直接适用宪法。人民法院在审理和判决案件中一般也不引用宪法，宪法在我国行政法的渊源中尚未充分发挥应有的实际作用。

2. 法律

法律可分为基本法律和基本法律以外的法律两种。基本法律是由全国人民代表大会制定和修改，规定和调整国家和社会生活中某一方面带根本性社会关系的规范性文件，如刑法、民法、刑事诉讼法、民事诉讼法等法律。基本法律以外的法律，是由全国人民代表大会常务委员会制定和修改，规定和调整基本法律调整范围之外的国家和社会生活中某一方面社会关系的规范性文件。法律的地位和效力次于宪法，但高于其他国家机关制定的规范性文件，也是其他法制定的依据，其他法如果与之相抵触，则一律无效。法律作为行政法规范的表现形式，有三种情况：一是整体上具有行政法性质，如《国务院组织法》《行政诉讼法》《行政处罚法》；二是以行政法为主要内容或重要内容，如《国家赔偿法》，就不仅包括行政法规范，还包括其他部门法规范；三是以其他部门法为主要对象的某一项法律，包括有行政法规范，如《婚姻法》中有关结婚、离婚登记的规范。法律是行政法最重要的渊源之一。

3. 行政法规

行政法规是指国家最高行政机关制定和颁布的有关国家行政管理活动的各种规范性文件。行政法规一般用条例、办法、规则、规定等名称。国务院是我国最高国家权力机关的执行机关，它所制定和发布的行政法规、决定和命令等规范性文件，对在全国范围内贯彻执行法律，实现国家的基本职能，具有十分重要的作用。行政法规的效力低于法律，高于地方性法规和行政规章。

行政法规的具体制定与发布形式有：国务院制定并发布，如《民用爆炸物品管理条例》；国务院批准并由各部委发布，如《枪支管理办法》；国务院批准并由直属机构发布，如《违反外汇管理处罚施行细则》等。行政法规数量大，是行政法的主要渊源。

4. 地方性法规

地方性法规是指省、自治区、直辖市的国家权力机关及其常设机关为执行和实施法律和行政法规，根据本行政区域的具体情况和实际需要，在法定权限内制定的规范性文件。较大的市的人大及其常委会根据本市的具体情况和实际需要，在不同宪法、法律、行政法规和本省、自治区的地方性法规相抵触的前提下，可以制定地方性法规，报省、自治区的人大常委会批准后施行。地方性法规的名称通常有条例、办法、规定、规则和实施细则等。地方性法规不得与法律、行政法规相抵触，只在本行政区域内有效，其效力高于本级和下级地方政府规章。

5. 自治法规

自治法规是指民族自治地方的国家权力机关行使法定自治权所制定和颁布的规范性文件，包括自治条例和单行条例。民族自治地方的自治机关制定的自治条例和单行条例要报请上一级人民代表大会常务委员会批准后生效。自治法规只在民族自治机关的管辖区域内有效，在我国法律渊源中，同地方性法规具有同等的法律地位。

6. 行政规章

行政规章又分为部门规章和地方规章。部门规章是国务院各部门根据法律、行政法规等在本部门权限范围内制定的规范性法律文件。根据宪法、立法法和国务院组织法的规定，国务院各部委以及具有行政管理职能的直属机构有权制定规章。

地方规章是省、自治区、直辖市人民政府，省、自治区人民政府所在地的市和经国务院批准的较大的市以及经济特区所在地的市人民政府，根据法律和行政法规等制定的规范性法律文件。地方政府规章作为行政法的渊源，其数量大大超过地方性法规，涉及地方行政管理的各个领域。需要指出的是，规章虽然是行政法的一种渊源，但其效力不及其他法律形式。在我国的司法审判实践中，只具有参照价值。

7. 有权法律解释

有权法律解释是依法享有法律解释权的特定国家机关对有关法律文件进行的具有法律效力的解释。各种有权解释中涉及行政主体行使行政职权问题的，也都是行政法的渊源。作为行政法渊源之一的法律解释大致分为以下三种：

（1）立法解释。立法解释是指有立法权的国家权力机关依照法定职权所作的法律解释。凡属法律的规定需要进一步明确具体含义的，或者法律制定后出现新的情况、需要明确适用法律依据的，由全国人大常委会进行解释。凡属地方性法规条文需要进一步明确界限的，由制定该法规的省、直辖市、自治区的人大常委会进行解释或作出规定。

（2）司法解释。司法解释是指国家司法机关在适用法律过程中，对具体应用法律问题所作的解释。我国的司法解释权由最高人民法院和最高人民检察院行使。凡属人民法院在审判工作中具体应用法律的问题，由最高人民法院解释。凡属人民检察院在检察工作中具体应用法律的问题，由最高人民检察院解释。司法解释不能改变法律的规定，不得与宪法和法律相抵触。审判解释和检察解释不能相互矛盾，如果有原则性分歧应报请全国人大常委会解释或决定。最高人民法院和最高人民检察院也可以联合作出司法解释。

（3）行政解释。行政解释是指国家行政机关对其制定的行政法规或者其他法律规范如何具体应用的问题所作的解释。行政解释包括：国务院及其主管部门对不属于审判和检察工作中的法律具体应用问题所作的解释；国务院及其主管部门对其制定的行政法规和规章的具体应用问题所作的解释；省级人民政府及其主管部门对地方性法规和规章的具体应用问题所作的解释。

8. 国际条约和行政协定

国际条约是指规定两个或两个以上国家关于政治、经济、贸易、法律、文化、军事等方面相互权利和义务的各种协议。行政协定是指两个或两个以上的国家政府签订的有关政治、经济、贸易、法律、文化和军事等方面相互权利和义务的各种协议。国际条约和行政协定的区别在于：前者以国家名义签订，后者则由政府签订。在我国，条约与协定同样是行政法的渊源，有的条约或协定涉及国内行政管理，成为调整国家行政机关与公民、法人或外国人之间行政关系的行为准则。

9. 其他行政法渊源

除了上述行政法的一般法律渊源外，我国行政法还有一些特殊的法律渊源，包括中共中央与国务院联合发布的法律文件，行政机关与有关社会组织联合发布的文件等。

需要说明的是，在我国港澳特别行政区适用的行政法渊源有其特殊性，包括其"原有法律"和"特别行政区立法机关制定的法律"中的行政法规范，只适用于该特别行政区。

二、行政法的分类

由于行政法调整的社会关系十分广泛，涉及社会生活的各个领域。行政法律规范极为繁杂，因此，为了揭示行政法的特征和实质，把握行政法产生和发展的规律，有必要对其进行分类研究。

目前我国学者从不同角度，依不同标准，对行政法进行了分类。

（一）以行政法的作用为标准，将行政法分为行政组织法、行政行为法、监督行政行为法

行政组织法即有关行政组织的规范。这类规范基本上可分为两部分：一是有关行政机关的设置、编制、职权、职责、活动程序和活动方法的规范，其中职权、职责规范是行政组织法的核心。二是有关国家行政机关与其公务员双方在录用、培训、考核、奖惩、职务升降等方面的规范，这部分规范体现在公务

员法中。行政行为法是规范行政主体行使行政职权的活动的规范。其中主要是行政机关与个人、组织双方权利（职权）、义务（职责）关系的规范。

监督行政行为法，即关于监督主体对行政行为进行监督的规范。其中包括行政诉讼法规范。

（二）以行政法调整对象的范围为标准，将行政法分为一般行政法与特别行政法

一般行政法是对一般的行政关系和监督行政关系加以调整的法律规范和原则的总称，如行政组织法、公务员法、行政处罚法等。一般行政法调整的社会关系范围广、覆盖面大，有更多的共性，常常是其他行政法规范的基础。特别行政法也称部门行政法，是对特别的行政关系和监督行政关系加以调整的法律规范和原则的总称，如经济行政法、军事行政法、教育行政法、公安行政法、民政行政法、卫生行政法、体育行政法、科技行政法等。特别行政法比较具体，是行政法不可分割的组成部分。

（三）以行政法规范的性质为标准，行政法可分为实体行政法与程序行政法

实体行政法是规范行政法律关系主体的地位、资格、权能等实体内容的行政法规范的总称。程序行政法则是规定如何实现实体性行政法规范所规定的权利义务的行政法规范的总称。如行政诉讼法、行政程序法等。在行政实践中，实体行政法与程序行政法总是交织在一起的，对行政主体来讲，实体行政法规定政主体的组织原则和组织体系，规定行政行为的内容、效果和责任等，而程序行政法则规定行政主体组织、活动及承担责任的步骤、方式及方法等。

第四节 行政法律关系

一、行政法律关系的含义和特征

（一）行政法律关系的含义

行政法律关系是指经过行政法规范调整的，因实施国家行政权而发生的

行政主体与行政相对方之间、行政主体之间的权利与义务关系。中国当代行政法律关系已不是过去那种单纯的管理与被管理关系，而是有了多样化形式，具体包括：行政主体对行政相对人的直接管理关系；行政主体对行政相对人的宏观调控关系；行政主体对行政相对人的服务关系；行政主体对行政相对人的合作关系；行政主体对行政相对人的指导关系；行政主体对行政相对人的行政赔偿关系；国家法律监督机关与行政相对人对行政主体的监督行政关系。从这些多样化的行政法律关系中不难看出，行政相对人的权利明显增长，监督法律关系明显强化，行政主体与行政相对人之间权利义务的配置趋向均衡，同时也体现出行政活动的内容日益丰富，方式也日益民主化、公开化和合理化。

行政法律关系不同于行政关系。行政关系是行政法的调整对象，而行政法律关系是行政法调整的结果。行政法并不对所有行政关系作出规定或调整，只调整其主要部分。因此，行政法律关系的范围比行政关系小，但内容层次较高。

（二）行政法律关系的特征

行政法律关系的特征主要表现在以下几个方面：

1. 行政法律关系中必有一方是行政主体

行政职权的行使是行政法律关系得以发生的客观前提。没有行政职权的存在及行使，行政法律关系便不可能形成。行政主体是行政职权的行使者。因此，行政主体总是行政法律关系的一方。

2. 行政法律关系是在行政管理过程中形成的

国家行政权是行政法律关系的核心，一方面，如果行政主体没有行使行政权，没有对某一具体的社会事务实施组织与管理，也就不可能形成行政法律关系；另一方面，各种组织从事不同的活动，应当受不同的法律规范的约束，因而形成了不同性质的法律关系。例如，行政机关除了行使国家行政管理权以外，在民法上也有其地位，可以以机关法人的身份从事诸如买卖、租赁等民事活动。此时它与对方形成的是民事法律关系，应当遵循的是民事法律规则。所以，要形成行政法律关系，就必须以行政主体行使行政权、实施行政管理为前提，否则不能形成行政法律关系。

3. 行政法律关系主体的权利义务是法定的，不能自由处分

首先，行政法律关系主体双方的权利义务不像民事法律关系那样，由双

方经过平等协商约定，而是由法律预先予以规定。因而，主体有无职权或者能否要求被管理者履行某项义务，都取决于法律有无明确规定。其次，行政法律关系主体双方对法律赋予的权利或者义务都不能自由处分，特别是对于国家行政机关而言，不仅义务必须履行，即便是权利也不能放弃。行政复议和行政诉讼之所以原则上不可调解，就是因为行政权力和行政法律关系具有不可处分性。

4. 行政法律关系中主体的地位是不对等的

在行政法律关系中，行政主体始终处于主导地位，而行政相对方总是处在服从和被动的地位，双方的地位事实上是不对等的。这种不对等表现在：

第一，行政法律关系的产生、变更与消灭取决于行政主体的单方意志，而不取决于双方的协商一致。

第二，行政法律关系中行政主体具有一定的强制权，可以对行政相对方实施直接的强制措施，或者向法院申请强制执行。

第三，在行政法律关系中，行政主体具有一定的行政特权，如管理行为的推定有效权、优先权等。

所有这些都说明在行政法律关系中主体双方的地位是不对等的。当然，这种不对等是相对而言的，这种不对等在行政争议解决过程中，通过规定行政机关的某些特别义务，来达到双方地位在总体上的实际平等。

5. 行政法律关系中争议解决的途径是特殊的

一般而言，在法治社会中，所有争议发生以后，最权威的、最后的解决途径是通过法院运用司法手段进行裁决。但在行政法领域中，行政争议发生以后，大量的行政争议都是通过行政程序获得解决的，行政复议在解决行政争议过程中发挥着重要的作用。即使有的争议需由法院最终裁决，但行政主体也往往有先行处理权。

二、行政法律关系的要素

（一）行政法律关系的主体

行政法律关系的主体，即行政法主体，也称行政法律关系的当事人，是行政法权利的享受者和行政法义务的承担者。行政法律关系同其他法律关系一样，有权利义务相对立的双方当事人，即以行政主体为一方当事人，以相对人为另一方当事人。其中，行政主体是指在行政法律关系中享有行政权，能以自己的名义实施行政决定，并能独立承担实施行政决定所产生的法律后果的一方主体。行政相对人是指在行政法律关系中，不具有或不行使行政权，同行政主体相对应的另一方当事人，包括外部相对人和内部相对人。行政第三人是指在行政法律关系中与行政决定有法律上利害关系的公民、法人或者其他组织。

行政法律关系的主体具有恒定性。这是因为，行政法律关系是在国家行政权作用过程中所发生的关系。国家行政权是由行政主体即国家行政机关和法律、法规、规章授权的组织来行使的，是行政主体代表国家对公共利益的集合和分配，非行政主体不能代表国家集合和分配公共利益，因而也就不能行使行政权。因此，行政法律关系总是代表公共利益的行政主体同享有个人利益的相对人之间的关系。行政法律关系中总有一方主体是行政主体，不以行政主体为一方当事人的法律关系不可能是行政法律关系。行政法律关系的这一特点是行政法律关系与其他法律关系的重要区别之一。

此外，行政法律关系的主体具有法定性，即行政法律关系的主体是由行政法律规范预先规定的，当事人没有自由选择的可能。

（二）行政法律关系的客体

行政法律关系的客体是指行政法律关系主体的权利义务所指向的对象或标的。财物、行为和精神财富都可以成为一定行政法律关系的客体。

1. 财物

财物是指具有使用价值和价值，能够为行政法律关系主体在法律上和事实上予以控制和支配的物质财富，包括实物和货币。物质财富是行政法律关系较常见的客体。

2. 行为

行为是指行政法律关系主体的行为，包括作为和不作为。行为作为行政法律关系的客体，有合法行为与非法行为之分。

3. 精神财富

精神财富是指行政法律关系主体从事智力活动所取得的成果。如商标权、专利权、发明权等物质权益以及与人身相联系的非物质财富，如名誉权、荣誉权等。这些精神财富均可成为行政法律关系的客体。

（三）行政法律关系的内容

行政法律关系的内容是指行政法律关系的主体所享有的权利和所承担

的义务。行政法律关系主体的权利，是指由行政法规范规定的，行政法律关系主体以相对自由的作为或不作为方式获得利益的一种手段。行政法律关系主体的义务，是指由行政法规范规定的，行政法律关系主体以相对抑制的作为或不作为方式，负担或保障权利主体获得利益的一种手段。因此，行政法律关系中的权利是相对于利益关系中的利益和行政法律关系中的义务而言的，行政法律关系中的义务是相对于利益关系中的负担和行政法律关系中的权利而言的。行政主体和相对人都享有一定的权利，并承担一定的义务。

行政法律关系的内容具有以下特征：

1. 内容设定的单方面性

行政主体参加行政法律关系，成为行政法主体，是为了实现国家的行政职能。行政主体同行政相对人的关系，在当代法治社会，是一种服务与合作的关系。这就是说，行政主体享有国家赋予的、以国家强制力为保障的行政权，其意思表示具有先定力。行政主体单方面的意思表示，就能设定、变更或消灭权利义务，从而决定一个行政法律关系的产生、变更和消灭。

行政主体设定、变更或消灭权利义务，无须征得相对人的同意，不以同相对人意思表示取得一致为要件。并且，当相对人不履行行政法义务时，行政主体可运用行政权予以制裁或强制其履行，但相对人对行政主体却没有这种权利。这就是行政法律关系的单方面性，因而明显区别于民事法律关系的平等、自愿、等价有偿和意思表示一致性。行政法律关系的这一特点，是由公共利益与个人利益关系中的公共利益本位性决定的。

2. 内容的法定性

行政法律关系中的权利义务，是由行政法律规范预先规定的，当事人没有自由约定的可能。行政法律关系的这种主体和内容的法定性，使其区别于民事法律关系。在民事领域，一方当事人有权自由选择另一方当事人与其成立民事法律关系，有权自由约定双方的权利义务。

3. 权利处分的有限性

行政主体的权利，其实就是行政主体集合和分配公共利益的权利。它相对于相对人而言是权利，但相对于国家和行政主体所代表的相应范围内的全体社会成员而言却是职责或义务，因而是权利和义务、职权和职责的统一体。正是因为行政主体的权利也是一种义务，根据义务必须依法履行的法律原则，行政主体也就不能抛弃或转让其权利了，除非国家以自己的意志改变或取消这种权利，否则就成了行政主体的渎职。相对人的有些权利也是义务，如九年制义务教育范围内的受教育权。相对人的多数权利并不含有义务，因而可以抛弃。行政法主体一般不得处分其权利，只有相对人可以依法抛弃某些权利，行政法权利的处分是非常有限的。行政法律关系的这一特点，决定了行政纠纷的不可调解性，并区别于民事法律关系和宪法关系。当然，行政合同法律关系是上述特点的例外。

三、行政法律关系的产生、变更和消灭

行政法律关系的产生、变更和消灭以相应的行政法律规范的存在为前提条件，以一定的法律事实的出现为直接原因。相应行政法律规范的存在为行政法律关系的产生、变更和消灭提供了可能，而一定行政法律事实的出现则使行政法律关系的产生、变更和消灭成为现实。

（一）法律事实

法律事实是法律规范所确认的足以引起法律关系产生、变更和消灭的情况。一般来说，法律规范本身并不能直接引起具体法律关系的出现，只有当法律规范的假定所规定的情况出现时，才会引起具体法律关系的产生、变更和消灭。法律事实通常可以分为法律事件和法律行为两类。

1. 法律事件

法律事件是指能导致一定法律后果，而又不以人的意志为转移的事件。如出生、死亡、风暴、洪水、地震等。这些事件都能在法律上导致一定权利和义务关系的产生、变更和消灭。例如人的死亡引起财产继承关系的产生和婚姻关系的消灭。

2. 法律行为

法律行为是指能发生法律效力的、根据人们意志所为的行为，即根据当事人的个人意愿形成的一种有意识的活动。它是在社会生活中引起法律关系产生、变更和消灭的最经常的事实。法律行为包括直接意义上的作为，也包括不作为（即对于一定行为的抑制）。通常又把前者称为积极的法律行为，后者称为消极的法律行为。

法律行为的成立必须具有下列条件：

（1）必须是出于人们自觉的作为和不作为。无民事行为能力人的，以及

一般人在暴力胁迫下的作为和不作为，都不能被视为法律行为。

（2）必须是基于当事人的意思而具有外部表现的举动，单纯心理上的活动不产生法律上的后果，也不能视为法律行为。

（3）必须为法律规范所确认，发生法律效力的行为。不由法律调整、不发生法律效力的，如通常的社交、恋爱等不是法律行为。

（二）行政法律关系的产生

行政法律关系的产生是指行政法律关系主体之间在行政法上的权利与义务的实际构成，意味着行政法律关系从可能性转变为现实性，即行政法律规范中规定的权利义务转变为现实的由行政法主体享有的权利和承担的义务。如公民年满18周岁，就产生了兵役主管部门和该公民间征兵与服兵役的行政法律关系。

（三）行政法律关系的变更

行政法律关系的变更是指行政法律关系产生后、消灭前，行政法律关系要素的变更。具体有两种情形：一是一方当事人发生了变化，如某行政主体被合并到另一行政主体之中或分立为一个新主体时，它与行政相对方之间的权利和义务关系依然有效；二是内容发生变化，如税率提高或降低，但征税关系依然存在。

（四）行政法律关系的消灭

行政法律关系的消灭是指原当事人之间权利和义务关系的消灭。消灭主要分三种情形：一是一方或双方当事人消灭，从而使原行政法律关系消灭，如某公务员死亡，他与国家之间的行政职务关系自然消灭。二是行政法律关系中的权利与义务的消灭。这包括两种情况：第一种是行政法律关系主体双方的权利或义务履行或行使完毕，如被处以行政罚款的公民，在其按规定缴纳罚款后，原处罚关系消灭；第二种是设定权利或义务的行为被撤销，如县公安局裁定拘留李某，经李某申请复议，被上级公安机关裁定撤销原处罚决定。三是行政法律关系客体的消灭，如作为客体的文物的灭失，使文物保护行政法律关系也归于消灭。

第二章 行政法的基本原则

第一节 行政合法性原则

行政法的基本原则是贯穿行政法律关系始终，调整和决定行政法主体的行为，指导行政法实践的原理和准则。关于行政法的基本原则，在学术界有多种观点。罗豪才先生主编的我国高校第二部行政法统编教材，将行政法的基本原则概括为行政法治原则，并将其分解为行政合法性原则和行政合理性原则。20世纪90年代，我国行政法学界比较一致地采用此观点。近年比较通行的观点认为，行政法的基本原则就是依法行政或行政法治原则。许多教材仍将依法行政的基本原则分解为行政合法性原则、行政合理性原则、行政公正性原则、行政效率性原则和行政责任性原则等。而在教学实践中则主要讲解行政合法性原则、行政合理性原则。基于近年突发公共卫生事件和重大灾难事件引发的法律问题，有的学者强调要加强行政应急性原则的宣传与研究。

一、行政合法性原则的基础

行政合法性原则是行政必须服从法律的基本准则和法治、民主、人权原则在行政领域的具体体现和运用。也就是说，行政合法性原则是以法治、民主、人权原则为基础的。

1. 法治原则

法治是指统治阶级按照民主原则把国家事务法律化、制度化，并严格依法进行管理的一种治国理论、制度体系和运行状态。资本主义国家在制定各自宪法时，都普遍接受法治原则，在宪法里规定依法治国、公民在法律面前一律平等、反对任何组织和个人享有法外特权等基本内容，使法治原则成为一项重要的宪法原则。

法治原则要求国家用法律来治理社会。因为只有法律才能以国家的名义来推行，才具有权威性、规范性、稳定性和可预见性。法治原则要求国家遵守法律。一切国家权力都应当受法律的全面和全程监控，国家和公民在法律适用面前也应当是平等的。公共利益本位论揭示了公共利益与个人利益的不平等性或公共利益的优先性。但这种不平等性或优先性只能体现在立法上或制度设计中，而不能在执法中由执法者加以主观判断。现在，法治原则在我国已经得到了确立。

我国《宪法》及其修正案规定："中华人民共和国实行依法治国，建设社会主义法治国家""国家维护社会主义法制的统一和尊严""一切违反宪法和法律的行为，必须予以追究""任何组织或者个人都不得有超越宪法和法律的特权"。宪法确立的法治原则需要得到包括行政合法性原则在内的原则和制度的落实。

2. 民主原则

民主原则源于资产阶级启蒙思想家倡导的"主权在民"学说。根据这一学说，认为国家是由人民根据自由意志缔结契约的产物，所以国家的最高权力应属于人民，而不属于君主。无论是国王还是政府，其权力都是人民授予的，如果不按人民的授权办事，则人民有权将其推翻。资产阶级革命胜利后，人民主权原则就成了资产阶级宪法的最一般原则。

民主原则要求国家能够自我约束。公法是调整国家与公众间关系的法。然而，国家却"垄断着一个指定国家中所存在的强制权力。因此，国家才能而且必须确保对统治者以外其他人所适用的法律规则并作出制裁。但公法是国家法，统治者的法，因此人们就不能想出反对国家行使的一种公法的直接制裁的方式""规定国家所单独义务的任何一种公法条款也不能直接执行强制制裁，因为国家是握有强制权的主人，不能直接对自己行使克制。"因此，国家是否遵守宪法和法律，完全有赖于国家的自我约束，有赖于国家对公民的承诺及对承诺的自觉履行，即有赖于国家对体现民意的宪法和法律的充分尊重。只有在国家尊重民意，尊重宪法和法律的基础上，才会有行政合法性原则的存在。

3. 人权原则

人权的思想和理论源于资产阶级启蒙思想家的"天赋人权"说。"天赋人权"说认为，每个人都有与生俱来的平等权利和自由权利，此种基本人权既不能被剥夺，也不能被转让。资产阶级取得政权后，基本人权被上升为宪法原则。

基本人权被资产阶级确认为宪法原则，有其十分重要的历史进步意义。尽管我们认为，作为人的基本权利，不同民族和国家应该具有共同的理解，但事实上，由于历史文化、阶级立场、国家利益等不同，基本人权原则在各国宪政上的具体表现常常有着很大的差异。

社会主义国家建立之后，同样在宪法中确认了基本人权原则。我国《宪法》明确规定"国家尊重和保障人权"，并对公民的基本权利作了原则性规定。法律和制度的存在也要以保障人权为出发点和归宿，而不是为了其他目的。公共利益本位，是为了保障每一个人的权利，是社会责任原则的要求。

人权的法定形态是公民的基本权利。平等权、政治权利、精神与文化活动的自由、人身自由与人格尊严、社会经济权利（包括财产权）、救济权利等，构成了我国《宪法》规定的公民基本权利体系。这些基本权利在重大突发事件导致公共危机、政府行使行政紧急权力实施公共危机管理的情况下，特别易于受到行政侵害。例如，为了应对重症急性呼吸综合征（SARS）、禽流感等突发公共卫生事件导致的紧急情况，政府有关部门采取人员隔离、强制宰杀、财产（如宾馆）征用等紧急措施，就易于伤害公民的合法权益，包括人身权、财产权等基本权利。由于种种原因，我国的公共应急法制尚不健全，公共危机管理过程中的公民权利保护力度有限，与宪政和行政法治的要求还有一定距离。

我国《宪法》第四次修改与以往历次修改相比，突出地强调了宪法的核心价值理念，即有效保障公民权利，依法规范国家权力（重点是行政权力）。特别是将国家尊重和保障人权、国家依照法律规定保护公民的私有财产权和继承权、紧急状态制度等写入宪法，充分体现了国家对人权问题的重视，突出了宪法的人权关怀。可以说，人权入宪反映了我国政治体制改革和人权事业发展的要求，彰显了现代宪政和行政法治的理念，是 2004 年修宪的最大亮点。鉴于"SARS"危机等突发公共事件暴露出政府应急管理机制特别是公共应急法制的诸多薄弱环节，故应发挥行政应急性原则应有的理论指导作用，以加强我国公共应急法制建设，提升重大突发事件政府应对机制的法治化水平，从而更有效地保障人权和公民基本权利。

二、行政合法性原则的内容

(一) 行政合法性原则的含义

行政合法性原则是依法行政基本原则中最重要的一个原则，是指行政主体行使行政权必须依据法律，符合法律，不得与法律相抵触。行政合法性原则在行政法中具有不可替代的作用。可以说，在任何一个推行法治的国家，合法性原则都是其法律制度的重要原则，它要求行政机关实施行政管理不仅应遵循宪法、法律，还要遵循行政法规、地方性法规、行政规章、自治条例和单行条例等，合法不仅指合乎实体法，也指合乎程序法。主要含义包括以下几方面：

1. 行政主体合法

行政合法性原则要求行政主体必须是依法设立的，并具备相应的资格。行政主体合法是依法行政的基础，也是依法行政必不可少的前提条件。

行政主体必须是具有法律授权或授权委托执法的组织及其个人，必须是法定行使行政职权的主体。只有行政机关、授权组织以及这些组织中的行政公务人员，才可构成行政主体。

行政主体必须是行使行政权的组织及其个人，并不是所有的组织或者个人都能成为行政主体。它要求必须是行使职权的机关或与行政职权的行使相关联的组织以及行使行政职权的机关（组织）内部的公务人员。不属法律授权的组织或与行使行政职权无关的组织及其工作人员，不属于行政主体的范畴。行政机关（以及其他行政组织，下同）有完善的内部机构和必要的工作人员，在法律上具有独立的人格，属于合法行政主体。行政机关内部机构及工作人员，在某种程度上虽然也具有一定的权力、义务和法律资格，但在对外行使行政职权时，个体行政主体不具有独立的法律人格，他必须以行政机关及其他行政组织的名义行使行政权力和义务。行政人员的个体行为，构成行政机关的整体行为。属于行政机关及其他行政组织以外的社会组织及其人员的活动，不属于行政组织内人员的活动或法律授权行政组织内的人员实施行政职权以外的行为，不属于行政主体的行政行为，而属于民事行为。

行政主体是行政机关或其他行政公务组织及其行政公务人员的共同体。行政主体分组织主体和人员主体。组织行政主体是指行使行政职权或从事行政管理活动的组织体，它包括行政机关组织体、行政机构、被授权组织和受委托组织。个体行政主体指实际行使行政职权的工作人员，它包括各类行政公务组织中的工作人员。个体行政主体，不能作为独立的主体而存在，它从属于所在的行政机关或组织，代表所在的行政机关或组织从事行政活动。

2. 行政权限合法

行政权限是指行政权力的边界。行政权限合法是指行政主体运用国家行政权力对社会生活进行调整的行为应当有法律依据，应当在法律授予的行政职权的范围内进行。对行政权力进行限制的法律规定表现在很多方面：有时间和空间上的限制，有职能管辖范围的限制，有手段、方法上的限制，有权力运用程度（即范围幅度上）的限制，有目的动机上的限制等。受此限制，行政主体一般不能超出自己的管辖范围去行使权力。超出地域管辖范围的是越权行为，超出职能管辖范围的也是越权行为。在具体的行政活动中，行政主体在手段的选择、范围幅度的确定等方面超出法律规定界限的，均是越权行为，而越权行为则是无效的行为。权限的合法性就是要求行政主体在进行行政活动时有法律依据并在法定的权限范围内实施行政行为。

3. 行政行为合法

行政行为合法，即行政行为必须依照法律规定的范围、手段、方式、程序进行，任何一个行政行为必须以法律规定的事实要件为基础，而每一个事实要件必须由相应的事实佐证，每一个事实佐证必须经得起审查和行政管理相对人的反驳与质证。行政机关作出的具体行政行为必须以事实为依据，以法律为准绳。行政机关援引的规范性文件必须是合法有效的文件，不得与更高层次的规范性文件相抵触；行政机关行使职权必须具有法律的明确授权；行政行为的各个方面（如处罚的种类、幅度等）都要在法律所规定的范围之内，对行政管理相对人的认定和对事件性质的判断应符合法律所确定的要件等。

4. 行政程序合法

行政程序是指行政主体的行政行为在时间和空间上的表现形式，即行政行为所遵循的方式、步骤、顺序以及时限的总和。程序合法是实体合法、公正的保障。从法理上说，侵犯公民的程序权利，同样是违法行为。程序的作用在于有效防范行政权力的专断和滥用，保障行政机关作出最佳的解决问题的决定，提高公民接受行政决定的能力。然而，我们过去一直重实体、轻程序，只重视执法结果，忽视获得这种结果的合法性。在某些人看来，只要适用实体法律正确，程序过程无关紧要。实际上，行政程序一旦成为法律规范，就与法律的实体规定一样，成为人们执法的准则。在实体合法的基础上重视程序，才能保证行政执法行为本身的公正、正义。

行政程序法要求：第一，行政主体行为时应当按照程序法律规定的方式、步骤、顺序、时限进行。第二，任何人不能成为审理自己案件的法官。在实施行政权力的过程中，行政工作人员如果

与行政行为有法律上的利害关系，应当回避；除法律有特别规定以外，行政主体在处理自己与行政相对人的行政纠纷时，应当按照司法最终解决原则来处理。第三，行政主体在处理问题，解决纠纷时应当给予当事人同等的申辩机会，不得偏听偏信，实行不单方接触的规则。第四，行政主体在决定对当事人不利的事务时，应当履行事先告知的义务，并给予当事人以陈述申辩的机会，进行公平的听证。第五，行政决定作出后，应当给予行政相对人寻求法律救济的机会。一般说来，严格的行政程序是防止行政随意、专横的有效手段。严重违反法定行政程序的行政决定是无效的。

行政合法性原则中还包括许多具体的原则，这里重点介绍法律优先原则、法律保留原则和行政应急性原则。

（二）法律优位原则

法律优位原则也称法律优先原则，它的含义包括：第一，在已有法律规定的情况下，任何其他法律规范，包括行政法规、地方性法规和规章，都不得与法律相抵触，凡有抵触，都以法律为准。法律优于任何其他法律规范。《行政处罚法》表述为：在法律对行政处罚已有规定的情况下，法规、规章可使之具体化，但必须在法律关于行政处罚规定的行为、种类、幅度范围以内，不得抵触。第二，在法律尚无规定，其他法律规范作了规定时，其他法律规范的规定都必须服从法律。一旦法律就此事项作出规定，法律优先。

我国《宪法》规定，国务院根据宪法和法律制定行政法规，国务院各部、各委员会根据法律、行政法规制定规章，省、自治区和直辖市人民政府和省、自治区人民政府所在地的市和国务院批准的较大的市的人民政府根据法律、行政法规和地方性法规制定规章。可见，宪法、法律对行政机关制定法律规范用的是"根据"原则。

《宪法》又规定，省、自治区和直辖市的人民代表大会及其常务委员会，在不同宪法、法律、行政法规相抵触的前提下，制定地方性法规。省、自治

区人民政府所在地的市和国务院批准的较大的市的人民代表大会及其常委会，在不同法律、行政法规和本省、自治区地方性法规相抵触的前提下，制定地方性法规。可见，宪法和法律对地方权力机关制定法律规范用的是"不抵触"原则。

"不抵触"是指地方性法规的规定不得与对此问题已有规定的法律、行政法规的有关规定相抵触，当然，如果法律、行政法规对此没有规定．地方性法规可以根据地方特点作出规定。因为在这种情况下不存在抵触问题。"根据"则不同，"根据"当然也意味着行政机关制定的规范不得与已对此问题有规定的法律（行政法规、地方性法规）相抵触。同时，也表明只有法律（行政法规和地方性法规）对某一问题已有规定的情况下，行政机关的规范才能据此作出规定。否则就是无法无据。对行政机关制定规范要求"根据"，就因为行政机关是权力机关的执行机关，必须根据权力机关的意志才能制定规范。在有些法律规定比较原则的情况下，行政机关可以制定规范使之进一步具体化。这些具体化的行政法规和规章，当然不得与法律（地方性法规）相抵触。行政机关制定规范中的"不抵触"和地方权力机关制定地方性法规的"不抵触"，都说明法律优于其他法律规范，法律的效力高于其他规范。

由于我国法律的覆盖面还远远不够，而现实又迫切需要可供遵循的规范，也由于经验不足，某些领域尚难以立即形成法律，这就需要在法律没有规定的情况下，先由行政机关制定一些规范。但这些规范的制定，必须由法律授权，尤其是涉及公民、法人或其他组织的人身权、财产权时，必须有法律授权。这就是"根据"原则的另一种表现。显然，这些规范都是在法律"空缺"的情况下制定的，如果一旦法律填补空白，对同一问题作出规定时，则行政法规、地方性法规和规章的有关规定就要自动让位于法律，以法律的规定为准，或修改，或废除。这也同样是法律优位原则的含义。

（三）法律保留原则

法律保留原则意味着凡属宪法、法律规定只能由法律规定的事项，则或者只能由法律规定；或者必须在法律明确授权的情况下，行政机关才有权在其所制定的行政规范中作出规定。我国宪法和法律对必须由法律规定的事项已作出某些规定。《宪法》第 62 条规定，全国人民代表大会"修改宪法""制定和修改民事、刑事、国家机构和其他的基本法律"，第 67 条规定，全国人大常委会"制定和修改除应当由全国人民代表大会制定的法律以外的其他法律"。这里规定的法律保留事项是：修改宪法、制定和修改刑事、民事、国家机构和其他基本法律，还有"其他法律"。但哪些属于"其他基本法律"和"其他法律"，尚未明确。《行政处罚法》则规定，只有法律才能设定人身自由罚。法律绝对保留，不予授权。对于财产权的处罚，则由法律授权。《行政处罚法》对行政法规，授予财产权各方面处罚的设定权；对规章，则仅授予警告与一定数额的罚款的设定权。有规章制定权以外的行政机关，法律不授予任何行政处罚的设定权。这是迄今为止我国法律对法律保留原则的最明确的表述。

（四）行政应急性原则

行政应急性原则也称行政应变性原则，是指行政主体为保障重大公共利益和公民根本利益，维护经济与社会秩序，保障社会稳定协调发展，在面临重大突发事件等紧急情况下可实施行政应急措施。其中包括有行政法律具体规定的行为，也包括没有行政法律具体规定的行为，甚至可暂停某些宪法权利和法律权利的行使，中断某些宪法和法律条款的实施，但行政紧急行为的行使也必须符合现实性、专属性、程序性、适当性的要求，防止行政权滥用。

一般意义上的行政合法性，是就行政法规范符合客观情况而言的，是就该行政法规范应适用于该客观情况的立法本意而言的。但是，立法者无法全面考虑到事后的每一种客观情况及其变化。并且，这种客观情况及其变化又具有相当的特殊性和偶然性，并不具有普遍性和经常性，在被发现后再制定或修改相应的行政法规范既不可能又无多大必要性。在这种情况下，原有的行政法规范已无法适用。如果对这种特殊情况继续适用原有的行政法规范，仍严格按原有的行政法规范实施行政行为，就不符合原有行政法规范的立法目的和立法本意，就有损公共利益，因而也就不是真正的行政合法。

真正的行政合法，要求行政决定真正符合公共利益。之所以要求行政决定应符合行政法规范的规定，也就是因为行政法规范体现了公共利益。因此，在特殊情况下，行政法规范已无法适用时，就不能再要求行政主体按行政法规范实施行政决定，而应要求行政主体按公共利益原则直接表达其意志，这就是行政应变性。行政应变性是行政合法性原则的必要补充和重要组成部分，是行政合法性基于公共利益而表现出来的应有的灵活性，它并不是对法治的破坏，而是为了在特殊情况下真正贯彻法治。

行政应变性赋予了行政主体较大的自主性甚至非常权力。为了防止这种行政应变性发展成为行政专横而践踏法治，行政主体在适用行政应变性时必须符合下列要求：第一，应符合法定条件，即只有在法定情形出现时才能适用行政应变性。这就要求在立法上对可适用行政应变性的特殊情形作出相应的规定。第二，应符合公共利益，即行政决定必须以公共利益为依归，必须符合原有行政法规范的立法目的和立法本意。第三，应符合法定程序。这就是说，行政主体在适用行政应变性前，应得到有权机关的审批。事前来不及报批的，事后应受有权机关的审查、追认。如果行政应变性不符合上述要求之一的，则仍属违法行政。

关于政府机关采取的危机管理行为对公民合法权益造成损害后如何加以救济，过去就未能完善有关的监督与救济规范，给实际工作造成诸多困难。这是因为，紧急征用公民和社会组织的房屋、设施等财产应急使用时，应遵循何种程序，如何予以补偿，发生补偿争议通过什么渠道和程序及时加以救济，此类财产权纠纷如果解决不好，必然影响人民群众对于政府应急措施的充分理解和积极配合，不利于保持良好的官民关系和政府形象。

表面看来，在面临重大突发事件等紧急情况下实施行政应急措施，其中包括一些没有具体法律依据甚至暂停某些宪法权利和法律权利的行为，似乎违背了形式法治主义的原则，但实际上这是政府为了国家、社会和全体公民的长远和根本利益而作的理性选择，是符合实质法治主义要求的。危机管理举措，其最终目的是通过化解危机因素，恢复和维持公共权力与公民权利之间的良性互动关系，从根本上维护人权和基本权利。因此，在实施依法治国方略、深入推进依法行政的新形势下，应当按照宪政和行政法治的要求加强公共应急法制建设，在政府实施公共危机管理过程中正确贯彻行政应急性原则，积极采取公共危机管理所需的各种行政应急措施，同时予以及时和充分的权利救济，更加稳健地维护我国经济社会发展和人权保障所需的法律秩序，更有效地保障人权和公民基本权利，同时监督和保障公共权力特别是行政权力依法行使，使二者能够兼顾、协调、持续地发展，这也是建设法治政府的要求。

第二节 行政合理性原则

一、行政合理性原则的含义和内容

行政合理性原则早在 18 世纪前就已存在。在英国法中，早在 16 世纪就出现了涉及行政合理性原则的重要判决。18 世纪及以后出现了更多地以合理性原则为基础的判词，如 1773 年的韦平铺路委员会案件中，法院再次强调："自由裁量权不应是专横的，必须受到合理和法律的限制。"至 20 世纪初，合理性原则已发展得相当成熟。在当代，英国著名行政法学者韦德教授认为："合理原则已成为近年赋予行政法生命力最积极和最著名的理论之一。""今天，该原则几乎出现在每星期所发布的判例中，在大量案件中该原则得到了成功运用。它在实体方面对行政法的贡献与自然公正原则在程序方面的贡献相同。"

(一) 行政合理性原则的含义

行政合理性原则是否应该作为行政法基本原则以及行政合理性原则的含义是什么？在我国也经过了一番探讨争论的过程。到 20 世纪 80 年代末 90 年代初，行政法治原则作为行政法的基本原则，为中国行政法学界所共认。它的两项基础性操作原则——合法性原则与合理性原则，都已写进了《行政诉讼法》。20 世纪 90 年代以后，中国的行政法学者几乎公认"合理性"原则是行政法治总原则下的一个基本性具体操作原则，具有重要的意义。对于行政合理性原则的含义，学者们的理解并不一致。

一般认为，行政合理性原则是指行政行为的内容要客观、适度、合乎理性（公平正义的法律理性）。合理行政是指行政主体在合法的前提下，在行政活动中公正、客观、适度地处理行政事务。应该包括以下要点：

1. 行政的目的和动机合理

行政行为必须出自正当的、合法的目的，必须出于为人民服务、为公益服务，必须与法律追求的价值取向和国家行政管理的根本目的相一致。

2. 行政的内容和范围合理

行政权力的行使范围和行使的时间、地点、对象等均不是漫无边际、没有度和量的，而是被严格限定在法律的积极明示和消极默许的范围内，不能滥用和擅自扩大范围。

3. 行政的行为和方式合理

行政权特别是行政自由裁量权的行使应符合人之常情，包括符合事物的客观规律，符合日常生活中的常识，符合人们普遍遵守的准则，符合一般人的正常理智判断。

4. 行政的手段和措施合理

行政机关在行政管理过程中作出行政决定时，特别是作出与行政管理相对人利益有直接关系的行政处罚决定时，面对多种可选择的行政手段和措施，应按照必要性、适当性和比例性的要求，进行合理的选择。

（二）行政合理性原则的内容

关于行政合理性原则的基本内容，西方国家有不同的观点。我国学术界对行政合理性原则的基本内容也有不同的见解，一般认为，行政合理性原则的基本内容包括以下几个方面：

1. 公平公正对待

公平公正对待是行政主体针对多个相对人实施行政决定时应遵循的规则。行政主体同时面对多个相对人时，必须一视同仁，不得歧视；行政主体先后面对多个相对人时，对相对人权利义务的设定、变更或消灭，应当与以往同类相对人保持基本一致，除非法律已经改变；对不同情况区别对待。

2. 比例原则

行政法上的比例原则是指行政权虽然有法律上的依据，但必须选择使相对人的损害最小的方式来行使。参考德国行政法学的观点，该原则包括三项内容，即适合目的性、适当性和损害最小的比例原则。适当性原则是指行政决定应合乎法律的目的；必要性原则是指行政权的行使应尽可能使相对人的损害保持在最小的范围内；狭义的比例原则是指行政主体对相对人合法权益的干预不得超过所追求的行政目的的价值。

比例原则与平等对待的目的都是为了实现行政决定的公正性和合理性，比例原则所要求的某些内容与平等对待所要求的某些内容也会发生重合。但是，它们又是有区别的。平等对待是通过对各相对人之间的比较来认识行政合理性的，比例原则则是通过对事即相对人所具有的情节与所应得到的法律待遇之间的比较来认识行政合理性的。比例原则主要是对负担行政的要求，而平等对待的适用则不限于负担行政，还适用于给付行政。符合平等对待的行政决定不一定符合比例原则。坚持比例原则即使能够达到负担行政中的平等对待，也无法实现给付行政中的平等对待。因此，它们对行政有两种不同要求，各自具有独立的价值。

3. 正常判断

判断一个行政决定是否合理，难以确立一个量化的标准。即使我们可以借助于平等对待和比例原则来判断，也仍然存在是否"平等"，是否"必要"的问题。根据国内外的实践，只能以大多数人的判断为合理判断，即舍去高智商者和低智商者的判断，取两者的中间值即一般人的判断为合理判断。当然，一个判断是不是大多数人的判断，又往往取决于法官的判断。

4. 没有偏私

没有偏私不仅是指行政决定在内容上没有偏私存在，而且在形式也不能让人们有理由怀疑为可能存在偏私。这项规则要求行政主体在实施行政决定时不受外部压力的干扰，对所处理之事没有成见，在作出决定前未私自与一方当事人单独接触过，等等。

这里的外部压力是多种多样的。它既包括来自国家组织内部的压力、政治派别的压力，也包括来自黑社会性质的压力、社会舆论的压力和相对人的压力。既包括暴力，也包括非暴力的威胁。可能是公开的压力，也可能是非公开的和潜在的压力。

事先不单独接触规则，主要要求公务员事先不得单独、私自与相对人中的某一方接触。在这里的"事先"是指法律事实发生以后、行政决定作出以前，而不是指法律事实发生以前。同时，对"单独""私自"的判断，往往需要借助于具体的时间、场所和人员等各种因素。

行政自由裁量权的存在是合理行政存在的理由。在我国，行政自由裁量权是指行政主体在法律规定的范围内根据具体的事实和依据，选择自己（行政主体）认为最为适当的方式、范围、幅度、种类去处理行政事务的权力。而合理行政就是对行政主体的这种选择权的限制。在英国，行政合理性原则就是针对自由裁量权而设的，是判断自由裁量权是否合理或是否被滥用的标准。根据英国的经验，我们可以得到判断自由裁量权是否被滥用的下列标准：是否符合正常判断；是否存在偏私；是否具有不合理动机；是否具有不相关考虑；是否符合法定目的。

二、行政合理性原则与行政合法性原则之间的关系

行政合理性原则与行政合法性原则都属于行政法治原则的范畴，两者之间有着密切的联系，但两者也属于两类不同的原则，有着较大的区别。能否准确把握两者的关系对于依法行政有着很大的影响。

1. 合法性原则和合理性原则是统一的整体，不可偏废一方

行政合法性原则主要是成文法上演化的原则，而行政合理性原则主要是适用法律上演化的原则，虽然两者的起源不同，但共同构成了行政法制的原则。这是两者在法律上的共同点。合法性原则是全方位适用的原则，而合理性原则主要适用于自由裁量领域，合理性原则实际上是合法性的延伸，是合法性原则在自由裁量问题上的进一步要求。这又表明两者在法律上的关系。从合理性原则作为一个法律原则来看，其本身就属于合法性原则的范畴。因此它们是一个有机统一的整体，必须同时把握这两个原则才是完整的，才能更正确有效行政。

2. 合法性原则与合理性原则在行政中应保持一致

合法性与合理性都是法的原则。从行政上讲，不讲合法性不行，但没有行政的合理性，就无法推进行政合法性向前发展。法律应当建立在公允合理的基础上，政府行政也应坚持合情合理，对一些不合时宜、不尽合理的行政法律也应及时修订完善。应当说，不适应、不合理的行政行为是行政不当行为，特别是不符合传统公德，违背公民意志的行为，应是无效的。这就要求行政中一些合法性的问题必须与合理性的问题相一致。有时维护其公众利益的必要性会超过合法性，这时的行政行为应当是有效的。突出表现在行政的应急性原则上。根据公共利益的需求，在紧急情况下行政机关采取的许多非法但合理的行为应当是有效的。当然应急性原则属于合理性原则，这个原则也应当通过法律体现。

3. 合理性原则必须讲求"合理"适度，与合法性原则相协调

行政合理性原则必须对"合理"的程度进行限定。具体表现在，合理性原则应对自由裁量权加以监督和限制。当前我国法律法规对自由裁量的规定还有一些问题亟待解决，表现在自由裁量的幅度较大，许多问题没有实施细则或对各种情况作出具体规定，有的没有幅度规定，甚至连处罚的种类都没有规定。自由裁量权如果不限制在一定的范围、程度、幅度之内运用，可能变成任意裁量权。目前我国法律、法规对行政权力尤其是对自由裁量权的限

制较少，使自由裁量权广泛存在。因此，应尽快抓紧对这方面制定标准和准则，否则就不能达到行政法治的目标。

第三节　依法行政与法治政府建设

1999 年九届全国人大二次会议将"中华人民共和国实行依法治国，建设社会主义法治国家"载入宪法。作为依法治国的重要组成部分，依法行政也取得了明显进展。1999 年 11 月，国务院发布了《国务院关于全面推进依法行政的决定》。2004 年 3 月，国务院发布了《全面推进依法行政实施纲要》（以下简称《纲要》），明确提出建设法治政府的奋斗目标。2010 年 10 月又出台了《国务院关于加强法治政府建设的意见》，进一步明确加强法治政府建设的总体要求和具体任务。

一、依法行政与依法治国的关系

（一）依法行政的含义

依法行政是指国家各级行政机关及其工作人员依据宪法和法律赋予的职责权限，在法律规定的职权范围内，对国家的政治、经济、文化、教育、科技等各项社会事务，依法进行有效管理的活动。它要求一切国家行政机关和工作人员都必须严格按照法律的规定，在法定职权范围内，充分行使管理国家和社会事务的行政职能，做到既不失职，又不越权，更不能非法侵犯公民的合法权益。依法行政的范围，包括行政立法、行政执法、行政司法都要依法进行。由于行政执法是国家行政机关及其工作人员行使国家公共权力，按照法律、法规赋予的职权，对管理相对人采取直接影响其权利义务的行为，或者对管理相对人的权利义务的行使和履行情况直接进行监督检查并作出处理结果的行为，最容易侵犯公民、法人或其他组织的合法权益。所以，依法行政的核心，是依法行政执法。

就现代法治要求而言，一方面，各级政府机关要以法律为武器管理国家事务，要求公民、法人或其他组织依据法律享受权利，履行义务，对不正当行使权利和不认真履行义务的公民、法人或其他组织追究法律责任。另一方面，管理者也必须依法管理，在行使管理权力时，必须以法律为准绳，必须在法律授予的职权范围内行使职权，必须依据法律规定的要求和程序管理国家事务。法律要约束被管理的公民、法人或其他组织，同时也要约束管理者自己。在这两者的统一中，管理者依法办事是矛盾的主要方面。管理者根据法律规定进行管理，实际上也就是要求被管理者严格依法行使权力，履行义务。有了各级政府及其工作人员的依法行政，才可能会有公民的严格遵守法律。没有对管理者的要求，就无法对被管理者提出要求。因此，行政必须纳入法治的轨道，严格依法行政，这是各级政府机关行政必须遵循的原则。

（二）依法行政与依法治国的关系

依法治国就是广大人民群众在共产党的领导下，依照宪法和法律的规定，通过各种途径和形式参与国家的政治、经济、文化事业管理和社会事务管理，保证国家各项工作都能依法进行，使国家各项工作逐步走上法制化和规范化，逐步实现社会主义民主的制度化、法律化，使这种制度和法律不因领导人的改变而改变，不因领导人看法和注意力的改变而改变。依法行政和依法治国的关系是密不可分的。依法治国由依法立法、依法行政、依法司法和依法监督等内容组成。在这些内容中，依法行政是依法治国的核心和重点。因为一个国家的整个管理活动，主要是靠各级人民政府进行的。如果各级行政机关都能依法行使职权，依法进行管理，那么，依法治国就有了基本保证。坚持依法治国的方略，又为依法行政创造了大环境和前提条件。如果没有依法治国的方略和大环境，根本就谈不上依法行政。但没有依法行政，依法治国就会落空。因此，依法行政是实现依法治国的根本保证，也是依法治国的核心和关键。

二、加强法治政府建设的总体要求

（一）加强法治政府建设的重要性紧迫性和总体要求

1. 加强法治政府建设的重要性紧迫性

贯彻依法治国基本方略，推进依法行政，建设法治政府，是我们党治国理政从理念到方式的革命性变化，具有划时代的重要意义。《纲要》实施以来，各级人民政府对依法行政工作高度重视，加强领导、狠抓落实，法治政府建设取得了重要进展。当前，我国经济社会发展进入新阶段，国内外环境更为复杂，挑战增多。转变经济发展方式和调整经济结构的任务更加紧迫和艰巨，城乡之间、地区之间发展不平衡，收入分配不公平和差距扩大，社会结构和利益格局深刻调整，部分地区和一些领域社会矛盾有所增加，群体性事件时有发生，一些领域腐败现象仍然易发多发，执法不公，行政不作为、乱作为等问题比较突出。解决这些突出问题，要求进一步深化改革，加强制度建设，强化对行政权力运行的监督和制约，推进依法行政，建设法治政府。各级行政机关及其领导干部一定要正确看待我国经济社会环境的新变化，准确把握改革发展稳定的新形势，及时回应人民群众的新期待，切实增强建设法治政府的使命感、紧迫感和责任感。

2. 加强法治政府建设的总体要求

当前和今后一个时期，要深入贯彻科学发展观，认真落实依法治国基本方略，进一步加大《纲要》实施力度，以建设法治政府为奋斗目标，以事关依法行政全局的体制机制创新为突破口，以增强领导干部依法行政的意识和能力、提高制度建设质量、规范行政权力运行、保证法律法规严格执行为着力点，全面推进依法行政，不断提高政府公信力和执行力，为保障经济又好又快发展和社会和谐稳定发挥更大的作用。

（二）提高行政机关工作人员特别是领导干部依法行政的意识和能力

1. 高度重视行政机关工作人员依法行政意识与能力的培养

行政机关工作人员特别是领导干部要带头学法、尊法、守法、用法，牢固树立以依法治国、执法为民、公平正义、服务大局、党的领导为基本内容的社会主义法治理念，自觉养成依法办事的习惯，切实提高运用法治思维和法律手段解决经济社会发展中突出矛盾和问题的能力。要重视提拔使用依法行政意识强，善于用法律手段解决问题、推动发展的优秀干部。

2. 推行依法行政情况考察和法律知识测试制度

拟任地方人民政府及其部门领导职务的干部，任职前要考察其掌握相关法律知识和依法行政情况。公务员录用考试要注重对法律知识的测试，对拟从事行政执法、政府法制等工作的人员，还要组织专门的法律知识考试。

3. 建立法律知识学习培训长效机制

完善各级行政机关领导干部学法制度。要通过政府常务会议会前学法、法制讲座等形式，组织学习宪法、通用法律知识和与履行职责相关的专门法律知识。县级以上地方各级人民政府每年至少要举办两期领导干部依法行政专题研讨班。各级行政学院和公务员培训机构举办的行政机关公务员培训班，要把依法行政知识纳入教学内容。定期组织行政执法人员参加通用法律知识培训、专门法律知识轮训和新法律法规专题培训，并把培训情况、学习成绩作为考核内容和任职晋升的依据之一。

三、加强法治政府建设的具体任务

（一）深入推进依法行政，加快建设法治政府

1. 依法全面履行政府职能

法律的生命力在于实施，法律的权威也在于实施。各级政府必须坚持在党的领导下、在法治轨道上开展工作，创新执法体制，完善执法程序，推进综合执法，严格执法责任，建立权责统一、权威高效的依法行政体制，加快建设职能科学、权责法定、执法严明、公开公正、廉洁高效、守法诚信的法治政府。完善行政组织和行政程序法律制度，推进机构、职能、权限、程序、责任法定化。

2. 健全依法决策机制

健全依法决策机制是减少和避免决策失误、提高决策质量的首要环节，是推进民主科学管理、实现政民协同善治的重要保障，是完善城市治理体系、推进政府治理能力现代化的必然要求。在《中共中央关于全面推进依法治国若干重大问题的决定》明确提出，要健全依法决策机制，确保决策制度科学、程序正当、过程公开、责任明确。落实重大行政决策程序各项规定。认真落实重大行政决策公众参与、专家论证、风险评估、合法性审查、集体讨论决定确定为重大行政决策法定程序，并建立行政机关内部重大决策合法性审查机制、重大决策终身责任追究制度及责任倒查机制。如果这些程序和机制得以建立，那么对于推进依法行政，加快建设法治政府有着重要的意义。

3. 深化行政执法体制改革

行政执法体制既是行政体制的重要组成部分，更是法律实施体制的关键环节。深化行政执法体制改革能否取得显著成效，直接关系到法律法规能否全面正确实施，关系到人民群众合法权益能否得到切实保障，关系到经济社会秩序能否有效维护，关系到依法行政能否真正落到实处。为此，不单要完善行政执法体制，还需要完善行政执法程序、创新行政执法方式，同时要加强行政执法经费财政保障等。不仅如此，还应该做到如下几点：

（1）将深化行政执法体制改革摆上重要议事日程，及时抓住改革中存在的问题并加以解决，高度重视对深化行政执法体制改革的领导。

（2）尽力、有效地解决执法中人民群众反映强烈的突出问题，确定事关群众利益的重点改革任务。各地方、各部门必须树立问题导向意识、抓住主要矛盾，确定重点任务。

（3）既要立足当前，在解决突出问题上见实效，实现改革的阶段性突破，又要着眼长远，在制度、机制、能力建设上下功夫建立严格规范公正文明执法的长效机制，要切实增强改革举措的系统性和协调性。

（4）在深化行政法体制改革上要尊重基层群众探索创新、鼓励地方部门和基层群众勇于创新，对改革中的成功做法要及时总结完善，上升到制度层面推广；对改革中出现的错误应该指导改进，最大限度地发挥改革的正面效应。

4. 坚持严格规范公正文明执法

坚持严格规范公正文明执法，是深入推进依法行政、加快建设法治政府的重要举措，是维护社会公平正义的重大手段，是提升执法公信力的重要途径。为此要严格规范公正文明执法。强化重点领域执法力度。加强食品药品安全、安全生产、国土资源、规划建设、环境保护、社会治安、劳动保障、城市管理、个人信息安全、公共网络安全等关系群众切身利益的重点领域执法，依法查处各类违法行为，定期或不定期组织对重点领域执法情况进行专项调查，及时改正执法中所犯的错误。

5. 强化行政权力的制约和监督

有关强化行政力的制约和监督的具体要求如下：

（1）充分认识强化对行政力制约和监督的重要意义

行政权力是宪法和法律赋予行政机关管理经济、文化、社会事务的权力，是国家权力的重要组成部分。为了全面推进依法治国、推进国家治理体系和治理能力现代化，并且使市场在配置资源中发挥决定性作用和更好发挥政府作用，强化对行政权力的制约和监督是必不可少的。只有做好以上几点，才能推动政府职能向创造良好发展环境、提供优质公共服务、维护社会公平正义转变。

（2）加强对行政权力制约和监督的制度体系建设

经过多年实践发展和制度建设，我国已经形成了一套有中国特色且行之有效的行政权力制约和监督的制度体系，其中包括了党内监督、人大监督、民主监督、行政监督、司法监督、审计监督、社会监督、舆论监督共八个方面。这些监督力量分工明确、优势互补，从不同层面上以不同的形式对行政权力进行制约和监督，同时也构成了中国特色行政监督体系的主体框架。但也存在相关制度不完备、监督力量衔接不够、监督针对性不强、监督流于形式等问题，有的监督在实际中还存在侵权和违法现象。为此，针对权力运行制约和监督中的种种问题，要努力形成科学有效的行政权力运行制约和监督体系，这就需要把以上八个方面的监督方式有机结合，建立互补、强力、有实效的监督体系，形成整体监督的合力。

（3）健全政府内部权力制约机制

首先要加强强对关键部门和重点岗位的行政权力制约和监督。其次是要完善政府内部层级监督和专门监督。最后是要完善纠错问责机制

对财政资金分配使用、国有资产监管、政府投资、政府采购、公共资源转让、公共工程建设等权力集中的部门和岗位实行分事行权、分岗设权、分级授权，定期轮岗，强化内部流程控制，防止权力滥用。

日常监督与专项监督相结合、主动监督与受理举报投诉监督相结合、定期督导与突击检查相结合。从而保证监督频率和覆盖范围，增强监督实效。推进行政问责的制度化、规范化，进一步明确问责范围、问责程序，加大问责力度，增强行政问责的针对性、操作性和时效性，坚决纠正行政不作为和乱作为。这些都可以加强对政府内部权力的制约，也是强化对行政权力制约的重点。

（4）完善审计制度

审计是国家治理的"免疫系统"。是公共资金的守护神和人民利益的捍卫者，是行政权力监督体系的重要组成部分。进一步完善审计制度，保障依法独立行使审计监督权，切实加强审计监督，对于全面推进依法治国、依法行政具有重要意义。依法实行审计制度全覆盖、完善审计管理体制、大力推进审计职业化建设是完善审计制度的的重要举措。

6. 全面推进政务公开

经过多年的摸索和发展，政务公开在我国已经成为一种工作常态，对于促进政府信息公开、行政权力公开透明、权力监督制约起到了积极作用，同时也促进了政府职能转变，促进了服务型政府建设和经济社会的发展。它主要包含了政府信息公开、过程公开和政府数据开放的概念集合。它是指行政机关以及法律、法规和行政规章授权或委托的组织就自身的机构设置、法律

依据、权力运作过程以及管理情况依法向社会发布，并接受其参与和监督的过程。这一概念的形成是政务公开随历史演进不断深化的结果。其特征主要表现为公开主体和公开内容的全覆盖、公开渠道的多元整合以及公民角色积极活跃。在实践方面，目前省级政府主要是从细化政务公开内容边界和实施程序、拓展政务公开渠道，深化公民参与三个维度出发进行创新。精细化、集约多元以及参与是未来政务公开工作深化拓展的重要方向。因此，若想要深入推进依法行政，加快建设法治政府，政务公开是必不可少的一个环节。

（二）坚持依法科学民主决策

1. 规范行政决策程序

加强行政决策程序建设，健全重大行政决策规则，推进行政决策的科学化、民主化、法治化。要坚持一切从实际出发，系统全面地掌握实际情况，深入分析决策对各方面的影响，认真权衡利弊得失。要把公众参与、专家论证、风险评估、合法性审查和集体讨论决定作为重大决策的必经程序。作出重大决策前，要广泛听取、充分吸收各方面意见，意见采纳情况及其理由要以适当形式反馈或者公布。完善重大决策听证制度，扩大听证范围，规范听证程序，听证参加人要有广泛的代表性，听证意见要作为决策的重要参考。重大决策要经政府常务会议或者部门领导班子会议集体讨论决定。重大决策事项应当在会前交由法制机构进行合法性审查，未经合法性审查或者经审查不合法的，不能提交会议讨论、作出决策。

2. 完善行政决策风险评估机制

凡是有关经济社会发展和人民群众切身利益的重大政策、重大项目等决策事项，都要进行合法性、合理性、可行性和可控性评估，重点是进行社会稳定、环境、经济等方面的风险评估。建立完善部门论证、专家咨询、公众参与、专业机构测评相结合的风险评估工作机制，通过舆情跟踪、抽样调查、重点走访、会商分析等方式，对决策可能引发的各种风险进行科学预测、综合研判，确定风险等级并制定相应的化解处置预案。要把风险评估结果作为决策的重要依据，未经风险评估的，一律不得作出决策。

3. 加强重大决策跟踪反馈和责任追究

在重大决策执行过程中，决策机关要跟踪决策的实施情况，通过多种途径了解利益相关方和社会公众对决策实施的意见和建议，全面评估决策执行效果，并根据评估结果决定是否对决策予以调整或者停止执行。对违反决策规定、出现重大决策失误、造成重大损失的，要按照谁决策、谁负责的原则严格追究责任。

（三）严格规范公正文明执法

1. 严格依法履行职责

各级行政机关要自觉在宪法和法律范围内活动，严格依照法定权限和程序行使权力、履行职责。要全面履行政府职能，更加重视社会管理和公共服务，着力保障和改善民生，切实解决就业、教育、医疗、社会保障、保障性住房等方面人民群众最关心的问题。加大行政执法力度，严厉查处危害安全生产、食品药品安全、自然资源和环境保护、社会治安等方面的违法案件，维护公共利益和经济社会秩序。认真执行行政许可法，深化行政审批制度改革，进一步规范和减少行政审批，推进政府职能转变和管理方式创新。着力提高政府公信力，没有法律、法规、规章依据，行政机关不得作出影响公民、法人和其他组织权益或者增加其义务的决定；行政机关参与民事活动，要依法行使权利、履行义务、承担责任。

2. 完善行政执法体制和机制

继续推进行政执法体制改革，合理界定执法权限，明确执法责任，推进综合执法，减少执法层级，提高基层执法能力，切实解决多头执法、多层执法和不执法、乱执法问题。改进和创新执法方式，坚持管理与服务并重、处置与疏导结合，实现法律效果与社会效果的统一。加强行政执法信息化建设，推行执法流程网上管理，提高执法效率和规范化水平。县级以上人民政府要建立相关机制，促进行政执法部门信息交流和资源共享。完善执法经费由财政保障的机制，切实解决执法经费与罚没收入挂钩问题。

3. 规范行政执法行为

各级行政机关都要强化程序意识，严格按程序执法。加强程序制度建设，细化执法流程，明确执法环节和步骤，保障程序公正。要平等对待行政相对人，同样情形同等处理。行政执法机关处理违法行为的手段和措施要适当适度，尽力避免或者减少对当事人权益的损害。建立行政裁量权基准制度，科学合理细化、量化行政裁量权，完善适用规则，严格规范裁量权行使，避免执法的随意性。健全行政执法调查规则，规范取证活动。坚持文明执法，不得粗暴对待当事人，不得侵害执法对象的人格尊严。加强行政执法队伍建设，严格执法人员持证上岗和资格管理制度，狠抓执法纪律和职业道德教育，全面提高执法人员素质。根据法律、法规、规章立、改、废情况及时调整、梳理行政执法依据，明确执法职权、机构、岗位、人员和责任，并向社会公布。充分利用信息化手段开展执法案卷评查、质量考核、满意度测评等工作，加强执法评议考核，评议考核结果要作为执法人员奖励惩处、晋职晋级的重要依据。严格落实行政执法责任制。

（四）全面推进政务公开

1. 加大政府信息公开力度

认真贯彻实施政府信息公开条例，坚持以公开为原则、不公开为例外，凡是不涉及国家秘密、商业秘密和个人隐私的政府信息，都要向社会公开。加大主动公开力度，重点推进财政预算、公共资源配置、重大建设项目批准和实施、社会公益事业建设等领域的政府信息公开。政府全部收支都要纳入预算管理，所有公共支出、基本建设支出、行政经费支出的预算和执行情况，以及政府性基金收支预算和中央国有资本经营预算等情况都要公开透明。政府信息公开要及时、准确、具体。对人民群众申请公开政府信息的，要依法在规定时限内予以答复，并做好相应服务工作。建立健全政府信息公开的监督和保障机制，定期对政府信息公开工作进行评议考核。依法妥善处理好信息公开与保守秘密的关系，对依法应当保密的，要切实做好保密工作。

2. 推进办事公开

要把公开透明作为政府工作的基本制度，拓宽办事公开领域。所有面向社会服务的政府部门都要全面推进办事公开制度，依法公开办事依据、条件、要求、过程和结果，充分告知办事项目有关信息。要规范和监督医院、学校、公交、公用等公共企事业单位的办事公开工作，重点公开岗位职责、服务承诺、收费项目、工作规范、办事纪律、监督渠道等内容，为人民群众生产生活提供优质、高效、便利的服务。

3. 创新政务公开方式

进一步加强电子政务建设，充分利用现代信息技术，建设好互联网信息服务平台和便民服务网络平台，方便人民群众通过互联网办事。要把政务公开与行政审批制度改革结合起来，推行网上电子审批、"一个窗口对外"和"一站式"服务。规范和发展各级各类行政服务中心，对与企业和人民群众密切相关的行政管理事项，要尽可能纳入行政服务中心办理，改善服务质量，提高服务效率，降低行政成本。

（五）强化行政监督和问责

1. 自觉接受监督

各级人民政府和政府部门要自觉接受人大及其常委会的监督、政协的民主监督和人民法院依法实施的监督。对事关改革发展稳定大局、人民群众切身利益和社会普遍关心的热点问题，县级以上人民政府要主动向同级人大常委会专题报告o拓宽群众监督渠道，依法保障人民群众监督政府的权利。完善群众举报投诉制度。高度重视舆论监督，支持新闻媒体对违法或者不当的行政行为进行曝光。对群众举报投诉、新闻媒体反映的问题，有关行政机关要认真调查核实，及时依法作出处理，并将处理结果向社会公布。

2. 加强政府内部层级监督和专门监督

上级行政机关要切实加强对下级行政机关的监督，及时纠正违法或者不当的行政行为。保障和支持审计、监察等部门依法独立行使监督权。审计部门要着力加强财政专项资金和预算执行审计、重大投资项目审计、金融审计、国有企业领导人员经济责任审计等工作，加强社会保障基金、住房公积金、扶贫救灾资金等公共资金的专项审计。监察部门要全面履行法定职责，积极推进行政问责和政府绩效管理监察，严肃追究违法违纪人员的责任，促进行政机关廉政勤政建设。

3. 严格行政问责

严格执行行政监察法、公务员法、行政机关公务员处分条例和关于实行党政领导干部问责的暂行规定，坚持有错必纠、有责必问。对因有令不行、有禁不止、行政不作为、失职渎职、违法行政等行为，导致一个地区、一个部门发生重大责任事故、事件或者严重违法行政案件的，要依法依纪严肃追究有关领导直至行政首长的责任，督促和约束行政机关及其工作人员严格依法行使权力、履行职责。

（六）依法化解社会矛盾纠纷

1. 健全社会矛盾纠纷调解机制

要把行政调解作为地方各级人民政府和有关部门的重要职责，建立由地方各级人民政府负总责、政府法制机构牵头、各职能部门为主体的行政调解工作体制，充分发挥行政机关在化解行政争议和民事纠纷中的作用。完善行政调解制度，科学界定调解范围，规范调解程序。对资源开发、环境污染、公共安全事故等方面的民事纠纷，以及涉及人数较多、影响较大、可能影响社会稳定的纠纷，要主动进行调解。认真实施人民调解法，积极指导、支持和保障居民委员会、村民委员会等基层组织开展人民调解工作。推动建立行政调解与人民调解、司法调解相衔接的大调解联动机制，实现各类调解主体的有效互动，形成调解工作合力。

2. 加强行政复议工作

充分发挥行政复议在解决矛盾纠纷中的作用，努力将行政争议化解在初发阶段和行政程序中。畅通复议申请渠道，简化申请手续，方便当事人提出申请。对依法不属于复议范围的事项，要认真做好解释、告知工作。加强对复议受理活动的监督，坚决纠正无正当理由不受理复议申请的行为。办理复议案件要深入调查，充分听取各方意见，查明事实、分清是非。注重运用调解、和解方式解决纠纷，调解、和解达不成协议的，要及时依法公正作出复议决定，对违法或者不当的行政行为，该撤销的撤销，该变更的变更，该确认违法的确认违法。行政机关要严格履行行政复议决定，对拒不履行或者无正当理由拖延履行复议决定的，要依法严肃追究有关人员的责任。探索开展相对集中行政复议审理工作，进行行政复议委员会试点。健全行政复议机构，确保复议案件依法由 2 名以上复议人员办理。建立健全适应复议工作特点的激励机制和经费装备保障机制。完善衍政复议与信访的衔接机制。

3. 做好行政应诉工作

完善行政应诉制度，积极配合人民法院的行政审判活动，支持人民法院依法独立行使审判权。对人民法院受理的行政案件，行政机关要依法积极应诉，按规定向人民法院提交作出具体行政行为的依据、证据和其他相关材料。对重大行政诉讼案件，行政机关负责人要主动出庭应诉。尊重并自觉履行人民法院的生效判决、裁定，认真对待人民法院的司法建议。

（七）加强组织领导和督促检查

1. 健全推进依法行政的领导体制和机制

地方各级人民政府和政府部门都要建立由主要负责人牵头的依法行政领导协调机制，统一领导本地区、本部门推进依法行政工作。县级以上地方人民政府常务会议每年至少听取 2 次依法行政工作汇报，及时解决本地区依法行政中存在的突出问题，研究部署全面推进依法行政、加强法治政府建设的具体任务和措施。加强对推进依法行政工作的督促指导、监督检查和舆论宣传，对成绩突出的单位和个人按照国家有关规定给予表彰奖励，对工作不力的予以通报批评。加强依法行政工作考核，科学设定考核指标并纳入地方各级人民政府目标考核、绩效考核评价体系，将考核结果作为对政府领导班子和领导干部综合考核评价的重要内容。

2. 强化行政首长作为推进依法行政第一责任人的责任

各级人民政府及其部门要把全面推进依法行政、加强法治政府建设摆在更加突出的位置。行政首长要对本地区、本部门依法行政工作负总责，切实承担起领导责任，将依法行政任务与改革发展稳定任务一起部署、一起落实、一起考核。县级以上地方人民政府每年要向同级党委、人大常委会和上一级人民政府报告推进依法行政情况，政府部门每年要向本级人民政府和上一级人民政府有关部门报告推进依法行政情况。

3. 加强法制机构和队伍建设

县级以上各级人民政府及其部门要充分发挥法制机构在推进依法行政、建设法治政府方面的组织协调和督促指导作用。进一步加强法制机构建设，使法制机构的规格、编制与其承担的职责和任务相适应。要加大对法制干部的培养、使用和交流力度，重视提拔政治素质高、法律素养好、工作能力强的法制干部。政府法制机构及其工作人员要努力提高新形势下做好政府法制工作的能力和水平，努力当好政府或者部门领导在依法行政方面的参谋、助手和顾问。

4. 营造学法、尊法、守法的良好社会氛围

各级人民政府及其部门要采取各种有效形式深入开展法治宣传教育，精心组织实施普法活动，特别要加强与人民群众生产生活密切相关的法律法规宣传，大力弘扬社会主义法治精神，切实增强公民依法维护权利、自觉履行义务的意识，努力推进法治社会建设。

第三章　行政法主体

第一节　行政主体

一、行政主体的概念

行政主体，是指享有行政权力、能以自己的名义行使行政职权并能独立承担由此产生的相应法律责任的社会组织。从这一定义可以看出，要取得行政主体资格必须具备如下条件：

（一）行政主体是社会组织

社会组织是与自然人相对应的概念，组织在一定条件下可以成为行政主体。自然人不能够成为行政主体，因为国家在行政权的分配上是以组织而不是以自然人为媒介的。只有组织才有能力管理行政事务，实现国家行政职能，才能被法律赋予行政权，代表国家实施行政行为而成为行政主体。

（二）享有行政权力

行政主体必须享有行政权，否则不是行政主体。公司、企业、社会团体等社会组织，虽然对本组织具有管理权，但是只要没被法律、法规授予行政权，就不具有行政主体资格。

（三）能以自己的名义行使行政权

这是指行为主体能够独立自主地表达自己的意志，按照自己的意志实施特定行为，即具有独立的法律人格。

（四）能够独立承担法律责任

行政主体要对其所实施的行政行为承担法律责任，而且能够独立承担法律责任，这是一个组织成为行政主体的必备条件。

二、行政主体与相关概念辨析

行政主体与一些相关概念既有联系，又有区别，因此，在明确了行政主体的内涵之后，还必须了解行政主体和这些概念的区别，以进一步明确行政主体的外延。

（一）行政主体与行政法主体

行政主体不同于行政法主体。行政法主体是指享有行政法上的权利、义务的主体，指行政法律关系的双方当事人。行政法主体范围要大于行政主体范围，不仅仅包括行政主体，还包括行政相对方和行政法制监督主体等。行政主体只是行政法主体的一种，即行政法律关系中的一方当事人。行政主体必定是行政法主体，但行政法主体不一定是行政主体。

（二）行政主体和行政机关

行政机关是最重要的行政主体，但行政主体与行政机关不能简单地等同。行政主体不仅仅包括行政机关，还包括被授权的组织。行政机关并不一定是行政主体，还可能作为行政相对人或民事主体。

（三）行政主体和国家公务员

国家的行政管理活动虽然是通过各个公务员的公务行为得以实现的，但公务员并不是行政主体。国家公务员是代表行政主体执行公务的内部工作人员，公务员不能以自己的名义行使行政权力，公务员不承担行政权行使后的法律效果，公务员是内部行政法律关系的相对人。

三、行政主体的职权和职责

（一）行政职权

行政职权是国家行政权的表现形式，是行政主体实施国家行政管理活动的权，能。可以归纳为：制定行政规范权、行政调查权、行政决策权、行政决定权、行政命令权、行政执行权、行政检查权、行政强制权、行政处罚权、行政司法权，还享有行政优先权和行政受益权。

（二）行政职责

行政职责是指行政主体在行使职权过程中，必须承担的法定义务。其具体内容包括：积极行使行政权力、合法行使行政权力、合理行使行政权力。

四、行政机关

行政机关是按照国家宪法和有关组织法的规定而设立的，代表国家依法行使行政权，组织和管理国家行政事务的国家机关，既是国家权力机关的执行机关，也是国家机构的重要组成部分。它执行代议机关制定的法律和决定，管理国家内政、外交、军事等方面的行政事务。

行政机关不同于行政机构。行政机构是行政机关的内部组成部分，一般表现为内设机构、派出机构、办公机构和办事机构。行政机构一般不具有独立的行政主体资格，除非获得了法律、法规和规章的特别授权，才具有行政主体资格，除此之外，只能以其所在行政机关名义实施行政行为。而行政机关是一定行政机构的整体，具有行政主体资格，能独立以自己的名义进行行政活动并独立承担由此产生的法律后果。

（一）行政机关的构成条件

行政机关资格的取得，应具备下列条件：

1. 其成立获得法定机关批准；
2. 已由组织法确定了职责权限；
3. 有法定行政编制并按编制配备了人员；
4. 有独立的行政经费；
5. 有办公地点和必要的办公条件；
6. 通过公开的方式宣告成立。

行政机关要获得行政执法权，还必须有法律、法规和规章的具体规定。

（二）行政机关的特征

1. 行使国家行政职权，管理国家事务；
2. 行政机关在组织体系上实行领导从属制，即下级服从上级；
3. 行政机关在决策体制上一般实行首长负责制；
4. 行政机关行使职能通常是主动的、经常的和不间断的；
5. 行政机关是最经常、最直接、最广泛的和个人、组织打交道的行政主体。

（三）行政机关的组成

各国最高行政机关的组成因政体不同而有差异。在西方，总统制国家的最高行政机关以由选举产生的总统为首脑，其他成员由总统依法律程序任命，总统向选民或宪法负责；内阁制国家的最高行政机关，由议会中占多数席位的政党或政党联盟组织，其首脑内阁总理（首相）由国家元首任命或经国家元首提名由议会选举，内阁向议会负责；委员会制国家的最高行政机关的成员由议会选举产生，最高行政机关向议会负责；半总统制国家的政府总理由总统任命，其他成员由总理提请总统任命，政府向议会负责。西方各国地方行政机关首长的产生方式主要有：由上级行政机关任命、由地方议会选举、由地方议会主席兼任和由选民选举四种。其他成员或由本级行政首长任命，或由本级议会选举产生。

中华人民共和国最高国家行政机关是中华人民共和国国务院，即中央人民政府，由全国人民代表大会产生，并对其负责，受其监督。地方国家行政机关为地方各级人民政府，由同级人民代表大会选举产生，受其监督，对同级人民代表大会和上级政府负责并报告工作，服从国务院的统一领导。民族自治地方的人民政府，除行使地方各级人民政府的职权外，还可根据宪法和法律的规定行使自治权。

（四）我国行政机关体系

1. 中央国家行政机关

国务院，是最高国家权力机关的执行机关，也是最高国家行政机关，统一领导全国各级行政机关的工作。国务院由总理、副总理、国务委员、各部部长、各委员主任、审计长、秘书长组成。国务院实行总理负责制。国务院的决策机制是国务院会议，分为全体会议、常务会议、总理办公会议。国务院工作中的重大问题，必须经全体会议或常务会议讨论决定。国务院的主要职权共18项，由宪法规定。

国务院根据法律规定和工作需要设置行政机构。国务院的行政机构按职能分为：

（1）国务院办公厅。国务院办公厅是协助国务院领导同志处理国务院日常工作的机构。办公厅设国务院秘书长1人、副秘书长若干人。

（2）国务院组成部门，即各部、委员会、人民银行、审计署。组成部门依法履行国务院基本的行政管理职能，可在本部门的权限内发布命令、指示和规章。

（3）国务院直属机构，主管国务院的某项专门事务，具有独立的行政管理职能，在其业务范围内，可对外发布指示、规章。大多数国务院直属机构都冠以"国家"字样（中华人民共和国海关总署、中国民用航空总局、国务院参事室、国务院机关事务管理局四个机构除外）。国务院直属机构的设置与撤销由国务院决定，其负责人由国务院任免。其中，称为"总局"的，一般为正部级机构，其他为副部级机构。有些机构实行中央垂直管理，如国家税务、海关、国家商检等。

（4）国务院特设直属机构。目前只有一个，就是 2003 年国务院机构改革中新设立的"国务院国有资产监督管理委员会"，鉴于国资委既不同于对全社会各类企业进行公共管理的政府行政机关，也不同于一般的企事业单位，具有特殊性质，定为国务院直属的正部级特设机构。

（5）国务院办事机构。国务院办事机构协助总理办理专门事项，不具有独立的行政管理职能，一般不对外直接发布指示、规章。国务院办事机构都冠以"国务院"字样，称"办公室（研究室）"。国务院办事机构的设置与撤销由国务院决定，其负责人由国务院任免。

（6）组成部门管理的国家行政机构。或称"部委管理的国家局"，负责主管特定业务，行使行政管理职能，对外发布行政命令和规章时，以组成部门名义或由组成部门授权国家局对外发布。部委管理的国家局的设置与撤销由国务院决定，其负责人由国务院任免。

（7）国务院议事协调机构和临时机构。主要承担跨部门的重要业务工作的组织协调任务以及临时突发性事务。议事协调机构议定的事项经国务院同意，由有关的部门按照各自的职责负责办理，特殊情况下经国务院同意后规定临时性的行政管理措施。议事协调机构和临时机构的设置及撤销由国务院决定。

（8）国务院直属事业单位。目前，国务院直属事业单位共有 14 个。从其承担的事务性质而言可分三种情况：一是依法承担执法监管职能的机构，如中国证券监督管理委员会、中国保险监督管理委员会；二是承担的事务具有特殊重要性，如新华社、中国科学院、中国社会科学院、中国工程院、全国社会保障基金理事会；三是承担的事务专业性特别强，如中国地震局、中国气象局。一般而言，事业单位不具有行政管理职能，不是行政机构，不列入政府序列。但是，这些事业单位因其承担的事务特别重要，具有特殊性，因此作为国务院直属事业单位，列入国务院机构序列。

依据行政主体的三个构成要件，国务院、国务院各部（委员会）、国务院的直属机构、国务院各部（委员会）管理的国家局具有行政主体资格，而国务院的办公室和办事机构在通常情况下不具有行政主体资格，因为其不能以自己的名义行使行政权，不能独立承担法律责任。特别注意，国务院办公厅、国家信访局、不具有行政管理职能的国务院直属机构，如国务院参事室、国务院办事机构、国务院国有资产监督管理委员会不具有行政主体资格。

2. 地方行政机关

（1）地方各级人民政府。地方各级人民政府是地方各级人民代表大会的执行机关，是地方各级国家行政机关。它们负责组织和管理本行政区域内的一切行政事务，它们实行的是双重从属制：一方面，地方各级人民政府都是同级权力机关的执行机关，对同级权力机关负责并报告工作；另一方面，它们还要对其上一级国家行政机关负责并报告工作，都是国务院统一领导下的国家行政机关，服从国务院领导。依照地方组织法的规定，地方各级人民政府分为：省、自治区、直辖市人民政府；市、直辖市的区、自治州人民政府；县、自治县、市辖区及不设区的市人民政府；乡（镇）人民政府四级。地方各级人民政府是行政主体。

（2）地方各级人民政府的职能部门。根据宪法和有关组织法的规定，县级以上地方各级人民政府可以根据工作需要和精简的原则，设立若干职能部门，承担某一方面的行政事务的组织与管理职能。地方各级人民政府职能部门的设立、增加、减少和合并，由本级人民政府决定，报上一级人民政府批准，同时报本级人大常委会备案。地方各级人民政府职能部门既受本级人民政府的统一领导，同时受上级人民政府主管部门的领导或业务指导。职能部门独立行使行政职权，以自己的名义作出决定，并能承担相应的法律后果。

（3）地方各级人民政府的派出机关。根据地方组织法的规定，县级以上的地方各级人民政府经过上一级人民政府的批准，在一定区域内可以设立一定的派出机关。我国地方人民政府的派出机关有三种类型：省、自治区人民政府经国务院批准设立的行政公署；县、自治县人民政府经省、自治区人民政府批准设立的区公所；市辖区、不设区的市人民政府经上一级人民政府批准设立的街道办事处。依据地方组织法的规定，派出机关虽不是一级人民政府，但实际上却在履行一级政府的职能，在一定的区域内行使着对所有行政事务的组织与管理权，能以自己的名义作出行政行为，并能对行为后果承担法律责任。

地方人民政府、地方人民政府的职能部门、地方人民政府的派出机关享有行政权力、能以自己的名义行使行政权、能够独立承担法律责任，都属于行政主体。

五、法律、法规授权组织

（一）法律、法规授权组织的含义

法律、法规授权的组织是指依法律、法规授权而行使特定行政职能的非国家机关组织。

1. 法律、法规授权组织指非国家机关的组织

国家机关的权力来源于宪法或者组织法的规定，不需要其他法律法规的授权，因而法律法规授权的组织，授权对象只能是非国家机关。

2. 法律、法规授权的组织行使的特定行政职权而非一般行政职权行政机关根据宪法、组织法、其他法律的规定对国家和社会公共事务实施全面管理，属于一般行政职权的行使；而法律、法规授权组织根据单行法律或者法规、规章的授权对某一方面公共事务实施管理，属于特定行政职权的行使。

3. 法律、法规授权的组织行使的职能为具体法律、法规所授，而非行政组织法所授如《行政诉讼法》第26条规定，由法律、法规授权的组织所作的具体行政行为，该组织是被告。1990年公布的《铁路法》第3条规定："国家铁路运输企业行使法律、行政法规授予的行政管理职能。"《行政处罚法》第17条规定："法律、法规授权的具有管理公共事务职能的组织可以在法定授权范围内实施行政处罚。"《行政复议法》第15条规定："对法律、法规授权的组织的具体行政行为不服，分别向直接管理该组织的地方人民政府、地方人民政府工作部门或者国务院部门申请行政复议。"而行政诉讼法、行政复议法、行政处罚法等都不属于组织法的范畴。

（二）法律、法规授权组织的性质和地位

1. 法律、法规授权组织首先是民事主体

被授权组织不论是企事业组织还是社会团体，在没有被授予行政职权时，或者在行使被授予的行政职权外的其他职权（自身职能）时，属于民事主体，不具有行政主体资格。

2. 行使行政职权时享有行政主体地位

法律、法规授权的组织，顾名思义，该组织本身不是标准的行政主体，它有可能是行政机构，有可能是企业、事业单位，也有可能是社会团体或者

是其他组织。他们在未获得法律、法规授权时（指行政职权），身份是单一的，但是一旦被法律、法规授予了一定的行政职权，就取得了双重身份，即行政主体和本身所具有的身份。当被授权的组织按照法律、法规授权的权限和权能履行职责时，它就是行政主体；当被授权的组织在履行其被授行政职权以外的自身职能时，不享有行政职权，不具有行政主体的地位。

3. 能够以自己的名义行使法律、法规所授予的行政职权，并承担相应的法律后果法律、法规授权的组织

既然是行政主体，就应当拥有与行政主体一样的法律地位，能够以自己的名义对外行使行政管理职权，并能够成为行政诉讼的被告，独立承担相应的法律后果。

（三）法律、法规授权组织的范围

1. 事业组织

事业组织是指为国家创造或改善生产条件，从事为工农业生产服务活动，不以营利为目的的单位。事业单位的主要职能是为生产服务，为改善人民文化生活服务，为增进社会福利服务。作为社会服务组织，它既不同于国家机关，也不同于政党和企业，它是通过提供精神产品和服务，满足人们发展和享受的需要。因此，事业单位的服务对象是整个社会的各个领域与方面，这一点决定了事业单位的分布领域也十分的广泛。按性质和特点分类，我国事业单位可分为具有非政府公共机构性质的事业单位，如社会科学联合会、社会科学院、基础理论研究所、图书馆、博物馆、计划生育协会等；具有一定经济效益的公益性事业单位，如养老院、大专院校、中小学校、重要的医疗卫生单位、疗养院、考试管理中心等；具有生产经营性和能力的事业单位，如从事应用技术研究的科研院所、广播电视台、报纸、刊物和出版社、城市公用方面的市政管理、房产管理、园林设计等单位。我国高等教育法明确授权高校具有招生、学生管理等行政权，高校就成为法律、法规授权组织。

2. 社会团体

社会团体虽然不是行政机关，不属于行政系统，但法律、法规往往授权它们行使某些行政职能，各种行业协会，它们有依法律、法规的授权管理本行业的某些行政事务的权力。如律师法授权律师协会对律师、律师事务所实施奖励和惩戒等行政管理权，使律师协会成为法律、法规授权组织。

3. 基层群众性自治组织

基层群众性自治组织是指城市和农村按居民、村民居住的地区设立的居

民委员会和村民委员会。居委会和村委会分别根据居委会组织法和村委会组织法的授权实施一定的行政管理权。

4. 企业组织

企业组织主要是行政管理的对象，但在特定情况下，法律、法规也可授权其行使一定行政职权。国有的公用企业、金融企业和全国性总公司往往成为法律、法规授权的对象。公用企业包括邮电、铁路运输、煤气公司和自来水公司等，它们经常被立法授权实施一部分行政职能。

5. 行政机构

行政机构不同于行政机关，其本身是作为行政机关的内部机构而存在的，不能以自己的名义独立对外行使行政权，一般不具有行政主体资格。但是由于公共管理需求的不断增多，行政事务的复杂性、专业性、技术性不断增强，为了实施有效的行政管理、维护社会秩序和公共利益，法律法规常常明确授权行政机构，可以独立对外行使某些行政职权，独立承担法律责任。于是，经过法律法规授权的行政机构就具有了行政主体资格。被授权的行政机构包括以下三种类型：依照法律、法规的授权规定而直接设立的专门行政机构，如根据《专利法》规定，专利局设立的专利复审委员会；行政机关的内部机构；政府职能部门的派出机构，如公安派出所。

六、受委托组织

（一）行政委托

行政委托是行政机关在其职权职责范围内依法将其行政职权或行政事项委托给社会组织或者个人，受委托者以委托机关的名义行使职权，实施管理行为，并由委托机关承担法律责任。行政委托必须遵循以下规则：

1. 行政机关只能在法律、法规、规章规定的前提下进行委托；

2. 行政机关只能委托给事业组织，不能委托给企业组织；

3. 行政机关只能委托给具有管理公共事务的事业组织；

4. 行政机关只能将特定行政管理权委托给事业组织；

5. 受委托组织不得转委托；

6. 受委托组织以委托的行政机关的名义行使行政管理权，也由委托的行政机关承担相应的法律责任。

（二）受委托组织

受委托组织是指受行政机关委托行使特定行政管理权的组织。《行政处罚法》第 19 条明确规定了受委托组织必须符合三个条件：

1. 组织条件，即必须是依法成立的管理公共事务的事业组织，"行政机关不得委托个人实施行政处罚"；

2. 人员条件，具有熟悉有关法律、法规、规章和业务的工作人员；

3. 物质条件，对违法行为需要进行技术检查或者技术鉴定的，应当由有条件的组织进行相应的技术检查或者技术鉴定。同时，接受委托的组织必须在委托范围内实施行政处罚，不得超越权限。

（三）受委托组织的法律地位

1. 受委托组织必须在委托的职权范围内，行使行政职权，履行行政职责

受委托组织必须以委托行政机关的名义实施行政管理活动，其后果由委托行政机关承担。

2. 受委托组织应接受委托行政机关的监督和指导

如果受委托组织在行使行政权力、办理行政事务的过程中，有故意或重大过失，给相对人造成损害，委托行政机关可以按照法律规定先负责赔偿，然后行使求偿权，责令有故意或重大过失的受委托组织承担部分或全部赔偿费用。

3. 受委托组织不具有行政主体资格

受委托组织不能独立对外承担法律责任，如果受委托组织的具体行政行为引起纠纷或者争议，行政管理相对方向人民法院起诉时，委托的组织是被告。

（四）受委托组织与被授权组织的区别

1. 权力来源不同。前者的权力来源于行政机关的委托，而后者来源于法律、法规的授予。

2. 行使权力的名义不同。前者以委托的行政机关的名义行使行政管理权，而后者以自己的名义。

3. 承担责任的主体不同。前者由委托的行政机关承担法律责任，而后者由自己承担法律责任。

4. 组织的性质不同。前者只能是事业组织，而后者可以是任何性质的组织。

第二节　行政公务人员

一、行政公务人员

（一）行政公务人员的概念和特征

行政公务人员，是指基于一定的行政公务身份而代表行政主体行使行政职权、履行行政职责的工作人员。行政公务人员具有下列特征：

第一，行政公务人员是个人。

由于法律规范往往都是将某方面或某项行政权力直接赋予一定的组织，而不是个人，因此，行政公务人员不是行政职权的法律主体。

第二，行政公务人员是直接或间接代表行政主体实施行政职务的人员。

虽然有时法律规范可能在一定条件下，直接规定某些行政公务人员可以采取某种权力或实施某种强制行为，如《行政处罚法》第五章中有关简易程序中行政处罚可以由执法人员当场适用的规定，但这也只是行政权力适用过程中的程序与方式的例外规定，并不表明该项权力归属于公务人员个人并能以其个人名义实施。

第三，基于一定公务身份关系是行政公务人员实施行政管理行为的法律基础。

行政主体是一个组织，其行政公务是由行政公务人员具体实施和完成的。行政公务人员以一定的任用方式成为行政主体或受委托组织的工作人员，获得直接或间接代表行政主体实施行政职务的身份和资格。

第四，行政公务人员所实施的行政职务行为的法律后果归属于他所代表的行政主体。

行政主体与行政公务人员之间实质上是一种委托代理关系，行政公务人员实施的行政公务行为在法律性质上属于行政主体的行为，体现行政主体与行政相对人或者其他行政主体之间的法律关系，因而其法律效力和责任后果当然归属于行政主体。

（二）行政公务人员的范围

行政公务人员不等同于国家公务员。从现行法律规定来划分，可将行政公务人员划分为行政公务员和其他行政公务人员。

1. 行政公务员

行政公务员是指国家依法定方式和程序任用，在中央和地方国家行政机关中行使国家行政职权、执行行政职务的工作人员。对此，可从如下几个角度来加以理解：

首先，行政公务员是指在中央和地方国家行政机关中工作的人员。行政公务员任职于行政机关，既区别于其他国家机关（如权力机关、司法机关）工作人员，也区别于其他社会组织中执行公务的人员。这是多数国家公务员制度的规定。根据我国《公务员法》的规定，我国公务员的概念广于传统上的公务员概念，除了行政机关公务员以外，还包括立法机关、司法机关、人民政协等团体、执政党机关、参政党机关中从事公务的人员。因此，在我国，行政公务员的概念与国家公务员的概念有所区别，前者特指行政机关中的公务员，后者则泛指所有公务员，既包括行政机关中的公务员，还包括党委、人大、政协、民主党派、司法机构等中的公务员，范围和类型很广泛。

其次，行政公务员是指国家依法定方式和程序任用的工作人员。根据宪法、有关组织法和《公务员法》的规定，公务员的任用方式有三种，即选任、委任和聘任，而每种任用方式都有其相应的法定程序。

最后，行政公务员是指在国家行政机关中行使行政权力、执行行政职务的人员，即行政公务员不包括行政机关中的工勤人员。行政机关内按照所要完成的行政事项设立相应的行政职位，并遵循一人一职原则配备和任用公务员。

行政公务员按照任期与任用方式的不同，可以分为两大类：

（1）各级人民政府的组成人员，通常由同级国家权力机关选举或者决定产生，有一定的任期限制，并依照宪法和有关组织法进行管理，在有些国家也称之为政务类公务员，或称之为特别职位公务员。

（2）各级人民政府组成人员以外的公务员，是行政公务员中的主要部分，主要通过考试或考核以委任形式产生，还有一部分通过聘任产生，一般没有任期限制，在有些国家也称之为业务类公务员，或称之为一般职位公务员。

2. 其他行政公务人员

其他行政公务人员是指除行政公务员以外的行政公务人员。其范围具体包括：代表被授权组织实施行政公务的人员；受行政主体委托实施行政公务的人员；代表受委托组织（也就间接代表了行政主体）实施行政公务的人员；

行政机关中除行政公务员外代表行政机关实施行政公务的人员。

行政公务人员在实施行政职务过程中与行政主体和受委托组织所形成的权利与义务关系属于行政职务关系，是一种内部行政法律关系。

（三）行政职务关系

1. 行政职务关系的含义

行政职务关系，是指行政公务人员基于一定的行政职务而在任职期间与行政主体（代表国家）之间所形成的权利与义务关系。由于行政公务人员可分为行政公务员与其他行政公务人员，故行政职务关系也可以分成行政机关与行政公务员之间的行政职务关系和行政主体与其他行政公务人员之间的行政职务关系两种类型。

2. 行政职务关系的特征

行政职务关系具有下列特征：

第一，行政职务关系本质上是一种国家委托关系。行政职权是国家权力，通过一系列法律条件和手续定位到国家行政机关。行政机关又通过设立行政职位和任用公务员方式构成行政职务关系，使公务员取得以国家名义承担行政职务的资格。

第二，行政职务关系内容是行政职务方面的权利与义务。作为一种广义的行政法律关系，其内容当然是行政法上的权利与义务。

第三，行政职务关系具有劳动关系因素，可以说是一种特殊的劳动法律关系。从事行政管理和实施国家公务，其本身也是一种劳动。

第四，行政职务关系属于内部行政法律关系。行政职务关系的双方当事人（即国家行政机关和行政公务员）都属于行政组织系统内部主体；行政职务关系的内容，都是行政职务方面的权利与义务（即行政职权与行政职责），均属于行政组织系统内的权利与义务；行政职务关系的保障手段（如行政处分与行政申诉）也都是行政组织系统内的特定方式与程序。

二、公务员的概念和范围

2005 年 4 月，我国第十届人大常委会第十五次会议通过了《公务员法》，并于 2006 年 1 月 1 日起施行。《公务员法》的颁布和实施，标志着我国公务员管理进入了法治轨道。根据该法的规定，公务员是指依法履行公职、纳入国家行政编制、由国家财政负担工资福利的工作人员。可见公务员须同时具备三个要件，缺一不可：（1）依法履行公职，即从事公务活动的人员；（2）纳入国家行政编制。仅以履行公职为标准，还不能做出明确的界定。如一些国家事业单位的工作人员，他们从事的也是公务活动，但并未纳入国家行政编制序列，因而不能被认定为公务员。公务员必须是纳入国家行政编制序列的履行公职的人员；（3）由国家财政负担工资福利。也就是国家为他们提供工资、退休和福利等保障。

我国下列机关中除工勤人员以外的工作人员列入公务员范围：

（1）中国共产党各级机关；

（2）各级人民代表大会及其常务委员会机关；

（3）各级行政机关；

（4）中国人民政治协商会议各级委员会机关；

（5）各级审判机关；

（6）各级检察机关；

（7）各民主党派和工商联的各级机关。

三、公务员的条件和法律地位

（一）公务员的条件

公务员的条件是指担任公务员应当具有的资格。应当注意的是，《公务员法》对于公务员条件的规定只是进入公务员队伍的最低要求，并不意味着符合这些条件的公民都可以进入公务员队伍。一个公民要成为公务员，除要符合《公务员法》明确规定的基本条件外，还要符合其他法律法规以及相应职位要求的资格条件，并必须通过公务员录用考试或者选举、调任等法定程序。

公务员应当具备的基本条件：（1）具有中华人民共和国国籍；（2）年满18周岁；（3）拥护中华人民共和国宪法；（4）具有良好的品行；（5）具有正常履行职责的身体条件；（6）具有符合职位要求的文化程度和工作能力；（7）法律规定的其他条件。

不得录用为公务员的条件：（1）曾因犯罪受过刑事处罚的；（2）曾被开除公职的；（3）有法律规定不得录用为公务员的其他情形的。

（二）公务员的法律地位

1. 公务员是公民

这一身份决定了公务员首先享有自然人的法律地位。作为一名普通公民，公务员享有宪法和法律规定的各项权利，同时承担相应的义务。

2. 公务员是国家的公务员

这一身份决定了公务员享有公务员的法律地位，即要承担公务员这一身份所要承担的义务，享有公务员所享有的权利。

公务员的双重身份在某些特定情况下会发生冲突。在发生某种法律责任的承担时应当准确加以划分。公务员对工资待遇、考核、奖惩、晋升等不服，公务员作为一方当事人，行政机关作为另一方当事人，公务员与行政机关之间产生内部行政法律关系。公务员与行政机关发生内部行政法律关系时，一般由行政机关内部处理，不能提起行政诉讼。公务员非处于公务员地位时，可以成为行政相对人，与行政主体产生行政法律关系，对行政行为不服，可依法提起行政复议或行政诉讼。

3. 公务员的义务

公务员的义务是指法律规定的公务员必须作出一定行为或不得作出一定行为的约束和强制。公务员应当履行下列义务：（1）模范遵守宪法和法律；（2）按照规定的权限和程序认真履行职责，努力提高工作效率；（3）全心全意为人民服务，接受人民监督；（4）维护国家的安全、荣誉和利益；（5）忠于职守，勤勉尽责，服从和执行上级依法作出的决定和命令；（6）保守国家秘密和工作秘密；（7）遵守纪律，恪守职业道德，模范遵守社会公德；（8）清正廉洁，公道正派；（9）法律规定的其他义务。

4. 公务员的权利

公务员的权利，是指法律对公务员在履行职责、行使权力、执行公务的过程中，可以作出某种行为，要求他人为或者不为某种行为的许可和保障。公务员享有下列权利：（1）获得履行职责应当具有的工作条件；（2）非因法定事由、非经法定程序，不被免职、降职、辞退或者处分；（3）获得工资报酬，享受福利、保险待遇；（4）参加培训；（5）对机关工作和领导人员提出批评和建议；（6）提出申诉和控告；（7）申请辞职；（8）法律规定的其他权利。

按照权利的内容，公务员的权利可以有以下分类：

（1）身份方面的权利。主要有：身份保障权，即非因法定事由、非经法定程序，不被免职、降职、辞退或者处分；辞职权，即公务员依法自愿辞去公职，离开公务员队伍的权利；退休权，即公务员达到了退休条件，可依法退休，离开公务员系统。

（2）职务方面的权利。主要有：工作条件要求权，即公务员有权要求机关提供其工作与职务必需的工作条件；参加培训权，公务员有权要求接受职业培训。

（3）经济方面的权利。主要有：获得工作报酬权，即公务员有权获得工作报酬，如工资、津贴、补贴及奖金等；享受福利、保障待遇权，即公务员可按照规定，享受相应的福利保障待遇，获得相关的保障。

（4）政治方面的权利。即法律规定的公务员参与国家政治生活的权利。公务员政治方面的权利首先是基于公民身份而享有的。但是由于公务员特殊的角色，外国公务员法往往对公务员的政治权利作出一定的限制。例如，有的国家禁止公务员参加政治活动，有的国家要求公务员在参加政治活动时采取克制的态度等。我国公务员没有这种限制。我国公务员除享受公民的选举权、被选举权之外，还有对机关工作和领导人员提出批评、建议的权利，还可以根据职务和工作需要参加有关会议、阅看内部文件的权利。

（5）其他权利。如休假权、晋升权、申诉权、控告权等。

四、公务员的类型、职务和级别

（一）公务员的类型

公务员类型按照公务员职位的性质、特点和管理需要，划分为专业技术类、行政执法类和综合管理类等类别。国务院根据《公务员法》，对于具有职位特殊性，需要单独管理的，可以增设其他职位类别。各职位类别的适用范围由国家另行规定。

1. 专业技术类职位

专业技术类职位，是指机关中从事专业技术工作，履行专业技术职责，为实施公共管理提供专业技术支持和技术手段保障的职位。与其他类别职位相比，有三个特征：一是具有只对专业技术本身负责的纯技术性；二是与其他职位相比具有不可替代性；三是技术权威性。这种权威性体现在技术层面上，为行政领导的决策提供参考和支持，最终的行政决策权仍属于行政领导。根据上述特征，专业技术类职位首先体现为行业的特有的技术岗位，如公安部门的法医鉴定、痕迹检验、理化检验、影像技术、声纹检验，国家安全部门的特种技术、特种翻译等职位。其次，还包括一些社会通用性专业的技术岗位，如专门从事工程技术、化验技术工作的职位。

2. 行政执法类职位

行政执法类职位，是指政府部门中直接履行监管、处罚、强制、稽查等现场执法职责的职位。其特点有：一是纯粹的执行性，只有对法律法规的执行权而无解释权，不具有研究、制定和解释法律、法规、政策的职责，这一点与综合类职位的区别尤为明显；二是现场强制性，依照法律法规现场直接对具体的管理对象进行监管处罚和稽查。行政执法类职位主要集中在公安、海关、税务、工商、质检药监、环保等政府部门，且只存在于这些政府部门中的基层单位。划分行政执法类职位，有利于基层执法公务员提供职业发展空间，激励他们安心在基层做好行政执法工作。在我国，基层一线行政执法队伍将近 200 万人，是社会管理与市场监管职能的直接执行者，是政府形象的窗口，是老百姓接触最多的公务员群体。设置行政执法类职位，还有利于加强对一线执法公务员队伍的管理和监督。规范执法岗位职责，严格其任职资格条件，可以更好地规范执法行为，更好地提高一线行政执法队伍的专业化水准，更好地落实执法责任追究制度。

3. 综合管理类职位

综合管理类职位，是指机关中除行政执法类职位、专业技术类职位以外的履行综合管理以及机关内部管理等职责的职位。这类职位数量最大，是公务员职位的主体。综合管理类职位具体从事规划、咨询、决策、组织、指挥、协调、监督及机关内部管理工作。

（二）公务员的职务

公务员职务分为领导职务和非领导职务。

1. 领导职务层次的设置

根据《公务员法》的规定，领导职务层次分为：国家级正职、国家级副职、省部级正职、省部级副职、厅局级正职、厅局级副职、县处级正职、县处级副职、乡科级正职、乡科级副职。

2. 非领导职务层次的设置

综合管理类的非领导职务分为：巡视员、副巡视员、调研员、副调研员、主任科员、副主任科员、科员、办事员。

综合管理类以外其他职位类别公务员的职务序列，根据《公务员法》由国家另行规定。非领导职务层次在厅局级以下设置。

（三）公务员的级别

公务员除了其所任职务以外，还有级别。公务员的级别高低，既体现公务员所任职务的等级高低、责任轻重和职位难易程度，又反映公务员的德才表现、工作实绩和资历等素质条件和工作状况。这是我国公务员制度的一个特色。

公务员领导职务与级别对应关系如下：（1）国家级正职：一级；（2）国家级副职：四级至二级；（3）省部级正职：八级至四级；（4）省部级副职：十级至六级；（5）厅局级正职：十三级至八级；（6）厅局级副职：十五级至十级；（7）县处级正职：十八级至十二级；（8）县处级副级：二十级至十四级；（9）乡科级正职：二十二级至十六级；（10）乡科级副职：二十四级至十七级。副部级机关内设机构、副省级市机关的司局级正职对应十五级至十级；司局级副职对应十八级至十二级。

综合管理类公务员非领导职务与级别对应关系如下：（1）巡视员：十三级至八级；（2）副巡视员：十五级至十级；（3）调研员：十八级至十二级；（4）副调研员：二十级至十四级；（5）主任科员：二十二级至十六级；（6）副主任科员：二十四级至十七级；（7）科员：二十六级至十八级；（8）办事员：二十七级至十九级；副部级机关内设机构、副省级市机关的巡视员对应十五级至十级；副巡视员对应十八级至十二级。

公务员职务与级别的对应关系是指公务员的职务对应一定的级别范围，这种对应并非一一对应，同一个公务员职务可以对应多个级别，具体对应哪一个级别，要根据德才表现、工作实绩和资历来确定。因此，公务员如果德才兼备，有工作实绩，或者资历有提高，即使公务员的职务没有晋升，也可以晋升其级别。

而由于级别与职务一样是确定公务员工资和其他待遇的依据之一，这对于调动公务员的工作积极性、克服"官本位"的思想具有重要意义。

五、公务员的奖惩制度

（一）公务员的奖励制度

1. 公务员奖励的特点

（1）奖励的主体是公务员所在的各类机关。（2）奖励的对象是公务员或者公务员集体。（3）奖励的条件是：工作表现突出，有显著成绩和贡献，或者有其他突出事迹。（4）奖励是依法进行的，即奖励的条件、种类、程序都是法定的，都要严格按照法律规定办理。（5）坚持有错必纠。主要体现在对违反法定事由和违反法定程序的奖励，予以撤销。

2. 奖励规则

对工作表现突出，有显著成绩和贡献，或者有其他突出事迹的公务员或者公务员集体，给予奖励。奖励坚持精神奖励与物质奖励相结合、以精神奖励为主的原则。公务员集体的奖励适用于按照编制序列设置的机构或者为完成专项任务组成的工作集体。

公务员或者公务员集体有下列情形之一的，给予奖励：

（1）忠于职守，积极工作，成绩显著的；

（2）遵守纪律，廉洁奉公，作风正派，办事公道，模范作用突出的；

（3）在工作中有发明创造或者提出合理化建议，取得显著经济效益或者社会效益的；

（4）为增进民族团结、维护社会稳定做出突出贡献的；

（5）爱护公共财产，节约国家资财有突出成绩的；

（6）防止或者消除事故有功，使国家和人民群众利益免受或者减少损失的；

（7）在抢险、救灾等特定环境中奋不顾身，做出贡献的；

（8）同违法违纪行为作斗争有功绩的；

（9）在对外交往中为国家争得荣誉和利益的；

（10）有其他突出功绩的。

奖励分为：嘉奖、记三等功、记二等功、记一等功、授予荣誉称号。对受奖励的公务员或者公务员集体予以表彰，并给予一次性奖金或者其他待遇。

（二）公务员的惩戒制度

1. 公务员违反纪律的行为

（1）散布有损国家声誉的言论，组织或者参加旨在反对国家的集会、游行、示威等活动；

（2）组织或者参加非法组织，组织或者参加罢工；

（3）玩忽职守，贻误工作；

（4）拒绝执行上级依法作出的决定和命令；

（5）压制批评，打击报复；

（6）弄虚作假，误导、欺骗领导和公众；

（7）贪污、行贿、受贿，利用职务之便为自己或者他人牟取私利；

（8）违反财经纪律，浪费国家资财；

（9）滥用职权，侵害公民、法人或者其他组织的合法权益；

（10）泄露国家秘密或者工作秘密；

（11）在对外交往中损害国家荣誉和利益；

（12）参与或者支持色情、吸毒、赌博、迷信等活动；

（13）违反职业道德、社会公德；

（14）从事或者参与营利性活动，在企业或者其他营利性组织中兼任职务；

（15）旷工或者因公外出，请假期满无正当理由逾期不归；

（16）违反纪律的其他行为。

2. 公务员因违法违纪应当承担纪律责任的，依法给予处分

处分分为警告、记过、记大过、降级、撤职、开除。公务员在受处分期间不得晋升职务和级别，其中受记过、记大过、降级、撤职处分的，不得晋升工资档次。受处分的期间为：警告，六个月；记过，12个月；记大过，18个月；降级、撤职，24个月。

六、公务员的回避制度

回避，是指为了防止公务员因个人利益和亲属关系等因素对公务活动产生不良影响，而在公务员所在职务、所执行公务和任职地区等方面做出一定的限制，使其避开有关亲属关系和公务的制度。

公务员的回避包括任职回避、地域回避与公务回避三种。

（一）任职回避

任职回避，指的是公务员在特定条件下不得担任某一职务的情况。具体包括：公务员之间有夫妻关系、直系血亲关系、三代以内旁系血亲关系以及近姻亲关系的，不得在同一机关担任双方直接隶属于同一领导人员的职务或者有直接上下级领导关系的职务，也不得在其中一方担任领导职务的机关从事组织、人事、纪检、监察、审计和财务工作。但在特殊情况下，经省级以上人事部门同意，上述规定可以变通。

（二）地域回避

公务员担任乡级机关、县级机关及其有关部门主要领导职务的，应当实行地域回避，法律另有规定的除外。

1. 适用地域回避的行政机关为乡级机关、县级机关及其有关部门。

2. 适用地域回避的人员是担任上述机关和部门的主要领导职务的人员。一般包括乡、县级党政正职、纪委书记、法院院长、检察院检察长、党委组织部部长、人事局局长、监察局局长、公安局局长等。

3. 适用地域回避的情形包括在原籍任职或在异地担任领导职务较长时间。地域回避主要规范对象为原籍任职。公务员担任乡级机关、县级机关及其有关部门主要领导职务的，应当实行地域回避，即不得在本人所在乡镇、县担任有关职务，但法律另有规定的除外。

（三）公务回避

公务回避，指的是公务员在特定条件下不得执行某一项工作的情况。如果公务员在执行公务时，该任务：（1）涉及本人利害关系；（2）或涉及其配偶、直系血亲、三代以内旁系血亲、近姻亲的利害关系；（3）或涉及其他可能影响公正执行公务的情况。则公务员应当回避。

七、公务员的法律关系

公务员的法律关系，是指一般公民经过法定程序成为公务员，基于其所担任的职位而与国家之间构成的权利义务关系。

（一）公务员法律关系的发生

公民经过法定程序成为公务员，从而与国家发生公务员法律关系。在我国，法定形式有以下几种：

1. 考任制

考任制是指国家公务员管理机关根据统一标准，按照公开考试、择优录用的程序任用国家公务员的形式。录用担任主任科员以下及其他相当职务层次的非领导职务公务员，采取公开考试、严格考察、平等竞争、择优录取的办法。

2. 聘任制

聘任制是一种通过聘任和应聘双方签订聘约，聘请人员担任公务员职务的任免形式。机关根据工作需要，经省级以上公务员主管部门批准，可以对专业性较强的职位和辅助性职位实行聘任制。涉及国家秘密的职位，不实行聘任制。机关聘任公务员可以参照公务员考试录用的程序进行公开招聘，也可以从符合条件的人员中直接选聘。机关聘任公务员，应当按照平等自愿、协商一致的原则，签订书面的聘任合同，确定机关与所聘公务员双方的权利、义务。聘任合同经双方协商一致可以变更或者解除。聘任合同应当具备合同期限，职位及其职责要求，工资、福利、保险待遇，违约责任等条款。聘任合同期限为一年至五年。聘任合同可以约定试用期，试用期为一个月至六个月。

3. 选任制

选任制是指由法定选举人投票，经多数通过，决定公务员职务的任免。概括来说，选任制公务员主要是指在国家权力机关、行政机关、审判和检察机关中由各级人民代表大会及其常委会会议选举或决定任命的人员，以及政党机关、政协机关按章程选举产生的公务员。

4. 委任制

委任制是指按照法定的公务员管理权限自上而下任命公务员的制度，一般适用于国家机关和政党机关内设机构的领导人员和其他公务员。实行委任制公务员包括各级国家机关和政党机关等机关除实行选任制以外的公务人员。如省、自治区、直辖市人民政府任免各厅、局、委员会的副厅长、副局长、副主任，各直属机构、办事机构的局长、副局长、主任、副主任，各行政公署的专员、副专员，巡视员、助理巡视员及相当职务。

5. 调任制

调任制是国家公务员交流制度的具体方式之一，是指国家行政机关以外的工作人员调入国家行政机关担任领导职务或担任助理调研员以上的非领导职务，以及国家公务员调出国家行政机关任职的制度。调任是取得或解除国家公务员身份的一条途径。不具有国家公务员身份的人员，通过国家行政机关的调动，可以取得国家公务员身份，并在经培训合格后任职，但主任科员以下的非领导职务不能调任。同时，国家公务员也可根据个人意愿，提出调出国家公务员队伍，解除国家公务员身份。一般职务不得以调任方式补充，而对调出国家公务员队伍不加职务限制。

（二）公务员法律关系的变更

公务员法律关系的变更是指由于发生某些事实或行为，致使公务员职务关系发生变化的情形。主要包括晋升、降职、交流、撤职、领导成员的辞职和引咎辞职五种情形。（1）晋升，是指公务员由低层职位转移到高层职位。（2）降职，是指公务员由高层职位转移到低层职位。（3）交流，公务员可以在公务员队伍内部交流，也可以与国有企业事业单位、人民团体和群众团体中从事公务的人员交流。交流的方式包括调任、转任和挂职锻炼。（4）撤职，是指国家机关撤销公务员职务，但保留其公务员资格的处分形式。（5）领导成员的辞职或引咎辞职。担任领导职务的公务员，因工作变动依照法律规定需要辞去现任职务的，应当履行辞职手续。担任领导职务的公务员，因个人或者其他原因，可以自愿提出辞去领导职务。领导成员因工作严重失误、失职造成重大损失或者恶劣社会影响的，或者对重大事故负有领导责任的，应当引咎辞去领导职务。

（三）公务员法律关系的消灭

公务员法律关系的消灭是指由于发生某些事实或行为致使公务员法律关系不能继续存在。公务员法律关系的消灭主要有死亡、丧失国籍、辞退、辞职、离休和退休等情况。

第三节　行政相对人

一、行政相对人的含义

行政相对人（以下简称相对人，也称行政相对方）是行政法和行政法学中一个重要和常用的概念，其基本含义就是指行政主体的行为所指向的、与行政主体相对应的一方，即行政法律关系中与行政主体相对应的另一方当事人。行政相对人具有如下特征：

1. 在行政法律关系中处于被管理地位

行政相对人尽管与行政主体同样属于行政法律关系的主体，但前者处于被管理者地位而后者具有管理身份，管理者握有行政管理职权而被管理者没有。当然，不能就此而推论行政相对人在行政法律关系中仅是义务人而不是权利人。行政相对人在行政管理权之外有很多行政法权利。例如，申请权、申诉权、批评建议权、提起行政复议、诉讼权、要求行政赔偿权等。

2. 行政相对人的身份具有相对性

所谓行政相对人只表明它在某一具体的行政法律关系中的地位，一旦脱离这一具体的行政法律关系，行政相对人的身份可能发生变化。在某一行政法律关系中是行政相对人，在另一行政法律关系中则可能成为行政主体。例如，税务机关在接受卫生机关的卫生检查时成为行政相对人，而在征税时则是行政主体。

3. 范围广泛

任何机关、组织、个人，只要属于行政管理的对象，受到行政权的影响和约束，都可成为行政相对人。

二、行政相对人的范围

依照法律法规的规定，公民、法人和其他组织能够成为行政相对人。特殊情况下，在我国的外国人、无国籍人、外国组织也可成为行政相对人。

（一）公民

公民是最主要、最常见的行政相对人。行政主体实施行政管理的绝大多数领域，都将公民纳入行政管理的对象。因此，公民是行政法律关系中最常见的主体之一。

（二）法人

法人是与自然人（公民）相对称的一个法律概念。它是具有民事权利能力与民事行为能力，依法独立享有民事权利和承担民事义务的组织。法人也是行政法律关系中的主体，可以成为行政相对人，而且是重要的行政相对人。

（三）其他组织

其他组织是由主管机关批准成立或认可，能够从事一定的经营、生产或其他活动但不具备法人资格的社会组织或经济组织。随着经济的发展，许多国家都出现了一些介于公民个人和法人之间的组织形态，被称为"非法人组织"非法人单位""其他经济组织"等，我国行政法律制度将其称为"其他组织"。其他组织在行政管理活动中，既是行政法上的权利义务主体，也是行政法律关系中的行政相对人。

其他组织的类型主要有：（1）经国家主管部门批准或认可的从事一定生产或经营活动的经济实体。主要有个人合伙组织、合伙型联营组织、企业法人的分支机构等。（2）经主管机关批准或认可的正处于筹备阶段的企业、事业单位和社会团体。

（四）外国人、无国籍人和外国组织

在某些特殊情况下，在我国境内依照我国法律规定享有行政法权利、承担行政法义务、参加行政诉讼时具有行政相对人同等诉讼权利与义务的外国人、无国籍人和外国组织，也可成为我国行政法的主体，也即成为行政相对人。

但是，将外国人、无国籍人和外国组织作为我国的行政相对人对待，使其具有行政相对人的权利和义务，即实行同等原则的同时，也依法实行对等原则，其大意是，如果我国公民在某国受到某方面权利限制，则该国公民在我国也要受到相应的权利限制。

三、行政相对人的法律地位

行政相对人作为行政法律关系中的一方当事人，享有一定的权利，同时也承担一定的义务。

（一）行政相对人的权利

1. 行政参与权

行政相对人享有通过合法途径参加国家行政管理活动以及参与行政程序的权利，如公民经考试程序可进入公务员队伍参与行政管理，公民有听证的权利。

2. 行政知情权

行政相对人有权通过行政公示、告知、询问等渠道了解行政机关管理活动的依据和程序等。

3. 行政监督权

行政相对人有权通过一定组织形式对行政机关和行政首长的工作进行评议，享有对行政工作的批评建议权，对不法工作人员的控告揭发权，不服具体行政行为有权申请复议或提起行政诉讼。

4. 隐私保密权

行政主体在行政活动中，非经法定程序，不得公开相对人的隐私。相对人享有对自己的隐私保密的权利，行政主体有为其保密的义务。

5. 获得保护权

行政相对人的人身和财产有权获得国家行政机关的合法、正当、平等的保护。例如，公民财物失窃报告公安机关，公安机关有义务侦查、破案。

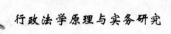

6. 行政获益权

行政相对人可以依据法律从行政主体中获得利益。例如，公民因科技发明，有权依《中华人民共和国发明奖励条例》获得奖励。

7. 行政求偿权

行政相对人的合法权益受到行政主体合法公务行为的影响时，获得行政补偿；受到行政主体的不法侵害时，有权获得行政赔偿。

8. 程序抵抗权

抵抗权是指当行政机关作出严重违法的无效行政行为时，行政相对人可以拒绝服从，行使抵抗权。

行政相对人在行政救济程序中享有的程序权利大致有：（1）被行政主体告知救济途径和方法的权利；（2）提出申诉、复议和诉讼的权利；（3）委托代理人的权利；（4）申请回避的权利；（5）陈述和辩论的权利；（6）上诉的权利；（7）申请执行的权利等。

（二）行政相对人的义务

1. 协助公务执行的义务

行政相对人有义务协助行政主体及公务人员执行公务。比如，配合行政主体的调查、为执行公务提供便利条件和设施等。

2. 提供真实信息的义务

尤其是在依申请的行政行为中，申请人有义务提供真实的信息。由于许多行政许可或行政登记只进行形式审查，行政主体不可能对申请人提交的材料的真实性进行审查，因此如果申请人提交材料虚假，则行政许可或登记必须予以撤销，且申请人不得主张行政赔偿。

3. 遵守行政程序的义务

法定的行政程序不仅行政主体应当遵守，行政相对人亦应遵守，包括法律法规规定的程序、手续、期限等。如果不遵守法定的行政程序，比如不按时纳税，不在法定期限内申请商标权的续展，不提供法定的申请材料等，还可能承担一定的法律责任。

4. 接受监督和调查的义务

行政主体为了对案件进行调查，可能会进行询问、讯问、勘验、鉴定以及抽样调查等，行政相对人对合法的调查行为应当予以配合。

第四章 行政行为

第一节 行政行为的含义和分类

一、行政行为的含义

行政行为是行政法领域中基础性和核心的概念。行政行为是指行政主体运用行政职权所实施的对外具有法律意义、产生法律效果的行为。行政行为有最广义、广义、狭义之分。最广义的行政行为指行政主体实施的所有行为，包括法律行为和行政事实行为；广义行政行为包括抽象行政行为和具体行政行为；狭义行政行为仅包括具体行政行为。本书所指行政行为为广义行政行为。

（一）主体要素

行政行为的主体称为行政主体。在我国，行政主体包括行政机关和法律、法规、规章授权的组织。我国《行政诉讼法》第 2 条规定："公民、法人或者其他组织认为行政机关和行政机关工作人员的行政行为侵犯其合法权益，有权依照本法向人民法院提起诉讼。前款所称行政行为，包括法律、法规、规章授权的组织作出的行政行为。"需要说明的是，行政机关工作人员不是行政主体，属于行政行为的实施主体，只能以行政机关的名义实施行政行为，责任由行政机关承担。行政行为的实施者除了行政机关工作人员外，还包括法律、法规、规章授权组织的工作人员以及行政机关委托的组织及其工作人员。

（二）职权要素

行政行为系行政主体依据行政职权作出的行为。行政行为所形成的法律关系为行政法律关系，而非民事法律关系或者刑事法律关系。在此要注意区分民事行为和行政行为，并非行政主体所有的行为都属于行政行为。行政主体如果没有运用行政职权作出某一行为，那么该行为不属于行政行为。如行政机关以民事主体身份购买办公用品的行为不属于行政行为，而属于民法的调整范围。

（三）法律要素

行政行为是指能够产生某种法律效果的行为。所谓法律效果，是指对公民、法人或者其他组织的权利义务产生影响。这种影响既有可能是积极影响，也有可能是消极影响。行政相对人因行政行为而受益，如公民取得行政许可证后，具有了从事某种职业的资格，这种影响属于积极、有利影响。如果行政相对人因为该行政行为的实施而被剥夺权利或者增设了义务，那么该影响则属于消极、不利影响。在此需要注意，"行政主体对行政相对人实施的某些行为并不直接产生法律效果，也不具有强制执行力，如行政事实行为"。

（四）外部要素

行政行为指行政主体所实施的对外发生法律效果的行为。行政行为一般指外部行政行为，而不包括内部行政行为，后者如行政机关内部人事任免等。

综上所述，行政行为必须同时具备上述四个要素。

二、行政行为的特征

行政行为是行政主体行使行政权力的行为，具有以下特征：

（一）执行性

从权力来源看，行政权力来源于法律的授权。行政行为必须有法律依据方可作出，对于行政机关而言，"法无授权不可为"，这是民主法治的基本要求。行政行为具有执行性，即执行法律。行政主体实施行政行为应当受到法律的约束，不得超越法律的规定。如果行政行为违法，应当承担相应的法律责任。行政行为不同于立法行为，立法行为是制定、创制法律的行为，而行政行为属于执行、贯彻法律规范的行为。行政立法行为虽然也创设法律规范，但其规范属于执行性规范。因此，行政立法行为并不属于严格意义上的立法行为，而是属于准立法行为。

（二）裁量性

行政事务涉及面广，且纷繁复杂。立法具有局限性，无法对行政管理事项作出事无巨细的规定。即使有法律依据，行政机关也不能只机械地执行法律，而是在行政管理过程中必须具有一定的自由裁量权。行政主体在法律规定的幅度和范围内，依据每个案件的实际情况，作出行政行为，以实现合法行政与合理行政的有机统一。

（三）权力性

行政主体代表国家，运用国家公权力作出行政行为。传统行政中，行政主体一般采用行政强制手段以实现行政管理目标。在现代行政中，行政指导、行政合同等柔性行政应运而生，更多地强调行政主体与行政相对人的合意。如果能用柔性行政、非强制手段达到行政执法目的，则尽量不用强制行政方式。行政主体作出行政行为须遵循权责一致原则，有权必有责，用权受监督，侵权需赔偿。

三、行政行为与相邻行为的区别

（一）行政行为与个人行为

区分行政行为与个人行为具有重要意义，这直接关系到行为的责任承担以及是否需要国家赔偿等问题。两者主要区分标准在于是否履行公务，应当结合时间、名义、公务标志等多方面因素综合加以判断。

（二）行政行为与国家行为

国家行为特指国家机关以国家的名义运用国家主权所实施的行为，包括国防、外交、军事等行为，具有一定的政治性。如果将国家行为纳入行政诉讼的受案范围，有可能导致泄露国家秘密，进而威胁国家利益和安全。因此，我国行政诉讼法将国防、外交等国家行为排除在司法审查范围之外。

四、行政行为的分类

（一）抽象行政行为和具体行政行为

依据行政行为针对的对象是否特定和能否反复适用，可以将其分为抽象行政行为和具体行政行为。2014 年第十二届全国人大常委会第十一次会议通过的《行政诉讼法》在受案范围中将"具体行政行为"修改为"行政行为"，但是抽象行政行为依然不可诉。这在一定程度上仍体现出行政行为可以作抽象行政行为和具体行政行为的分类。

抽象行政行为指行政机关制定的具有普遍约束力的规范性文件，包括行政法规、规章以及规范性文件。抽象行政行为具有以下特征：①对象的不特定性。抽象行政行为针对不特定的人或事；②可以反复使用。抽象行政行为可以反复适用于类似案件和情形。抽象行政行为作为行政机关行使行政职权的重要形式，在行政管理中发挥着重要作用。

具体行政行为是指行政机关针对特定的对象，就特定的事项所作出的处理决定。具体行政行为具有以下特征：①对象的特定性。具体行政行为针对特定的对象，如行政处罚针对违反行政管理秩序，依法应当受到处罚的行政相对人。请注意，对象是否特定与人数多少无关。某一行为即使涉及人数众多，只要对象特定，即属于具体行政行为。②直接性。具体行政行为将直接对行政相对人的权利义务产生影响。如行政许可和行政强制都将直接对行政相对人的权利义务产生影响。这种影响有可能是授益性的，也有可能是侵益性的。

具体行政行为与抽象行政行为的含义不同、适用范围不同、法律监督也不相同，必须对其加以区分。一般情形下，具体行政行为和抽象行政行为的判断标准比较明显，可以通过调整范围及能否反复适用加以区分。抽象行政行为常通过行政立法或者规范性文件的方式表现出来，在一定的时期内可以反复适用。特殊情形下，抽象行政行为和具体行政行为两者的界限并不明显，如政府发布通知、通告或者会议纪要。这时需要判断通知、通告或者会议纪要的内容是否针对特定相对人。如果针对特定相对人，则属于具体行政行为。

（二）行政立法行为、行政执法行为、行政司法行为

以行政行为的不同内容为标准，可以将其分为行政立法行为、行政执法行为、行政司法行为。行政立法行为是指行政机关依法定职权和法定程序制定行政法规和行政规章的行为。立法权本属于立法机关，但是立法机关将部分立法权授权行政机关行使，从而产生行政立法。行政执法行为指行政机关为执行法律而实施的各种管理行为，包括行政处罚、行政许可、行政强制等。行政执法行为形成的法律关系有两方主体，分别为行政主体和行政相对人。行政执法行为在行政行为中所占比例较大，在此过程中行政主体直接与行政相对人接触，容易侵犯公民的合法权益，因此，行政执法的法治化、规范化建设至关重要。行政司法行为是指行政机关居中对与行政管理相关的行政争议和民事争议进行裁判的行为，包括行政调解、行政裁决等行为。行政司法

行为形成的法律关系为三方主体，分别为行政机关和发生争议的双方当事人。

（三）羁束行政行为和裁量行政行为

以法律规定对于行政行为不同的约束程度为标准，可以将其分为羁束行政行为和裁量行政行为。

羁束行政行为是指法律规范明确规定了范围、条件、程序、形式等内容的行政行为。行政机关没有自由选择的空间，只能严格依照法律的规定实施。如税务机关征税遵循税收法定主义，只能依照国家法律规定的税种、税率进行征税，而不能自由选择。

裁量行政行为是指法律仅原则性规定行政行为的范围、种类、适用条件、裁量幅度等，由行政机关依据案件实际情况在法定的幅度和范围内自由选择。如《专利法》第63条规定："假冒专利的，除依法承担民事责任外，由管理专利工作的部门责令改正并予公告，没收违法所得，可以并处违法所得4倍以下的罚款……"行政机关针对假冒专利行为，可以根据具体案情在法律规定的范围内自由选择是否进行罚款以及罚款的数额。

区分羁束行政行为和裁量行政行为具有重要意义。其一，羁束行政行为和裁量行政行为对于行政机关的要求不同。羁束要求行政机关必须严格执行法律；而裁量行政行为则赋予行政机关自由选择和裁量的权力。羁束行政行为受合法性原则约束，而裁量行政行为主要受合理性原则约束。其二，司法审查的强度不同。羁束行政行为属于行政诉讼受案范围；法院在审查自由裁量行为时，一般尊重行政机关的判断权，只有行政行为存在"明显不当"的情形，人民法院才判决撤销或者部分撤销行政行为。

（四）依申请行政行为和依职权行政行为

以行政行为启动的不同程序为标准，可以将其分为依申请行政行为和依职权行政行为。依申请行政行为指行政行为的启动以申请人的申请为前提条件。申请人如果不提出申请，行政机关不能主动作出行政行为，如颁发采矿证、律师执业证等行政许可属于依申请行政行为。依职权行政行为是指行政机关依据行政职权积极、主动作出的行政行为，无须申请人的申请作为启动条件。例如，环境保护部门针对环境违法行为主动作出行政处罚决定。

（五）授益行政行为和负担行政行为

以行政行为的内容是否对行政相对人有利为标准，可以将其分为授益行政行为和负担行政行为。授益行政行为是指依法赋予行政相对人权利或者免除其义务的行政行为。典型的授益行政行为包括行政许可、行政奖励、行政给付等。负担行政行为是指依法剥夺行政相对人权利或者为其设定义务的行为。典型的负担行政行为包括行政处罚、行政强制、行政征收等。

（六）单方行政行为和双方行政行为

以行政行为系单方意思表示还是双方意思表示为标准，可以将其分为单方行政行为和双方行政行为。单方行政行为指行政主体单方意思表示就可以成立的行为。双方行政行为指行政主体与行政相对人双方意思表示一致产生的行政行为，其建立在双方当事人平等、协商基础之上，主要表现形式为行政协议。在传统行政中，行政行为以单方行政行为为主。现代行政中，双方行政行为应用日益广泛。

此外，行政行为还可以分为附款行政行为和无附款行政行为；强制性行政行为和非强制性行为；要式行为和非要式行政行为。由于篇幅所限，本书不再展开论述。

第二节　行政行为的合法要件

行政行为的合法要件是判断行政行为是否合法的基本标准。行政行为的合法与成立是两个独立的问题。行政行为一经作出，即假定其合法。行政行为成立仅代表其符合行政行为的形式要件。法律赋予行政相对人提出异议和申请救济的权力。有关国家行政机关依据行政行为的合法要件对该行政行为是否合法作出判断。

符合行政行为合法要件的行政行为具有实质的法律效力。行政行为违反合法要件，在行政复议或者行政诉讼中，有可能被撤销或者确认违法、无效。

行政行为的合法要件包括以下内容：

一、行政行为主体合法

主体适格是行政行为合法的前提。行政行为必须由行政主体作出，行政主体包括行政机关和法律、法规、规章授权的组织。行政机关的职权来自于法律规定，如《中华人民共和国国务院组织法》《中华人民共和国地方各级人民代表大会和地方各级人民政府组织法》等。行政机关之外的组织成为行政主体须有法律、法规、规章的授权。如高等院校依据法律授权而具有授予毕业证和学位证的权力。其他国家机关和未经法律、法规授权的企事业单位、社会组织等无权作出行政行为。

二、行政行为权限合法

行政主体都有其法定的权限，行政行为不能超越相应的权限。行政行为权限合法有以下要求：①行政行为系行政主体行使行政权力的行为。换言之，行政主体不能越位行使立法权和司法权。②行政主体必须在法定的权限范围内行使职权，不能超越职权。从横向来看，行政主体具有特定的事务管辖范围，不能行使其他行政机关的职权，否则即构成横向越权。如工商机关不能越权行使税务机关的职权；公安机关不能越权行使规划机关的职权。从纵向来看，各级行政主体行使职权应当符合级别管辖规定。下级行政主体不能越权行使上级行政主体的职权，否则即构成纵向越权。如派出所的行政处罚权限为警告和 500 元以下罚款，而不能作出拘留的行政处罚决定。

三、行政行为内容合法

行政行为的内容合法包括以下内容：

（一）事实清楚、证据确凿

行政机关作出行政行为的前提条件是事实清楚、证据确凿。行政机关应当遵循"先取证，后裁决"的基本原则查清案件事实。例如，在行政处罚案件中，行政机关首先需要查明行政相对人有无违反行政处罚法律规范的违法事实。事实需要证据来证明，没有证据不能认定相关事实的存在。行政行为的证据应当合法，符合法定证据类型。《行政诉讼法》规定的行政诉讼证据的法定种类包括书证、物证、视听资料、电子数据、证人证言、当事人陈述、鉴定意见、勘验笔录和现场笔录。现场笔录是行政诉讼中特有的证据类型，指行政机关工作人员在行政执法过程中当场制作的有关案件事实或者执法情况的记录。上述证据应当与待证事实之间具有关联性。经法庭审查属实，才能作为认定案件事实的根据。行政行为合法的证据证明标准为"证据确凿"，这要求证明案件主要事实的证据要确凿、充分，能够排除合理怀疑。

（二）正确适用法律规范

行政主体作出行政行为应当正确适用法律规范，这是依法行政的必然要求。正确适用法律规范要求遵循法律规范的效力位阶。当下位法和上位法的规定不一致、存在冲突时，应当适用上位法。在行政诉讼中，审查行政行为的合法性要依据法律和法规，参照规章。行政相对人认为行政行为所依据的规范性文件不合法，在提起行政诉讼时，可以请求法院对该规范性文件进行附带性审查。

四、行政行为程序合法

行政程序法是有关行政行为的方式、步骤、时间、顺序等法律规范的总称。现代行政行为合法要件不仅包括实体要件合法，同时也包括程序要件合法。程序正义是实现实体正义的重要保障。行政程序是否合法对于行政行为实体合法性和合理性而言至关重要。现代行政中，行政程序法作为控制行政权滥用的重要手段，能够有效防范行政权侵害行政相对人的合法权益，是防止行政专断、促进行政民主的有力保障。

我国目前尚未出台统一的《行政程序法》，有关行政行为的程序规定散见于各个部门法之中，如《行政处罚法》《行政许可法》《行政强制法》等。尽管行政行为种类繁多，不同的行政行为所运用的方式各有差异，但是有些程序要求是所有行政行为必须要遵循的，具体包括：

（一）行政行为符合法定方式

行政行为需要遵循法定方式和制度。行政公开、告知、听取意见、说明理由、回避、禁止单方接触等制度构成行政行为的重要制度。如果不遵循上述制度，则构成程序违法，属于可撤销的行政行为。

（二）行政行为符合法定时限

行政行为要符合法定时限，其目的在于提高行政效率，防止行政机关拖延履行法定职责。行政主体可以进一步优化流程，在法定期限范围内设定更短的承诺期限。例如，某项行政许可审批事项的法定期限为 20 日，行政机关可以承诺在 10 日内办结。

（三）行政行为符合法定步骤、顺序

行政行为程序合法要求行政机关遵循法定步骤、顺序，不可颠倒顺序或者遗漏某个步骤。行政行为如果没有遵循法定步骤，即构成程序违法。如行政处罚要求行政机关先调查取证后作出行政处罚决定；行政机关申请人民法院强制执行前，应当催告当事人履行义务。

第二节 行政行为的效力

一、行政行为效力的内容

行政行为的效力是指行政行为成立后，对行政主体、行政相对人以及其他组织和个人发生的效力，主要包括公定力、确定力、执行力和拘束力。关于行政行为效力内容，行政法学界学说纷呈，包括"三效力说""四效力说""五效力说"等。"三效力说"指行政行为具有确定力、拘束力和执行力，此学说流行于早期行政法学界。"四效力说"指行政行为的效力内容具有公定力、确定力、拘束力、执行力。"五效力说"指行政行为的内容具有先定力、公定力、确定力、拘束力和执行力等五种效力。本书采取"四效力说"。

（一）公定力

行政行为的公定力是指行政行为一经作出，即假定其合法有效，任何人非经法定程序，不得否定其法律约束力。行政行为的公定力是对世的，不仅约束行政主体和行政相对人，同时约束任何组织和个人。之所以赋予行政行为公定力，旨在维持法的安定性以及稳定的法律秩序。行政机关系依法组成，这也就预设了行政行为具有合法性。为了实现行政管理的目标和公共利益，必须承认行政行为具有公定力。任何机关包括国家权力机关、司法机关、上级行政机关等未经法定程序都不得否定其效力。

（二）确定力

确定力是指已经生效的行政行为对行政主体和行政相对人所具有的不得随意改变的法律效力。其包括两层含义：一是对于行政主体而言，行政行为一经作出，就具有相对稳定性，非经法定事由和法定程序不得随意改变或者撤销。行政行为系行政主体依法而作出，行政主体负有遵守承诺的义务。如果行政机关反复无常，违反诚实信用原则，将极大损害政府公信力。二是对于行政相对人而言，行政行为生效后，行政相对人可以在法定期限内提起行政复议或者行政诉讼寻求救济。一旦法定期限经过，具体行政行为就具有确定力，行政相对人对于行政行为则不可再争。

（三）拘束力

行政行为的拘束力是指已经生效的行政行为，对于行政主体和行政相对人都具有拘束力，双方必须遵守。行政主体作出行政行为后，负有保障其实现的义务。行政相对人也受到该行政行为约束，如果不履行相应义务，需承担相对应法律责任。

行政行为的拘束力直接作用于行为的直接对象。如某市禁止燃放烟花爆竹，那么，行政相对人则不得从事该行为。此外，行政行为的拘束力也及于行政相对人之外的组织和个人。任何组织和个人不得违反行政行为的内容。

（四）执行力

行政行为的执行力是指生效的行政行为要求行政主体和行政相对人对其内容予以实现的法律效力。基于行政管理目标实现的需要，必须赋予行政行为执行力。行政行为的执行力由国家强制力保障实现。行政行为生效后，行政相对人必须自觉履行行政行为所确定的义务。行政相对人不自觉履行义务，那么有强制执行权的行政机关可以根据法律规定强制行政相对人履行义务。不具有强制权的行政机关可以依法申请人民法院强制执行。行政行为的执行力以行政行为的拘束力为前提。正是因为行为具有拘束力，行政相对人才具有履行行政行为的义务。

综上所述，行政行为的公定力、确定力、拘束力和执行力是相互联系的一个整体，共同构成了行政行为的效力内容。

二、行政行为的生效

行政行为的生效是指行政行为具备一定的法定要件后正式对外发生法律效力。抽象行政行为和具体行政行为具有不同的生效要件。

（一）抽象行政行为的生效要件

抽象行政行为包括制定行政法规、规章和规范性文件的行为。其生效要件包括：

1. 经有关会议讨论决定。不同的抽象行政行为由不同的会议讨论决定。行政法规由国务院常务会议审议，或者由国务院审批。部门规章应当经部务会议或者委员会会议决定。地方政府规章应当经政府常务会议或者全体会议决定。

2. 必须经行政首长签署。这是抽象行政行为生效的必备条件之一，原因在于我国行政机关实行行政首长负责制。行政法规需要报请总理签署国务院令公布施行；规章需要报请本部门首长或者省长、自治区主席、市长签署命令并予以公布。

3. 公开文本。这也是抽象行政行为生效的必备要件之一。抽象行政行为需要在正式政府刊物上公布。行政法规的标准文本，是在国务院公报上刊登的文本。行政法规签署公布后，应当及时在国务院公报和在全国范围内发行的报纸上刊登。

4. 在实施日期之日起生效。抽象行政行为有的自公布之日起生效，有的在立法时明确了施行日期。如签署公布行政法规的国务院令应当载明该行政法规的施行日期。在抽象行政行为制定后预留一定的准备时间，有利于该法的宣传普及。

（二）具体行政行为的生效要件

行政主体作出行政行为是具体行政行为生效的前提条件。行政行为的生效方式包括以下几种：

1. 即时生效。行政行为一经作出即具有法律效力。如果行政行为的生效没有其他特别规定，一般推定为即时生效。常见的表现形式如行政主体在紧急情况下对行政相对人即时采取强制措施。上述行政行为一经作出即生效。

2. 送达生效。行政行为作出后，在法定期限内将行政决定文书送达行政相对人时发生法律效力。送达的方式包括以下几种：直接送达、留置送达、委托送达与邮寄送达、公告送达。送达的具体操作程序参照民事诉讼法有关规定执行。实践中，如何解决行政决定文书送达难题值得研究探讨。直接送达是指行政主体直接将行政决定文书送达受送达人。受送达人是个人的，本人不在交他的同住成年家属签收；受送达人是法人或者其他组织的，应当由法人的法定代表人、其他组织的主要负责人或者该法人、组织负责收件的人签收；受送达人有诉讼代理人的，可以送交其代理人签收；受送达人已向人民法院指定代收人的，送交代收人签收。受送达人或者他的同住成年家属拒绝接收诉讼文书的，送达人可以邀请有关基层组织或者所在单位的代表到场，说明情况，在送达回证上记明拒收事由和日期，由送达人、见证人签名或者盖章，把诉讼文书留在受送达人的住所；也可以把诉讼文书留在受送达人的住所，并采用拍照、录像等方式记录送达过程，即视为送达。

3. 附条件生效。行政行为附有条件的，待条件达成之时该行政行为生效。

如果该条件未达成，则该行政行为不能生效。

三、行政行为的撤销

行政行为的撤销是指有权国家机关针对违法或者明显不当的行政行为作出撤销决定，而使之失去法律效力。从主体来看，有权撤销该行政行为的主体包括上级行政机关、行政复议机关、人民法院。从效力上来看，行政行为的撤销不同于行政行为的无效。无效行政行为遵循"自始无效"的原则；而可撤销行政行为只有在撤销后才失去法律效力，行政相对人在撤销决定作出之前一直受该行政行为的约束。此外，可撤销的行政行为不一定必然会被撤销，行政相对人须在法定诉讼时效内申请撤销该行为。超过诉讼时效，申请人不能通过法定的救济途径申请撤销该行政行为。

（一）行政行为撤销的条件

行政行为撤销的条件是行政行为合法要件缺损。合法的行政行为应当具备主体合法、权限合法、内容合法、程序合法四个要件。行政行为如果缺少一个或者几个合法要件，那么该行政行为即为可撤销行政行为。《行政诉讼法》第 70 条规定："行政行为有下列情形之一的，人民法院判决撤销或者部分撤销，并可以判决被告重新作出行政行为：①主要证据不足的；②适用法律、法规错误的；③违反法定程序的；④超越职权的；⑤滥用职权的；⑥明显不当的。"其中，"明显不当"为 2014 年《行政诉讼法》修改新增加的内容。行政机关运用行政自由裁量权时有一定的裁量空间，如果行政机关的处理结果明显不当，那么该行政行为属于可撤销行政行为。例如，行政处罚的结果畸轻或者畸重，则属于明显不当。如果行政行为部分违法，且该部分内容可与其他部分分离，法院可以判决部分撤销。

（二）行政行为撤销的法律后果

行政行为撤销通常自行政行为撤销之日起失去效力。

如果行政行为的撤销是行政主体的过错引起的，而依据社会公共利益的需要，又必须使行政行为的撤销效力追溯到行政行为作出之日，那么由此给相对人造成的损失应由行政主体予以赔偿。

如果行政行为的撤销是因为行政相对人的过错所引起的，行政行为撤销的效力通常应当追溯到行为作出之日。例如，行政相对人提供虚假材料骗取行政许可，那么行政机关应当撤销该行政行为，行政相对人的损失由其自己承担。如果该行政行为的撤销是由行政主体与行政相对人的共同过错引起的，那么行政行为撤销的效力应当追溯到行政行为作出之日。在此情形下，行政相对人的损失由其自己承担。行政主体及其工作人员应当承担相应的行政责任和刑事责任。

四、行政行为的废止

行政行为的废止是指因行政行为所依据的法律、法规、规章等发生变化，或者客观情况发生重大变化等，有关行政机关依法废止行政行为，使其丧失法律效力的行为。行政行为具有确定力，一经作出不得随意废止。只有在某些法定情形之下，行政行为才能依法废止。

（一）行政行为废止的条件

1. 行政行为依据的法律、法规、规章等已经被有关机关撤销、修改或者废止。行政行为必须依据相应的法律作出规定，如果行政行为赖以存在的法律依据发生了变化，行政行为若继续存在，将与新的法律、法规、规章等相抵触，那么行政主体必须废止原行政行为。

2. 客观情况发生了重大变化。行政行为作出时的客观情况和客观形势发生了重大变化，行政行为继续存在将损害国家和社会的公共利益。因此，为了公共利益的需要，行政主体须废止原行政行为。

3. 行政行为已完成原定目标和任务，实现了其历史使命，已经没有存在的必要。这种情形下，行政主体可以废止原行政行为。

（二）行政行为废止的法律后果

行政行为废止后，其效力自废止之日起失效。行政主体在行政行为废止之前赋予行政相对人的权益不再收回；行政相对人依据原行政行为已经履行了相应的义务，也不能要求行政主体再给予行政补偿。但是，如果该行政行为的废止是由于法律、法规、规章修改或者废止，或者准予行政许可所依据的客观情况发生重大变化，那么行政主体应当对给行政相对人造成的财产损失依法给予行政补偿。

五、行政行为的无效

行政行为的无效是指行政行为明显和重大违法，导致行政行为自始不产生法律效力。

（一）行政行为无效的条件

《行政诉讼法》第 75 条规定："行政行为的实施主体不具有行政主体资格或者没有依据等重大且明显违法情形，原告申请确认行政行为无效的，人民法院判决确认无效。"从上述规定可以看出，"重大且明显违法"是行政行为无效的判断标准。一般而言，以一个正常理智的普通人的常识性认知能够判断出该行政行为违法，那么可推断该行为存在"重大且明显违法"的情形。从理论上看，有以下情形可以导致行政行为无效：

1. 行政行为的实施主体不具有行政主体资格。行政主体资格系行政行为合法的主体要件。如果行政行为由行政主体之外的国家机关或者组织、个人实施，那么该行政行为属于无效行政行为。

2. 没有法律依据。《行政处罚法》第 3 条第 2 款规定："没有法定依据或者不遵守法定程序的，行政处罚无效。"

3. 行政行为的实施将导致犯罪。如行政机关允许行政相对人出版非法刊物或者猎捕国家保护的濒危野生动物。

（二）无效行政行为的法律后果

1. 无效行政行为因其明显、严重违法而自始不产生效力。

2. 行政相对人可以不受该行政行为拘束，不需要履行该行为所确定的义务。其他国家机关和社会组织、个人也不需要遵守。

3. 行政相对人可以在任何时候主张行政行为无效。这不同于可撤销行政行为。对于可撤销行政行为，行政相对人只能在法定期间内申请撤销。

4. 国家有权机关（上级机关、人民法院、行政复议机关）有权在任何时候宣布行政行为无效。

第五章 行政立法

第一节 行政立法的制定

狭义的行政立法表现为行政法规、行政规章的制定，我们主要掌握其制定权限与程序，其中以行政法规的制定最为重要。

一、行政法规的制定

（一）主体

行政法规的制定主体是国务院。

（二）权限

国务院制定行政法规的权限有三：①为了执行法律的规定；②为了执行国务院自身的职权，即《宪法》上规定的国务院职权；③为了执行全国人大或其常委会授权的事项。其中，国务院根据上述第③项职权制定的行政法规，属于授权立法的范畴，具有一定特殊性，后文将加以详述。

（三）立项

有权报请国务院立项制定行政法规的，是国务院各下属单位。国务院法制办在汇总各部门立项申请之后，于每年初拟订国务院年度立法工作计划，报国务院审批后实施。国务院年度立法计划中的法律项目应当与全国人大常委会的立法规划、年度立法计划相衔接。

（四）起草

行政法规的起草，既可以由国务院的一个或几个部门负责，也可以由国务院法制办负责。其中，重要的行政法规应当由国务院法制办组织起草。向国务院提交的行政法规送审稿，应由起草部门负责人签署，由几个部门共同起草的应由其负责人共同签署。在这个阶段起草形成的草案版本，称为送审稿。

行政法规在起草过程中，应当广泛听取有关机关、组织和公民的意见，听取意见可以采取召开座谈会、论证会、听证会等多种形式。形成初步的草案之后，应当通过网络等媒介向社会公布征求意见，但经国务院决定不予公布的除外。

起草部门将行政法规送审稿报送国务院审查时，应当一并报送草案的说明、各方面对草案主要问题的不同意见和其他有关资料。

（五）审查

行政法规送审稿，由国务院法制办负责审查。在审查阶段，国务院法制办应将行政法规送审稿或其涉及的主要问题发送有关机关、组织和专家征求意见；必要时，国务院法制小还应召开有关座谈会、论证会，还可以举行听证会听取意见。

经过审查之后的行政法规版本，称为正式的草案。

审查结果按照以下方式处理：①送审稿不符合条件的，法制办可以缓办或退回起草部门；②送审稿符合条件的，一般情况下，由法制办主要负责人提出建议，提请国务院常务会议审议；③送审稿符合条件的，特殊情况下（该法规调整范围单一、各方面意见一致或它是依据法律制定的配套行政法规），采用传批方式，由法制办直接提请国务院审批（不召开常务会议）。

对于第2、3项两种情况，国务院法制办应当向国务院提出审查报告和草案修改稿，审查报告应当对草案主要问题作出说明。

（六）决定

行政法规决定的方式有二：①采用建议送审方式的草案，由国务院常务会议审议，国务院常务会议由总理、副总理、国务委员和秘书长组成，审议时由国务院法制办或起草部门作说明；②采用传审批方式的草案，由国务院审批。

（七）公布

行政法规由总理签署国务院令公布施行，该国务院令应载明该行政法规的施行日期。有关国防建设的行政法规，可以由国务院总理、中央军委主席共同签署，国务院、中央军委令公布。

行政法规签署公布后，应及时在国务院公报、国务院法制办网站（中国政府法制信息网）以及全国范围内发行的报纸上刊登，在国务院公报上刊登的文本为标准文本。

（八）实施

行政法规应当自公布之日起 30 日后施行，但涉及国家安全、外汇汇率、货币政策的确定以及公布后不立即施行将有碍其施行的，可以自公布之日起施行。

（九）备案

行政法规在公布后的 30 日内，由国务院办公厅报全国人大常委会备案。

（十）解释

1. 法规条文本身需要进一步明确界限或者作出补充规定的，国务院各部门和各省级政府可以要求解释，此类解释由国务院法制办拟订解释草案，报国务院同意后，由国务院或其授权的有关部门公布。行政法规的解释与行政法规具有同等效力。

2. 对属于行政工作中具体应用行政法规的问题，国务院各部门的法制办和各省级政府的法制办可以要求解释，此类解释原则上由国务院法制办答复，涉及重大问题的由国务院法制办提出意见报国务院同意后答复。此类解释没有明确的法律效力，可以供有关行政机关在实际工作中参考。

二、授权制定的行政法规

根据《立法法》第 8 条的规定，有 11 类事项由法律保留，仅能制定法律。但其第 9 条又规定，对于这 11 类事项中尚未制定法律的，全国人大及其常委会可以授权国务院制定行政法规。国务院根据此类授权制定的行政法规，就属于授权立法。授权立法的产生，是现代国家中行政权不断扩张以至于侵蚀立法权的一个最典型表现，尽管这在日益纷繁复杂的现代公共管理中是不可避免的，但应当受到严格的限制，避免行政立法权的失控和滥用。

对于《立法法》上规定的授权立法制度，应当注意如下内容：

（一）授权立法的范围

并非所有的法律保留事项均可授权制定为行政法规，犯罪与刑罚、公民政治权利的剥夺、限制人身自由的强制措施和处罚、司法制度四项除外，它们被称作法律绝对保留事项，只能由法律规定。

（二）授权立法的义务

全国人大及其常委会的授权决定应当明确授权的目的、事项、范围、期限、实施方式和应当遵循的原则等。国务院应当严格按照授权决定行使被授予的权力，不得将该项权力转授给其他机关，根据授权制定的行政法规应及时报请全国人大常委会备案。

（三）授权立法的终止

授权立法的期限不得超过 5 年，但是授权决定另有规定的除外。国务院应当在授权期限届满的 6 个月以前，向授权机关报告授权决定实施的情况，并提出是否需要制定、修改或者废止法律的意见；需要继续授权的，可以提出相关意见，由全国人民代表大会及其常务委员会决定。

授权立法事项经过实践检验，制定法律的条件成熟时，国务院应当及时提请全国人民代表大会及其常务委员会制定法律。法律制定后，根据授权制定的行政法规和授权本身均告终止。

授权制定的行政法规在名称上和一般的行政法规是有所区别的，其带有"暂行"二字，称为《××暂行条例》《××暂行规定》等。

三、行政规章的制定

行政规章包括部门规章与地方政府规章两类，行政规章的制定与行政法规的制定基本环节是相同的，具体的制度内容也比较接近。我们仅就其与行政法规制定的不同之处，加以简要介绍。

（一）主体

部门规章的制定主体包括：①国务院组成部门；②国务院直属机构；③国务院直属特设机构，即国资委；④具有行政主体资格的国务院直属事业单位，即证监会、银保监会等。其中，前面两者的规章制定权是《立法法》所明确规定的，后面两者虽然没有明确规定，但在实践中也按照规定的制定程序出台规范性文件，其出台的规范性文件在实践中也被作为部门规章来对待。

地方政府规章的制定主体包括：①省级政府；②设区的市政府；③自治州政府。需要注意的是，根据 2015 年修订的《立法法》，地方性法规和地方政府规章的制定主体已经从较大的市扩大到了一般的设区的市和自治州；广东省东莞市和中山市、甘肃省嘉峪关市、海南省三沙市等个别城市虽然没有设区，也比照设区的市对待。为了方便起见，我们将这些地方的立法分别简称为市州地方性法规、市州地方政府规章。

（二）权限

部门规章只能规定属于执行法律或者国务院的行政法规、决定、命令的事项。涉及两个以上国务院部门职权范围的事项，应当提请国务院制定行政法规或由有关部门联合制定规章，一个部门单独制定的规章无效。

地方政府规章可以就下列事项作出规定：①为了执行法律、行政法规、地方性法规；②属于本行政区域的具体行政管理事项；③应当制定地方性法规但条件尚不成熟的，因行政管理迫切需要，可以先制定地方政府规章，规章实施满2年如果需要继续实施其规定的行政措施，应当提请本级人大或其常委会制定地方性法规。其中，市州地方政府规章的立法事项仅限于城乡建设与管理、环境保护、历史文化保护等方面。但是，在新《立法法》扩大地方立法主体范围之前，已经拥有地方立法权的较大的市已经制定的政府规章涉及上述事项之外的，继续有效。

没有上位法的依据，规章不得设定减损个体权利或增加其义务的规范，不得增加本单位的权力或减少本单位的法定职责。

（三）立项

部门规章由国务院部门的内设机构或其他下属机构报请立项；地方政府规章由地方政府的下属部门或其下级政府报请立项。

（四）决定

部门规章经其制定部门的部务会议或委员会会议决定；地方政府规章由制定它的地方政府常务会议或全体会议决定。

（五）公布

行政规章由其制定主体的首长签署命令予以公布。部门规章签署公布后，由部门公报或国务院公报、中国政府法制信息网，以及全国范围内发行的有关报纸予以刊登，在部门公报或国务院公报上刊登的文本为标准文本；地方政府规章签署公布后，由本级政府公报、中国政府法制信息网和本行政区域范围内发行的报纸予以刊登，在地方政府公报上刊登的文本为标准文本。

（六）备案

规章应当自公布之日起 30 日内，由制定主体的法制办报请有关机关备案。

第二节 行政立法的效力等级

包括行政立法在内的各种立法文件，其效力等级可以归纳如下：

一、宪法与法律

宪法具有至高无上的法律效力；法律的效力仅次于宪法。全国人大制定的法律被称为基本法律，全国人大常委会制定的法律被称为普通法律，但两者在效力上无异。

二、行政法规

行政法规的效力低于宪法与法律，高于其他。注意，国务院根据授权制定的行政法规，效力实际略高于其他行政法规。这主要体现在：当此类行政法规与法律相抵触时，并不当然适用法律，而是由全国人大常委会作出裁决。也就是说，根据授权制定的行政法规，在效力上被认为是与法律同等的。

三、地方性法规

地方性法规由省级或设区市、自治州的人大及其常委会制定，其效力低于宪法、法律、行政法规。如果是市州的地方性法规，还低于所在地的省级地方性法规。例如，广州市地方性法规效力低于广东省地方性法规。

四、部门规章

部门规章的效力低于宪法、法律、行政法规。注意部门规章与地方性法规在效力上是平行的，并无高低之分。如果单独比较的话，部门规章的效力既与省级地方性法规平行，也与市州的地方性法规平行。

五、地方政府规章

地方政府规章的效力低于宪法、法律、行政法规、本级和本级以上地方性法规、上级地方政府规章。以青岛市的规章为例，其效力低于宪法、法律、行政法规、山东省地方性法规、青岛市地方性法规、山东省地方政府规章。需要注意，无论是省级的地方政府规章，还是市州的地方政府规章，在效力上与部门规章也都是平行的。

比较立法文件的效力切忌等式替换的方式，只能将两类立法文件独立比较。例如，我们不能因为部门规章等于省级地方政府规章，而省级地方政府规章又高于市州的地方政府规章，推导出部门规章高于市州地方政府规章的结论，实际上它们的效力是相等的。

六、几类特殊的立法文件

这些立法文件之所以特殊，原因在于它们可以根据法律规定或有权机关的授权，对上位法作出变通，并在一定区域内优先适用这些变通规定。这些立法文件包括自治条例、单行条例、经济特区法规。

自治条例与单行条例由民族自治地方（自治区、自治州、自治县、自治旗）的人大（不包括其常委会）制定，在地位上与地方性法规类似。但它们根据法律的规定，可以对上位法的内容加以变通，并在本区域或本民族中优先适用变通性的规定。

经济特区法规由经济特区所在省、市的人大及其常委会制定，在地位上也类似于地方性法规。但由于它们的制定源于全国人大的特别授权，可以在授权的范围内对上位法加以变通，并在经济特区范围内优先适用变通规定。

第三节 对立法的监督

行政法规、行政规章属于狭义行政立法的范畴，即使是规章以下的一般行政规范性文件，由于在一定范围内也具有普遍约束力，广泛地成为各级行政机关的执法依据，也具有"准立法"的地位。基于法律保留和法律优先的原理，这些立法文件的制定既不能超越立法权限，也不能与上位法相抵触。

而在实践中，由于各种各样的原因，行政立法的合法性还存在着比较严重的问题，层级越低的规范性文件，其合法性问题越严重、越普遍。因此，建立起一个对行政立法文件审查和监督的机制就是十分必要的。为了保持国家法制统一，必须对各种立法文件的制定加以监督，监督的内容包括：合法性监督，即审查其制定是否符合法定权限与程序，其内容是否符合上位法的规定，合法性监督的结果往往表现为对被审查立法文件的撤销；适当性监督，即审查其内容是否妥当、合理，适当性监督的结果往往表现为对被审查立法文件的改变。对行政规范性文件的监督，与对其他立法文件的监督一同规定于《立法法》当中。在此，我们将包括行政立法在内的各种立法文件的监督，一并介绍。

一、批准

批准是一种对立法的事前监督方式，某些立法文件只有事先获得特定机关的批准方能生效。下列两类机关掌握着立法文件的批准权：

（一）全国人大常委会

自治区制定的单行条例与自治条例，必须经过全国人大常委会批准方能生效。

（二）省级人大常委会

自治州、自治县、自治旗制定的单行条例与自治条例，以及市州制定的地方性法规，必须经过所在地的省级人大常委会批准方能生效。例如，武汉市人大常委会制定的地方性法规，恩施自治州人大制定的条例，长阳自治县人大制定的条例，都需要经过湖北省人大常委会的批准。

二、备案

对于立法文件的备案问题，我们通过总结其规律，结合实例说明如下：

（一）备案找上级

一个立法文件制定出来以后，如果存在着某些国家机关制定的立法文件在效力上比它更高的情况，那么，这一法律文件就应当向这些"上级"机关备案。"找上级"是一条总的规律，通过这一规律很容易为每一个立法文件找到其可能的备案机关。下文所述几点均为这一规律的例外，运用这些例外，又可以从已经找到的机关里面剔除一部分，剩余的机关就是这个立法文件的备案机关。

例如，成都市的地方政府规章可能向这些"上级"备案：全国人大、全国人大常委会、国务院、四川省人大、四川省人大常委会、四川省政府、成都市人大、成都市人大常委会，共 8 个机关。

（二）人大不备案

即各级人大均不接受立法文件的备案，原因在于人大并非常设的国家机关，每年会期有限，这在客观上决定了它们不可能成为备案机关。因此，如果按照"备案找上级"的规律找到的"上级"正好是某级人大的话，应当将其删去。

例如，上述成都市地方政府规章的例子，结合这一规律，其可能的备案机关剩下：全国人大常委会、国务院、四川省人大常委会、四川省政府、成都市人大常委会，共 5 个机关。

（三）批准当备案

如果某个立法文件事先已经获得了上级机关的批准，就无须再向这一机关备案了。因为批准的监督方式在对立法文件审查的强度上远大于备案，如果既批准又备案无异于重复。此时，这一法律文件便不再向批准机关备案，而是向比批准机关级别更高的机关备案了。

例如，云南省大理自治州制定的单行条例，由于已经获得了云南省人大常委会的批准，此时就只需要向比云南省人大常委会的级别更高的机关（全国人大常委会和国务院）备案了。

（四）规章有例外

行政规章的例外在于，它无须向全国人大常委会备案，即其最高备案机关只是国务院。

我们仍以上述成都市的地方政府规章为例，结合这一例外，可以发现其备案机关只有：国务院、四川省人大常委会、四川省政府、成都市人大常委会，共 4 个机关。这 4 个机关就是成都市地方政府规章的法定备案机关了。

三、立法的撤销与改变

撤销或改变，是有权机关对立法文件加以审查之后的处理方式。我们可以总结为以下规律：

（一）领导关系下的处理

如果两个机关之间存在领导关系，则领导机关既有权撤销，也有权改变被领导机关的立法文件。领导关系存在于三类立法机关之间：①各级人大领导其常委会；②上级政府领导下级政府；③各级政府领导其所属部门，如广东省政府可以撤销或改变深圳市政府制定的规章。

（二）监督关系下的处理

如果两个机关之间存在监督关系，则监督机关有权撤销，但无权改变被监督机关的立法文件。监督关系存在于两类立法机关之间：①各级国家权力机关（人大及其常委会）监督本级政府，如广东省人大常委会可以撤销但不得改变广东省政府制定的规章；②上级国家权力机关监督下级国家权力机关。

（三）授权关系下的处理

如果两个机关之间存在立法授权关系，则授权机关有权撤销被授权机关的立法，乃至于撤销其授予的权限本身。立法授权关系存在于两类立法机关之间：①全国人大及其常委会授权国务院制定特殊的行政法规；②全国人大授权经济特区所在省、市的人大及其常委会制定经济特区法规。如全国人大常委会可以撤销国务院根据授权制定的某一暂行条例，甚至可以撤销其授予的该权力。

（四）批准关系下的处理

如果某个立法文件是经过批准生效的，则在此将其视为批准机关的立法来处理即可，处理的结果是撤销。即经批准的立法，视为批准者的立法。如内蒙古自治区制定的自治条例、单行条例在经过全国人大常委会批准之后生效，那么，在此将其视为全国人大常委会自己制定的立法文件对待即可，此时只有全国人大可以撤销它。再如自治州、自治县制定的自治条例与单行条例，以及市州制定的地方性法规，在经过所在地省级人大常委会批准之后生效，在此将其视为省级人大常委会自己制定的立法文件对待即可，只有全国人大、全国人大常委会、省级人大有权撤销它。

（五）对立法文件审查的启动方式

对立法文件审查程序的启动，包括三种方式：

1. 主动启动。即有权审查的机关通过某种方式发现下级立法文件存在合法性或适当性问题，主动启动审查程序。例如，《立法法》第99条第3款规定："有关的专门委员会和常务委员会工作机构可以对报送备案的规范性文件进行主动审查。"

2. 要求启动。即有限的特定机关可以向审查机关提出审查的要求，这种要求一旦提出，审查机关就必须启动审查程序。例如，《立法法》第99条第1款规定："国务院、中央军事委员会、最高人民法院、最高人民检察院和各省、自治区、直辖市的人民代表大会常务委员会认为行政法规、地方性法规、自治条例和单行条例同宪法或者法律相抵触的，可以向全国人民代表大会常务委员会书面提出进行审查的要求，由常务委员会工作机构分送有关的专门委员会进行审查、提出意见。"

3. 建议启动。在有权要求审查的特定机关之外，其他单位和个人也可以向审查机关提出审查的建议，但这种建议的效果是不确定的，接到这种建议，审查机关并不必然启动审查程序。例如，《立法法》第99条第2款规定："前款规定以外的其他国家机关和社会团体、企业事业组织以及公民认为行政法规、地方性法规、自治条例和单行条例同宪法或者法律相抵触的，可以向全国人民代表大会常务委员会书面提出进行审查的建议，由常务委员会工作机构进行研究，必要时，送有关的专门委员会进行审查、提出意见。"《规章制定程序条例》第35条规定："国家机关、社会团体、企业事业组织、公民认为规章同法律、行政法规相抵触的，可以向国务院书面提出审查的建议，由国务院法制机构研究处理。国家机关、社会团体、企业事业组织、公民认为较大的市的人民政府规章同法律、行政法规相抵触或者违反其他上位法的规定的，也可以向本省、自治区人民政府书面提出审查的建议，由省、自治区人民政府法制机构研究处理。"从我国目前的实践来看，极少因建议方式而启动立法审查活动。

第四节 立法的冲突与适用规则

立法文件的适用，解决的是不同的立法文件对同一问题的规定发生冲突时，以哪一个为准的问题。对此，可以区分为三类情况来处理：

一、由同一机关制定的立法文件

如果发生冲突的立法文件是同一机关所制定的，它们在效力的位阶上自然是平行的，可以用以下规则确定其适用：

（一）特别法优于一般法

当立法文件中特别规定与一般规定不一致时，适用特别规定。

（二）新法优于旧法，法不溯及既往，有利溯及除外

当立法文件中新的规定与旧的规定不一致时，原则上适用新的规定。但同时应当遵循法不溯及既往的原则，即当旧事未结，新法已颁布时，原则上不能将新法适用于旧事，否则将破坏公民对法律的信赖。当然，法不溯及既往的原则存在例外，即当溯及地适用新法将对公民、法人和其他组织更加有利时，适用新法。

（三）新的一般规定与旧的特殊规定相矛盾时，应当裁决

立法文件中新的一般规定与旧的特殊规定相矛盾时，应当由有权机关作出裁决。谁是这里的"有权机关"呢？一般遵循"谁制定，谁裁决"的原则，但当制定机关是某级人大时，由于人大不是常设机关，此时应由该级人大的常委会裁决。尽管在实践中，这种情况的法律冲突十分常见，但几乎没有真正出现过制定机关对其效力作出裁决的情况。

二、由不同机关制定，且效力等级不同的立法文件

这种情况最为简单，就是下位法服从上位法。

三、由不同机关制定，但效力等级相同的立法文件

不同机关制定的立法文件，在个别情况下效力等级相同并可能出现冲突，这个时候应当通过裁决的方式来确定适应。具体的裁决规则如下：

（一）授权制定的法规与法律之间的冲突

在我国，授权制定的法规有两种，一是国务院根据授权制定的行政法规，二是经济特区所在省、市的人大及其常委会根据授权制定的经济特区法规。这些法规在位阶上虽然低于法律，但由于它们的制定权来自最高立法机关的授予，可以认为这些法规是因行使"准立法权"而制定的文件，具有"准法

律"的地位，与一般的行政法规或地方性法规皆有不同。因此，当这些法规与法律之间发生了冲突，难以决定其适用时，应当由授权机关（全国人大常委会）裁决。

（二）地方性法规与部门规章之间的冲突

地方性法规与部门规章之间的效力是平行的，当这两者发生冲突时，应当区分两类情况：①首先由国务院处理，国务院认为应当适用地方性法规的，应当作出决定；②如果国务院认为应当适用部门规章的，无权自行作出决定，应当进一步提请全国人大常委会裁决。

有的观点根据《立法法》的上述规定，认为地方性法规的效力略高于部门规章，理由就是在两者发生冲突时，如果适用地方性法规只需要一次裁决，如果适用部门规章则需要两次裁决，因此前者效力更高。这个看法是没有道理的，因为地方性法规的适用范围是一定地域，而部门规章的适用范围是一定领域，两者不存在可比性。至于《立法法》在两者冲突适用上的上述规定，只不过是为了同时兼顾效率和公正而已。

（三）行政规章之间的冲突

当效力平行的行政规章之间发生冲突时，无论是部门规章之间，还是部门规章与地方政府规章之间，都由国务院裁决。

第六章 行政程序及其法典化

第一节 行政程序概述

一、行政程序的概念

一般意义的程序，是指"事情进行的先后次序"或"按时间先后或依次安排的工作步骤"，如通常所说的工艺流程、操作规程、计算机的编码程序等。在法律学上，"程序"一词有特定的含义，指与"实体"相对的，按照一定的方式、步骤、时间和顺序作出法律决定的过程，其普遍形态是：按照某种标准和条件整理争论点，公平地听取各方意见，在使当事人可以理解或认可的情况下作出决定。行政程序有广义和狭义之分。本书所指行政程序是广义上的行政程序，具体是指行政主体在行使行政权力，实施行政管理和服务活动过程中所遵循的方式、步骤、顺序、时限以及行政相对人参与行政活动时遵守的规则，是行政主体和行政相对人实施、参与行政活动的空间与时间表现形式。

二、行政程序的价值

行政程序在现代行政法上具有突出地位和重大价值，主要表现在：

1. 规范和控制行政权力，促使行政主体依法行政；

2. 保障和扩大公民的民主权利，促进程序正义的实现；

3. 保证实体法的正确实施，促进实体正义实现；

4. 增强行政过程的科学性和和谐性，促进行政效率的提高。

三、行政程序的发展

1889 年，西班牙制定了世界上第一部行政程序法。此后，行政程序法的产生和发展大致经历了三次高潮，三个主要阶段。第一次高潮发生在 20 世纪 20 年代至第二次世界大战。1925 年，奥地利制定的《普通行政程序法》，掀起了制定行政程序法的第一次高潮。这次高潮以规范行政权力、提高行政效率为主要目的。奥地利 1925 年制定的《普通行政程序法》的直接目的是使行政法院的判例所形成的行政程序有关原理法典化。在此之前，只在上级和下级行政机关之间存在少数有关手续的规定，这些规定内容凌乱、不成体系，因而行政程序是否合法，完全由行政法院的法官解释。行政机关为避免行政行为事后被法院撤销，便将法院有关程序的判例收集整理，这是制定行政程序法的主要理由。奥地利的行政程序法对欧洲大陆国家产生了重大影响。此后，捷克、波兰、德国都制定了行政程序法。第二次高潮发生在第二次世界大战至 20 世纪 90 年代。

1946 年，美国制定《联邦行政程序法》，掀起了制定行政程序法的第二次高潮，德国也是这次高潮的典型代表。这次高潮的重点在于保障公民在行政过程中的权利，增加行政的公开、透明。美国的《联邦行政程序法》以证实听证制度为核心，完全为程序性规定。德国 1976 年的《联邦行政程序法》则集实体与程序为一体。美国还将体现行政公开、透明的《情报自由法》《隐私权法》《阳光下的政府法》收录在同一法典中。美国的《联邦行政程序法》以公正、民主和效能为立法原则，加上美国的国际地位，一经制定，即在世界范围内产生广泛影响，为各国所效仿。除美国、德国外，奥地利、捷克、南斯拉夫、匈牙利、瑞士、波兰等国都先后制定了行政程序法。20 世纪 90 年代，是世界第三次行政程序法的制定高潮勃发时期。这次高潮的主题仍然是保证行政的公开、透明和保护公民在行政程序中的权利。这次高潮引人注目之处在于其中心由欧洲、美洲国家转移至亚洲国家，其中尤以日本影响最大。日本《行政程序法》历经曲折，终于在 1993 年颁布。除日本外，我国澳门地区于 1995 年、韩国于 1996 年制定了行政程序法，我国台湾地区也多次制定"行政程序法"草案，我国也正在加紧立法准备。

四、行政程序的内容

行政程序，简单地说，就是行政权力运行的程序，具体指行政机关行使行政权力、作出行政决定所遵行的方式、步骤、时限和顺序的总和。所谓方式，是指行政行为的法律表现形式，如书面形式、口头形式、动作形式等。时限，是指法律规定行政行为完成的期限，如一般行政许可决定必须在受理之日起 20 日内作出。所谓步骤，是指法定的行政行为必经的若干阶段，如行政处罚程序一般由立案、调查、决定以及执行等步骤构成。所谓顺序，是指法定的各个阶段和步骤必须严格按照相应的先后次序进行，不可颠倒，否则将产生相应的不利后果。行政程序的内容大致包括以上四个方面。

五、行政程序的种类

对行政程序进行科学分类，是认识深化的表现，也是认识深化的必然要求。同时，行政程序的分类对监督和控制行政权力、保护公民合法权益具有重要实践意义。比较有代表性的分类主要有：

（一）强制性程序与任意性程序

这是以行政主体为特定行政行为时对行政程序可否选择为标准所作的分类。强制性程序是指法律对行政主体为特定行政行为时的行政程序适用作了强制性规定，行政主体没有自由选择的余地。对于强制性程序，法律一般规定详细、明确、具体，行政机关不得随意增加、减少行政行为的步骤、时限、顺序、方式等，只能严格遵守，如我国《行政处罚法》第 31 条之规定就属于强制性的程序规定，行政机关必须严格遵守："行政机关在作出行政处罚决定之前，应当告知当事人作出行政处罚决定的事实、理由及依据，并告知当事人依法享有的权利。"任意性程序是指法律对适用何种行政程序没有作出具体、详细的规定，行政机关对程序的适用有选择的余地，如我国《行政法规制定程序条例》第 22 条规定："行政法规送审稿直接涉及公民、法人或者其他组织的切身利益的，国务院法制机构可以举行听证会，听取有关机关、组织和公民意见。"这里，对于是否举行听证会，特别是怎样听取意见等程序，行政机关都有裁量的余地，属于任意性的行政程序。

区分强制性程序与任意性程序的意义在于：违反强制性的行政程序会直接导致行政行为的违法并会引起行政行为撤销或重做的法律后果；违反任意性的行政程序一般只会引起行政行为的合理性问题，只有在选择显然超出合理性范围时才会引起行政行为撤销或重做。

（二）内部程序与外部程序

这是以行政行为调整对象的范围和性质为标准所作的分类。内部程序是指行政主体管理内部行政事务时所遵循的程序；外部程序是行政主体实施外部行政管理时应遵循的程序。如我国《公务员法》规定的考核、处分、任免等程序都属于内部行政程序；我国《行政许可法》《行政处罚法》规定的程序主要是外部行政程序。

（三）具体行政行为程序与抽象行政行为程序

这是以行政程序是适用于抽象行政行为还是具体行政行为为标准所作的分类。由于抽象行政行为与具体行政行为的性质有别，法律对其程序要求也不同，而且审查方式和救济途径也有区别，所以这种分类具有理论和实践意义。

具体行政行为是针对特定的人和事作出的行政行为，一经合法作出，就会对当事人的权益产生直接的、现实的影响。抽象行政行为不会对当事人的权益产生直接的影响，不能成为强制执行的直接根据。因此，具体行政行为的程序与抽象行政行为的程序是有别的。虽然抽象行政行为不能对当事人的权益产生直接的影响，但抽象行政行为往往影响面更广、影响时间更持久。因此，对于抽象行政行为，应该有更为严格的程序要求。

第二节　行政程序法的基本原则和根本制度

一、行政程序法的基本原则

行政程序法基本原则是指体现行政程序法根本价值取向的基础性准则，是行政程序法的精神和灵魂，具有重大的理论与实践价值。我们认为，行政程序法基本原则主要包括：公开原则、公正原则、参与原则、效率原则。

（一）公开原则

行政公开原则要求行政活动的过程、内容、理由和依据等要素，除法律规定应保守秘密的外，都要向相对人或公众公开，使其知晓。

行政公开之所以成为行政程序法的基本原则，首先是因为，这是现代民主政治的必然要求。民主权利的重要内容之一就是知情权，人民有权了解国家事务、社会事务特别是和自身利益密切相关的行政活动。其次是因为，行政公开是法治政府的重要特征，是监督政府权力行使、防止腐败的需要。

行政程序法是民主法治发展的产物，集中体现着民主法治的基本精神。因此，行政公开是行政程序法的基本价值准则。

公开原则的基本要求有：

1. 行政权行使的依据公开

没有公布或公开的文件不能作为约束当事人的合法依据。

2. 行政活动过程公开

从民主法治的要求看，无论是行政立法，还是具体的行政决定，都应当尽可能使整个过程对公众和利害关系人公开。

3. 行政处理的结果公开

行政处理结果对当事人的权利有着直接的、现实的影响，因此，处理结果的公开不仅关系着程序的正当性，更关系着当事人的权利能否得到及时救济。应当向当事人公开的结果不公开，行政决定就不能取得相应的法律效力，不具有执行力。处理结果的公开一般通过告知制度等得以实现。

（二）公正原则

公正是行政程序的基本价值目标。从某种意义上讲，公正原则比公开原则更为根本，公开的重要目的之一就是保证公正。公正不仅是行政权威的源泉，而且是社会信任的基础，还是行政决定能够顺利执行的保证。

公正程序的价值可以不依赖实体法甚至处理结果而独立存在。正因如此，一些法治国家把程序的正当性以宪法的形式加以规定。我国《行政处罚法》《行政许可法》等都明确将公正原则作为法律原则加以规定。

公正原则的基本要求是：

1. 保证行政机关合理运用自由裁量权

行政权力作用的广泛性和社会事务的复杂性使得行政自由裁量权不可避免。

2. 平等对待

平等对待在程序上要求给予同等情况的当事人的程序权利与机会均等。不得偏袒一方，给其更多的机会和权利，也不得打压一方，使其处于不利的地位；在适用法律上一视同仁，同等情况同等对待；在行使职权的过程中，充分尊重当事人的合法权益和人格尊严。

3. 程序符合科学性和一般社会公正价值

客观规律和常规体现了人们对客观事物的认同性。如果在程序选择上违背这种认同性，不仅难以达到行使行政权的目的，而且会引发社会的不满情绪，增加行政主体管理社会事务的难度。同时，程序必须符合社会公共道德，具有合理性。行政主体必须充分体现社会公共道德所蕴含的公平内容，尽可能体现社会绝大部分人的利益和要求。

（三）参与原则

现代行政的特征是民主行政、合作行政、服务行政。民主在本质上要求人民有权参与对国家事务和社会事务的管理，要求相对人在行政过程中有更多的发言权。

"参与"在政治学上被认为是"一种行为，政治制度中的普通成员通过它来影响或试图影响某种结果"。参与原则具体要求受行政权力运行结果影响的人有权参与行政权力的运作，并对行政决定的形成发挥重要作用。参与本身决定了行政相对人在行政关系中地位的巨大变化，已经由行政管理的客体变为行政合作的一方，不仅能够以自己的行为积极推动行政法律关系的建立，而且成为行政服务的享有者。

参与原则是民主原则的体现，也是民主原则的必然要求。我国《宪法》第2条明确规定："中华人民共和国的一切权力属于人民……人民依照法律规定，通过各种途径和形式，管理国家事务，管理经济和文化事业，管理社会事务。"这是公民参与权的最根本的法律依据。我国其他法律也对公民参与权作了具体规定，如《立法法》第5条规定："立法应当体现人民的意志，发扬社会主义民主，保障人民通过多种途径参与立法活动。"

在具体的行政程序中，参与原则主要体现在程序应保证相对人行使以下权利②：

1. 获得通知权

获得通知权是指行政相对人在符合参与行政程序的法定条件下，有要求行政主体通知其何时、以何种方式参与行政程序的权利。

2. 陈述权

陈述权是行政相对人就行政案件所涉及的事实向行政主体陈述的权利。陈述权不仅对维护相对人自身合法权益十分必要，对促进行政主体正确地作出行政决定也具有重要意义。保障当事人的陈述权是行政主体的法定义务，违反此义务行政主体将承担相应的法律后果。

3. 抗辩权

抗辩权也是参与权的重要表现形式。抗辩权是行政相对人针对行政主体提出的不利指控提出反驳，以维护自身合法权益。抗辩权从本质上是一种防卫权，是对国家行政权的一种抗拒力量。抗辩的过程就是参与行政决定的过程，对行政决定结果必然产生影响。所以，尊重抗辩权是民主与专制的重要界限。

4. 申请权

申请权是行政相对人请求行政主体启动行政程序的权利。申请权在行政程序中主要体现在如下几个方面：（1）听证申请权；（2）回避申请权；（3）卷宗阅览申请权；（4）复议申请权。申请权对于保障相对人对行政过程的参与具有重要意义。

（四）效率原则

迟来的正义为非正义，效率是行政管理的重要原则，也是行政程序的重要价值原则。效率原则要求行政主体以迅速、简便与经济的方式达到行政目的。效率原则在有的国家的行政程序法上被称为"及时作出决定原则"。

效率原则体现在：（1）行政决定应在合理的期限内作出。（2）代理制度和不停止执行的规定。

二、行政程序法的根本制度

行政程序法的制度涉及许多方面的内容，包括表明身份、告知、调查、听证、说明理由、回避、职能分离、时效等，但我们认为行政程序法根本制度主要包括行政听证制度、告知与说明理由制度、回避制度、行政信息公开制度等。

（一）行政听证制度

听证被认为是现代行政程序法的核心制度，听证制度是保障相对人参与行政程序的重要法律形式。行政听证制度在各国行政程序法中均有规定，我国 1996 年《行政处罚法》第一次正式规定了听证制度，是我国行政程序立法的重大突破。听证的基本含义是"听取对方意见"，尤其是作出对当事人不利的行政决定之前，应当听取当事人意见，以保证行政决定的公正性。这一制度是如此重要，以至于可以认为"没有遵守它应使任何违背这一要求而做出的决定无效"。

1. 听证种类

各国对听证的定义有广义和狭义的分别。广义的听证泛指行政机关听取当事人意见的程序，如美国将"听取利害关系人意见的程序"统称为听证，分为正式听证和非正式听证两种，行政机关可以采取从审判型听证到非正式的会谈等二十多种听证的形式。狭义的听证特指行政机关以听证会的形式听取当事人意见的行政程序，也被称为审判型听证。我国行政处罚法规定的听证是指在行政机关作出行政处罚决定之前，由行政机关指派专人主持，听取案件调查人员和当事人就案件事实及证据进行的陈述、质证和辩论的法律程序。听证大致可以分为以下几种：（1）正式听证与非正式听证；（2）事前听证、事后听证、结合听证；（3）书面听证和口头听证。

2. 听证的适用范围

（1）适用听证的情形

听证在美国、韩国、荷兰、葡萄牙和我国台湾地区等既适用于抽象行政行为，也适用于具体行政行为。具体行政行为的听证，一般适用于对当事人产生不利影响的情形。如韩国《行政程序法》第22条规定："行政机关对当事人课以义务或限制权益的处分时……应当向当事人等提供提出意见的机会。"在有的国家和地区，凡是对相对人产生不利效果的行政行为，包括拒绝其授益处分的请求，都属于负担处分。但日本《行政程序法》中的不利处分仅指行政机关基于法令，以特定人为相对人，直接课以义务或直接限制其权利之处分。驳回许可申请在日本不适用于听证。在美国，听证最初只适用于公民的自由、财产等普通法上的权利，不适用于当事人在普通法以外从政府享受的利益，即所谓的特权，包括福利津贴、职业执照和特许等。但随着国家职能的扩大，职业执照、特许经营等由政府赋予的利益被认为是"新财产"，法院通过一系列判例确认行政机关在拒绝当事人许可申请时必须举行听证，听证的范围逐步扩展至福利津贴、公共住房、政府雇员、教育、政府合同、酒业营业执照、监狱行政等特权领域。

（2）免除听证的事项

在作出对当事人不利行政决定时听取其意见，是现代行政的一项基本制度，只有在法律明确规定免除适用时，行政机关才能免除其听证的义务。美国《联邦行政程序法》第554条规定的免除听证事项是：①法院可以就法律问题和事实问题进行重新审理的案件；②行政官员的选用和任期，但行政法官的任命除外；③完全基于检查、实验或选举而作成决定的程序；④军事或外交职务上的行为；⑤机关充当法院代理人的案件；⑥劳工代表资格的证明。

各国对免除听证事项的规定不尽一致，但一般要考虑以下因素：①决定对个人权利的影响程度；②个人利益与公共利益的平衡；③公正与效率的协调，以及给财政和行政带来的负担。

3. 正式行政听证程序的主要内容

根据各国行政程序法的规定，正式行政听证程序一般包括以下内容：

（1）听证主持人

从各国行政程序法的规定看，听证主持人的选任有两种做法：一种是美国的行政法官制，一种是由行政机关的首长或指定的人员担任，以后一种情况居多。在美国，行政法官在任免、工资、待遇上受文官事务委员会控制，行政机关长官不能撤换行政法官，有利于其发挥独立作用。而且，美国的行政法官从有律师资格和行政经验的人员中选任，专门从事听证工作，听证的公正性较有保障。

听证主持人在听证程序中的地位类似司法程序中法官的地位。各国行政程序法对听证主持人权力的规定有所不同，有的规定只享有组织听证的权力，有的规定还享有决定的权力，但主持听证的进行是各国共同规定的权力。在听证中，主持人可以询问当事人、询问证人、安排证据的调查顺序、对妨碍听证的人采取必要的措施等。

（2）听证通知

参加听证的当事人在合理时间内得到通知是保障其权利的起码程序要求，各国程序法对此都作了规定。通知一般采用书面的方式进行，必要时可以进行公告。关于时间的要求，有的国家如葡萄牙规定，行政机关给予相对人准备的时间不得少于10日。我国《行政处罚法》第42条规定，行政机关应在听证的7日前，通知当事人举行听证的时间、地点。

（3）辩论与质证

在听证主持人的主持下，当事人就有关事实问题和法律问题进行质证和辩论，这是听证的核心内容。根据各国行政程序法的规定，质辩一般以言辞方式进行。当事人、证人、鉴定人等出席听证，以言辞方式向听证主持人陈述事实，双方当事人可以相互提问、辩论，参与行政决定的制作过程。

由于行政活动涉及公共利益，需要迅速、及时作出行政决定，而且行政程序不是最终程序，各国行政程序法往往规定了职权主义的听证模式。听证主持人被赋予广泛的权力，不仅可以调查证据，而且可以指挥听证的进行。

（4）听证记录与决定

各国行政程序法都要求对听证必须作记录。听证记录对行政机关的决定的约束力有两种情况：一种是对决定有一定的约束力，行政机关应斟酌记录作出决定，不是必须以记录为根据；另一种是所谓的"案卷排他性原则"，行政机关的决定必须根据案卷作出，不能在案卷之外，以当事人不知道或没有论证的事实为根据，否则，行政裁决无效。

（二）告知与说明理由制度

告知制度是指行政机关在进行行政行为的过程中，将有关情况告诉相对一方当事人的一项基本的程序制度。行政行为说明理由是指行政主体在作出对相对人不利的行政决定时，除有法律明确规定的情形外，必须向相对人说明其作出该决定的相关事实根据、法律依据和其他影响该决定作出的因素。强调行政行为说明理由的程序性具有重要的法治意义，因为"在没有程序保障的前提之下，说服极易变质为压服，同意也就变成了曲意"。

1. 合法性理由的说明

行政行为的合法性必须有两个方面的基础：一是行政行为有客观事实基础，也即行政行为认定的事实必须符合客观实际；二是行政行为的作出必须有相应的法律依据。缺少任何一个要素，行政行为的合法性便站不住脚。说明理由制度要求行政主体在作出行政决定时对这两个方面都需对相对人作出说明。

我国《行政处罚法》第31条规定："行政机关在作出行政处罚决定之前，应当告知当事人作出行政处罚决定的事实、理由及依据，并告知当事人依法享有的权利。"证据的运用不仅应符合客观真实的要求、符合逻辑规则，而且不能违反法律对证据收集、采信的基本要求。

行政行为有法律依据，这是依法行政的基本要求。行政行为说明合法性理由不仅对促进行政机关依法行政具有重要意义，而且可以增强公民对法律的认知，监督行政机关依法办事。在我国，依法行政的"法"不仅层级多，而且法律冲突现象比较严重，规章以下的规范性文件实际上成为许多行政行为直接的"法律"依据。强调行政行为的合法性理由说明有着重要的实践意义。

2. 正当性理由说明

正当性理由说明的必要性在于行政自由裁量权的广泛存在。对行政行为的正当性要求说明理由同样具有重要的法治意义与控权效果。目前我国法律没有明确要求行政主体向行政相对人说明其行政行为的正当性理由，但我国《行政诉讼法》第54条规定，对"滥用职权"和"显失公正"的行政行为，人民法院可以判决撤销或者变更。实际上已经对行政行为的正当性理由说明有所要求。

正当性理由首先是在不违反法律明确规定的前提下对行政手段选择运用的合理性说明。这些合理性因素通常包括：是否符合平等原则，即同等情况是否同等对待，不同情况是否区别对待？是否符合政策？是否符合习惯？是否考虑了应该考虑的情节和其他相关因素，是否掺杂了个人恩怨？是否符合立法之目的？是否符合公共利益？等等。

3. 不依法说明理由的法律后果

法律规定行政主体应向相对人说明理由而不依法说明的，其行政行为将不能取得相应的法律效力。行政主体依法应主动向相对人说明理由而在行政程序中始终没有向其说明理由的，许多国家规定该行政行为无效。在行政诉讼中，法院可对该行政行为作出撤销判决。对相对人提起诉讼之前，行政主体事后通过法定形式说明理由的，有的国家认为是一种程序上的补救，不影响行政行为的效力；也有的国家认为"即使事后阐明理由，也不治愈附加理由不全的瑕疵"。

（三）行政信息公开制度

行政公开是一项基本的法治原则，许多国家还将行政信息公开作为基本制度以法律的形式加以确定。行政信息是行政机关在行使职权的过程中获取的各种信息，它对社会发展和个人权利有着重要影响。瑞典于1766年通过的《出版自由法》就承认公民有请求政府公开资讯的权利，美国1966年的《信息自由法》在信息公开方面的规定不仅完备，而且在一定程度上对西方国家起了示范作用。此后，法国、日本、加拿大、澳大利亚、韩国、中国台湾地区等国家和地区都有了行政信息公开方面的立法。我国也于2007年4月公布、2008年5月实施了《政府信息公开条例》。

1. 行政信息公开的范围

各国立法基本确立了"公开为原则，不公开为例外"的公开原则，尽量保障公民的知情权。有的国家如美国以列举的方式明确了不公开的范围，除此之外都属公开之列。我国的《政府信息公开条例》则是详细列举了各级政府应当主动公开的信息范围。

不公开的信息主要涉及以下三个因素：（1）国家秘密；（2）商业秘密；（3）个人隐私。我国的《政府信息公开条例》第14条规定，行政机关在公开政府信息前，应当依照《中华人民共和国保守国家秘密法》以及其他法律、法规和国家有关规定对拟公开的政府信息进行审查。行政机关不得公开涉及国家秘密、商业秘密、个人隐私的政府信息。但经权利人同意公开或者行政机关认为不公开可能对公共利益造成重大影响的涉及商业秘密、个人隐私的政府信息，可以予以公开。

2. 公开的方式和程序

（1）依职权主动公开。我国《政府信息公开条例》第9条规定的主动公开的范围是：涉及公民、法人或者其他组织切身利益的；需要社会公众广泛知晓或者参与的；反映本行政机关机构设置、职能、办事程序等情况的；其他依照法律、法规和国家有关规定应当主动公开的。

根据《我国政府信息公开条例》第15条、第16条，行政机关应当将主动公开的政府信息，通过政府公报、政府网站、新闻发布会以及报刊、广播、电视等便于公众知晓的方式公开。各级人民政府应当在国家档案馆、公共图书馆设置政府信息查阅场所，并配备相应的设施、设备，为公民、法人或者其他组织获取政府信息提供便利。

（2）依申请公开。依申请公开是指行政机关依照当事人申请向其公开有关政府信息。根据我国《政府信息公开条例》第20条，公民、法人或者非他组织向行政机关申请获取政府信息的，应当采取书面形式；采用书面形式确有困难的，申请人可以口头提出，由受理该申请的行政机关代为填写政府信息公开申请。根据第24条，行政机关收到政府信息公开申请，能够当场答复的，应当当场予以答复。不能当场答复的，应当自收到申请之日起15个工作日内予以答复。对申请公开的当事人可以收取复印、邮寄等成本费用。对申请公开的信息拒绝公开的，当事人可以请求司法救济。

（四）行政回避制度

行政回避制度是指行政执法人员在执行职务的过程中，遇到自身参与执法可能影响执法公正的法定情形，而应依法定程序予以回避的制度。“不做自己法官”是英国普通法上一句古老的格言，为的是防止执法人员在执法时因与案件处理有某种利害关系而有所偏倚。现代行政回避制度从目的上与此有

相通的地方。

1. 行政回避事由

回避事由是指哪些法定情形执法人员应当回避。一般来讲，行政回避事由主要包括：

（1）是行政执法案件一方的当事人。如果由其本人执法，必然会影响案件的公正处理。

（2）与案件当事人有近亲属关系。何谓近亲属，各国对此规定有所不同。我国台湾地区"行政程序法"的规定是：配偶、前配偶、四亲等内之血亲或三亲等内之姻亲。瑞士《行政程序法》的规定是：直系血亲或三亲等内之旁系血亲或与当事人有婚姻、婚约或收养关系者。

（3）与案件处理有利害关系。与当事人有利害关系或案件的处理结果对执法人员的利益有着重要影响，这也是常见的回避事由。我国《行政处罚法》第37条就明确规定：执法人员与当事人有直接利害关系的，应当回避。

（4）存在其他关系可能影响执法公正的。如师生关系、同学关系等，只要足以影响公正执法，就应回避。

2. 回避程序

回避一般分两种情况：一是自行回避；一是依申请回避。

（1）自行回避。指执法人员遇到法定的情形主动回避。从程序上讲，自行回避一般包括申请、审查、决定几个环节。行政人员认为自己应该回避而向有权机关（或负责人）提出回避申请，有权机关对申请进行审查，认为符合法定情形则作出回避决定。

（2）申请回避。申请回避指当事人认为行政执法人员符合法定的行政回避的条件，依法向有权机关或负责人提出申请，要求其作出回避决定。申请回避的程序与自行回避程序大致相同。

3. 评析

行政公正原则的一个重要内容就是要求行政机关在行政处理过程中尊重当事人的参与权，当事人有要求行政机关对所作决定说明理由和依据，向行政机关阐述意见和陈述等权利。英国自然正义的一项基本要求就是公平听证。听取意见和说明理由是最低限度的程序正义标准，违反了这一程序标准，行政决定的合法性与公正性就会遭到质疑。

韩某在检疫人员收取相关费用时要求出示收费依据的要求是合理、合法的，执法人员有出具依据、说明理由，听取相对人意见的义务，执法人员违反正当法律程序的要求对韩某作出处罚决定是不合法的。根据我国《行政处罚法》第31条、第32条之规定，行政机关在作出行政处罚决定之前，应当告知当事人作出行政处罚决定的事实、理由及依据，并告知当事人依法享有的权利；当事人有权进行陈述和申辩。第41条还规定，行政机关没有履行上述义务的，行政处罚决定不能成立。因此，人民法院应对该处罚决定予以撤销。

第三节　我国行政程序法典化

一、我国行政程序法的目标模式

行政程序法的目标模式大致可以分为公正（权利）模式和效率模式。公正模式主要强调控制行政权力，防止权力滥用，保障公民权利；效率模式则以促进和提高行政效率为主旨，侧重于保障行政权力的有效行使。实际上，任何模式都不可能只承认一种价值，只不过不同的模式在某一方面有所侧重而已。美国和德国分别是公正模式和效率模式的典型代表。美国的《联邦行政程序法》在内容上包括行政公开和司法审查等内容，全部为与公民权利直接有关的程序规定，极少涉及行政机关的内部规定及相应的实体规定。德国的《联邦行政程序法》除了规定一般程序外，还规定了大量的实体内容。在程序规定上，美国以听证制度为核心，程序法详细规定了正式听证制度，德国则注重于一般行政程序的规定。公正模式的司法化水平较高，效率模式则强调经济、迅速和简便。公正模式注重行政公开制度，效率模式更注重与行政主体有关的制度和期间、送达等制度等。影响选择不同模式的因素主要有本国政治、经济发展的现实需要、历史传统和行政法价值观等。

我国的行政程序法在目标选择上既不能过分强调行政效率而忽视对公民的权利保护，也不能矫枉过正，片面追求所谓的"公正"而牺牲行政效率。应该选择一种"兼顾型"或"混合型"的效率与公正并重模式。理由如下：

1. 有利于克服两种模式各自的局限性

公正与效率对于行政程序法而言都是不可或缺的价值目标，两者是既对立又统一的辩证关系。如追求公正却不顾行政效率，其结果就是给行政机关行使职权设置过多的障碍，使当事人的合法权益得不到及时而有效的维护，最终牺牲了公正，因为"迟来的正义为非正义"。同时，片面强调"效率"而不顾公正，势必会造成行政关系的摩擦和紧张，行政争讼不断，实际上可能是最没有效率的。

2. 并重模式更符合中国的现实

我国的最大现实之一就是处于社会重大变革的特殊历史时期，经济、政治建设任务很重，要迅速改变我国的落后现状、满足人民的各种现实需要，必须保证行政有较高的效率。同时，行政权力过分集中而缺乏制约，行政侵权、滥用职权现象又相当严重，必须通过程序加强对行政权的控制。因此，并重模式是现阶段行政程序立法模式的理性选择。

3. 并重模式体现了现代行政程序立法的基本趋势

行政程序立法较早的国家，立法受其固有的传统和迫切的现实需要等因素的影响较大，在强调效率或保护权利方面的倾向性较为明显。但 20 世纪 90 年代以后立法的国家和地区，倾向于某一方面的色彩逐渐淡化，开始出现两大模式融合的趋势。如我国台湾地区 1998 年通过的"行政程序法（草案）"，在总则中不仅规定了当事人、管辖、证据、期间和送达等一般的行政程序，而且详细规定了听证程序。

当然，正如有的学者所指出的，并重模式带有很强的"理想主义的色彩"，效率和公正会经常产生冲突与矛盾。可以说．从某一个具体的制度设计上讲，往往无法调和两者的矛盾，只能作出某种选择。但从整体设计上讲，立法者应尽量考虑这两种价值，找到最佳的结合点。

二、我国行政程序法的体例模式

以是否存在统一的程序法典为标准，有的学者认为行政程序法的体例模式应该分为统一法典式和分散规定式两种。

（一）分散规定的体例模式

分散规定的体例模式是指没有统一的行政程序法典，而是将行政程序规定在单行的法律文件中。如我国的《行政法规制定程序条例》，专门规定了行政法规的制定程序；又如我国《行政处罚法》，在规定处罚原则、设定、执行等实体性问题时，规定了处罚程序。

分散规定的优点是针对性强，但缺点是要对各种行政行为分别单独立法，造成立法效益不高和重复立法。而且如此立法容易造成人们对程序法价值的褊狭理解—仅仅是实现实体法的工具，没有独立的价值与地位。此外，由于无法对各种行政行为应遵从的程序基本原则作出统一规定，立法不可避免地会留下空白地带，也就会产生许多行政行为无法可依的问题。

（二）法典式体例模式

法典式体例模式是指通过制定统一的行政程序法，将行政程序法律规范集中规定在一个法律文件中。法典式体例模式的优点自不待言，但问题也是存在的：

（1）行政法的范围极其广大，行政行为性质殊异，统一制定行政程序法不仅难度很大，效果也令人担忧。（2）如果离开实体法去追求独立的程序法，程序法的目标何在？（3）行政本身还具有多变性的特点，怎样才不至于窒息行政的活力？

但无论怎样，世界越来越多的国家和地区已经选择和正在选择制定统一的行政程序法，实现行政程序的法典化。应该说，我国现行的模式属于分散规定式，但制定统一行政程序法的努力持续了多年。现在，制定统一行政程序法的条件日趋成熟，许多学者建议尽快实行行政程序的法典化，制定统一的行政程序法。

三、行政程序法的基本内容及立法构架

行政程序法在内容安排上存在两个需要考虑的问题：（1）是否包括实体规范？如果包括，实体规范与程序规范的关系如何？（2）是否包括内部行政程序？外部程序与内部程序的关系如何？各国行政程序法在这两点的安排上体现出不同的特点。

以是否包括实体规范为标准，可以将行政程序法分为程序型法典与程序和实体并存型法典。程序型法典指行政程序法中仅有程序规定，不包括实体规定。美国、日本等国的行政程序法属于此种类型。并存型法典指行政程序法中不仅有程序规定，还包括实体内容。德国等大陆法系国家和我国台湾地区的"行政程序法"属于此种类型。

有的国家的行政程序法完全为外部行政程序规定，不涉及行政机关内部关系；有的国家在规定与相对人直接相关的外部程序的同时，也规定了与相对人没有直接关系的内部程序。例如，有的国家的行政程序法规定了"合议

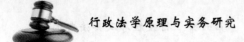

机关制度""管辖""行政机关相互间关系"等内容。当然,规定了内部程序的程序法也是以外部程序为主的。

关于我国的行政程序法的基本内容,大部分学者认为应该兼容程序法与实体法、兼顾外部行政程序与内部行政程序。行政程序法的立法构架,是指行政程序法的基本内容在结构上的安排。确定了我国行政程序法的基本内容后,如何对相关内容进行科学、合理地架构、安排,使之符合立法的目的和实际需要,是行政程序法典化必须面对的另一个课题。

第七章　行政复议

第一节　行政复议概述

一、行政复议的概念

行政复议，是指公民、法人或者其他组织认为行政主体的具体行政行为侵犯其合法权益，依法向行政复议机关提出复议申请，由受理机关按照法定程序对具体行政行为的合法性和适当性进行审查并作出处理决定的法律活动。行政复议具有以下几个特征：

1. 行政复议是行政机关的行政行为

行政复议作为行政机关系统内部自我监督的一种重要形式，通常是上级行政机关对下级或其所属的行政机关作出的违法或者不当的具体行政行为实施的一种监督和纠错的行为。从这个意义上说，行政复议既是一种行政内救济，又是一种监督行政行为。《行政复议法》规定，除法律另有规定外，行政复议由县级以上人民政府或者由作出具体行政行为的行政机关的上一级行政机关管辖。从行政复议机关的设置上看，行政复议机关有本级人民政府，也有上级行政主管部门，还有设立的派出机关，但必须是行政机关，才能作出行政复议决定。

2. 行政复议是依行政相对人申请而产生的行政行为

行政复议只能由作为行政相对人的公民、法人或其他组织提起，行政主体不能主动提起行政复议。因此，行政复议是一种依申请而非依职权的行为，它基于行政相对人的申请而开始，以行政主体为被申请人。一般来说，无行政相对人的申请，便无行政复议活动的进行。虽然行政机关也可以复查自己的行政决定，但这与由行政相对人提出申请形式的复议请求是有区别的。作为行政相对人的公民、法人或者其他组织不主动申请，行政复议机关不能自行作出复议决定。

3. 行政复议是以行政争议为处理对象的行政行为

行政争议是指行政主体在行政管理过程中因实施具体行政行为而与行政相对人发生的纠纷，其争议的核心是具体行政行为是否合法、适当。这种争议解决不好，不仅会使公民、法人或者其他组织的合法权益受到侵害，还会影响到行政效率以及正常的行政管理秩序。行政复议作为一种解决行政争议的途径，是行政相对人维护其合法权益的一种重要救济手段或途径，原则上只处理行政争议，不解决民事争议和其他争议。行政复议机关主要对引起争议的具体行政行为进行审查，附带审查抽象行政行为中的其他规范性文件，但不审查行政法规和规章。行政相对人如认为行政法规、规章违法，只能按照《立法法》的规定，通过其他途径解决。

4. 行政复议是一种行政司法行为

行政复议实质上是一种行政行为，但从公正解决行政争议的要求出发又具有准司法性，主要表现在：（1）行政复议权与司法权的行使一样，都必须遵循"不告不理"的规则，即如果没有行政相对人依法提出复议申请，也就没有行政复议程序的开始；（2）在行政复议中，复议机关作为中立的第三方对行政机关和行政相对人之间的行政纠纷进行审查并作出裁决，其地位类似于法院在司法审判中的地位；（3）行政复议机关在复议过程中要适用严格的法定程序，带有强烈的司法程序的色彩；（4）行政复议的最终目的是解决行政争议，其内容和实质就是解决争议，而解决争议就是司法行为的功能。因而行政复议是一种行政司法行为或称为"准司法行为"。

二、行政复议的基本原则

（一）合法原则

合法原则是依法行政的基本内涵，也是对行政复议的必然要求。合法原则是指行政复议机关及其工作人员在行政复议活动中应按照法定的权限和程序，对行政相对人申请复议的具体行政行为和有关的抽象行政行为进行审查，并依法作出行政复议决定。其内容主要包括：

1. 行政复议的主体合法

行政复议机关应当是依法成立并享有行政复议权的行政机关，其对于受理的行政争议案件享有管辖权。公民、法人或者其他组织对行政机关的具体行政行为有异议，向行政复议机关申请复议，行政复议机关及其工作机构有法定的义务和责任，依法受理申请人的复议申请，并对行政机关的具体行政行为予以审查、作出决定。

2. 行政复议的依据合法

行政复议机关在审理行政复议案件时据以判断行政行为合法性与合理性的依据，不仅包括法律、行政法规、地方性法规、自治法规、规章，也包括上级行政机关依法制定和发布的具有普遍约束力的决定、命令等其他规范性文件。但无论何种规范性文件都必须是现行、有效而且合法的。

3. 行政复议的程序合法

公正的程序不仅可以使复议决定更加科学、合理，而且可以使复议当事人及社会公众感受到法律的正义，增强复议决定的权威性。

行政复议不仅要求行政复议机关在行政复议活动中依据实体法规定，而且要严格按照行政法律、法规规定的程序进行，尤其在受理行政复议申请、审查具体行政行为及作出行政复议决定等各个环节，必须遵循法定的步骤、方式、顺序和时限。

4. 行政复议内容合法

行政复议机关要依法审查行政机关作出的具体行政行为是否合法，主要包括具体行政行为认定事实是否清楚，证据是否确凿，适用依据是否正确，实施中执行的程序是否合法，作出的行政决定的内容是否适当，有没有超越职权或者滥用职权的现象，有没有不履行法定职责即不作为造成损害的情况等内容。

（二）公正原则

所谓公正，就是指公平正直，没有偏私。合法是公正的前提，公正是复议追求的首要价值。公正是行政复议制度的生命力所在。行政复议机关履行行政复议职责，是否遵循公正原则，直接关系人民政府的形象。由于行政复议工作是在行政系统内部运作的监督工作，在实际工作中，履行行政复议职责往往会遇到种种责难和干扰，一方面，行政机关外部的人认为行政复议容易"官官相护"；另一方面，行政机关内部的人又认为干涉了本部门必要的行政管理活动。因此，公正原则要求行政复议机关在法定幅度和范围内做到不偏不倚，不畸轻畸重。在行政复议中，公正原则主要体现在：

1. 申请人认为审理行政复议案件的工作人员与本案有利害关系，可能影响公正审理的，有权要求审理人员回避。

2. 在行政复议过程中，行政复议机关不能偏袒下级行政机关，应当公正地对待复议双方当事人，给申请人和被申请人同样陈述理由、进行质证的机会，听取他们的意见，根据案件的事实、性质、情节做出公正的复议决定。

（三）公开原则

公开原则，是指行政复议活动应当公开进行，使当事人与社会各界充分了解相关信息，从而保障申请人切实享有和行使复议权利，同时有利于行政复议机关依法公正地作出复议决定。这一原则主要包括：

1. 公开行政资讯

一切与行政复议有关的材料，包括行政复议所依据的法律规范和所适用的具体条款，必须公开让申请人和其他行政相对人知晓。

2. 公开行政复议的过程

申请人、被申请人和第三人只有了解了行政复议的程序，才能依法行使权利，陈述案件事实，提供证据材料，进行质证辩解，积极参与行政复议程序。例如，《行政复议法》规定行政复议原则采用书面审查的办法，但是申请人提出要求或者行政复议机关认为有必要时，可以听取申请人或者第三人的意见、向有关组织和人员调查了解情况。又如，规定除涉及国家机密、商业秘密或者个人隐私的以外，申请人和第三人可以查阅被申请人的书面答复、作出行政行为的依据、证据和其他有关材料。

3. 公开行政复议的结果

行政复议的决定一经作出要及时公开并送达当事人，以避免"暗箱操作"，导致腐败。行政复议机关及其工作人员严格贯彻了公开原则，就可以消除人民群众的顾虑，使行政复议发挥有效的作用。

（四）及时原则

行政复议符合行政行为的特点，因此相比行政诉讼而言，更为注重效率。及时原则又叫效率原则，是指行政复议机关应当在法定的期限内尽快完成对复议案件的审查，并作出复议决定。及时原则是为了实现行政复议的效率，其核心内容是行政复议机关必须按照《行政复议法》所规定的受理、审理、作出决定的期限执行，延长期限也必须严格按照法律规定，要有法律依据。行政复议的及时原则主要包括：

1. 受理行政复议申请要及时

《行政复议法》第 17 条规定，行政复议机关收到行政复议申请后，应当在 5 日内进行审查，并作出是否受理的决定。行政复议申请或者规范性文件的审查申请需要转送的，行政复议机关应当在 7 日内转送。

2. 审理行政复议案件和作出复议决定要及时

行政复议机关受理复议案件后，应抓紧调查取证、收集材料，进行审理。《行政复议法》第 31 条规定，行政复议机关应当自受理申请之日起 60 日内作出行政复议决定；但是法律规定的行政复议期限少于 60 日的除外。情况复杂，不能在规定期限内作出行政复议决定的，经行政复议机关的负责人批准，可以适当延长，并告知申请人和被申请人；但是延长期限最多不超过 30 日。

3. 敦促当事人及时履行行政复议决定

根据《行政复议法》第 32 条的规定，被申请人不履行或者无正当理由拖延履行行政复议决定的，行政复议机关或者有关上级行政机关应当责令其限期履行。申请人逾期不起诉又不履行行政复议决定的，或者不履行最终裁决的行政复议决定的，由行政机关强制执行，或者申请人民法院强制执行。

（五）便民原则

便民原则，是指在行政复议活动中，复议机关应当尽量给行政复议申请人即公民、法人或者其他组织提供便利条件，最大限度地节省他们的人力、物力和财力，以确保他们切实行使复议权利以维护自己的合法权益。其主要体现在：

1. 在申请的形式上，申请人既可以书面形式提出申请，也可以口头方式提出申请。有条件的行政复议机构可以接受以电子邮件形式提出的行政复议申请。

2. 在管辖上，选择管辖的形式体现了便民原则。申请人对县级以上地方各级人民政府工作部门的具体行政行为不服的，既可以向该部门的本级人民政府申请复议，也可向上一级主管部门申请复议。如果搞不清楚向哪一个行政复议机关申请行政复议，可以直接向具体行政行为发生地的县级地方人民政府提出行政复议申请，由该县级地方人民政府负责转送有管辖权的行政复议机关。

3. 在审理形式上，以书面审理为主，其他方式审理为例外的原则极大地方便了当事人，降低了行政成本。

4. 在收费上，行政复议机关受理行政复议申请，不向申请人收取任何费用，这将大大减轻申请人的经济负担，使行政复议相对于行政诉讼更加便民，更能受到人民群众的拥护。

三、行政复议的作用

（一）防止和纠正违法或者不当的具体行政行为

当前，我国已进入改革发展的关键时期。这一时期，既是经济社会发展的重要战略机遇期，也是各种社会矛盾的集中凸显期。行政复议作为一种法律救济制度，是一项行政机关内部自我纠正错误的监督机制，其目的就是防止并纠正行政机关以及行政机关的工作人员作出违法的或者不适当的具体行政行为。《行政复议法》以防止和纠正行政机关违法的和不当的行政行为为目的，在国家行政机关内部建立起自我纠错的监督机制，是国家行政管理体制改革的进一步发展与完善，对促进和监督行政机关依法行政，加强社会主义民主法制建设，具有重大的意义。

（二）保护公民、法人和其他组织的合法权益

行政法理论中有一句名言："有权利必有救济""无救济的权利是无保障的权利"。行政机关的行政行为如果违法或不当，必然对公民、法人及其他组织的合法权益造成侵害。对这种侵害，在法律制度上就要建立消除侵害、加以救济的机制。行政复议和行政诉讼一样，是行政相对人面对处于不对等的法律地位的行政机关所作出的行政行为寻求法律保护的一条渠道，是保障公民、法人及其他组织合法权益的重要途径。行政复议具有方便群众、快捷高效、方式灵活，不收费等特点和优势，有利于保障人民群众在行政管理过程中的知情权、参与权、救济权等民主权利，充分调动人民群众参与国家管理的积极性。行政复议作为将行政争议依法及时化解在基层，化解在初发阶段、化解在行政机关内部的重要制度，应当也可能在解决行政争议、化解社会矛盾中发挥主渠道的作用。

（三）保障和监督行政机关依法行使职权

行政机关必须按照法律的规定行使职权，坚持依法行政。对行政权的行使，应当加强监督与制约。行政机关超越权限、滥用权力、个人专断、玩忽职守等行为造成公民、法人或者其他组织的合法权益受到侵害，应当予以纠正和补救。行政复议制度加大了上级行政机关对下级行政机关的监督，加大

了人民政府对政府工作部门的监督。一方面使作出具体行政行为的行政机关依法履行职权，另一方面政府或者上级行政机关依职权来纠正下级行政机关的错误，从而保障和监督行政机关依法行使职权。通过上级机关对下级机关不适当的决定的撤销或者改变，可以促进上级机关对下级机关的监督，增强行政机关工作人员的法制观念，促进他们依法办事，减少侵害公民、法人或者其他组织的违法的或者不当的行政行为。

第二节　行政复议范围

一、行政复议范围的含义

行政复议范围，是指法律规定的行政复议机关受理并解决行政争议案件的权限范围，即公民、法人或者其他组织认为行政机关作出的具体行政行为侵犯其合法权益，依法向行政复议机关请求重新审查的范围。行政复议范围的大小不仅决定了哪些行政行为可以成为行政复议的对象，而且直接关系到行政复议机关实行内部监督的范围和行政相对人的合法权益能够得到行政救济的程度。因此，行政复议范围是行政复议制度中必不可少的核心内容之一。

我国行政复议法在确立复议范围的标准时结合我国行政复议制度发展的现状，最大限度地保护行政相对人的合法权益，符合行政机关与其他国家机关在处理行政案件时进行合理分工的要求。在确立复议受案范围的方式上，采用了混合式，又称为结合式，即对行政复议范围的规定既有概括式列举，又有列举式规定。

二、可申请复议的具体行政行为

（一）对行政机关作出的行政处罚决定不服的

行政处罚是指行政主体对违反行政法律规范，但尚未构成犯罪的公民、法人、其他组织给予行政法律制裁的具体行政行为。行政处罚是一种使受处罚人承担不利法律后果的制裁行为。违法实施行政处罚会损害行政相对人的合法权益，因此行政相对人对行政处罚行为不服的可以申请行政复议。

（二）对行政机关作出的行政强制措施决定不服的

行政强制措施是指行政机关在行政管理过程中，为制止违法行为、防止证据损毁、避免危害发生、控制危险扩大等情形，依法对公民的人身自由实施暂时性限制，或者对公民、法人或者其他组织的财物实施暂时性控制的行为。行政相对人对行政强制措施决定不服的，可以申请行政复议。

行政强制除了行政强制措施外，还包括行政强制执行。行政强制执行是指行政机关或者行政机关申请人民法院，对不履行行政决定的公民、法人或者其他组织，依法强制履行义务的行为。依照我国现有的强制执行制度，行政强制执行主要由行政机关向法院申请强制执行，但是也有少数行政机关法律赋予了其强制执行的权力，如公安、海关、税务等行政机关。对于法院依照司法程序采取的强制措施，当事人可以通过司法途径寻求救济；对行政机关违法采取强制执行行为的，当事人可以通过司法途径寻求救济，也可以申请行政复议寻求救济。

（三）对行政机关作出的有关证书变更、中止、撤销的决定不服的

行政许可是指行政机关根据公民、法人或者其他组织的申请，经依法审查，准予其从事特定活动的行为。行政许可是一种赋权行为，获得许可的相对方因此取得了从事某项活动的权利或资格，而且以许可证、执照、资质证、资格证等各种各样的证书出现。不管是许可证、执照，还是资质证、资格证，都是公民、法人或者其他组织能够从事某种活动所必需的，没有这些证书，公民或组织就不能从事相应的活动。因此，法律对取得这些证书的公民、法人或者其他组织的保护也应当是相同的。除法律、法规明确规定的情形外，行政机关不得违法变更、中止、撤销公民、法人或者组织的许可证、执照、资质证或资格证。许可的变更、中止、撤销都是对行政相对人已取得的证书或执照的变动，从而使原有权利发生变化，关系到行政相对人的合法权益能否得到维护，对其不服的有权申请复议。

（四）对行政机关作出的关于确认不动产的所有权或者使用权的决定不服的

行政确权是行政机关对当事人之间就财产所有权或使用权的归属发生的争议予以确认裁决的行为。我国对土地、矿藏、水流、森林、山岭、草原、

荒地、滩涂、海域等自然资源的管理，往往要经过行政机关依有关法律、法规确定权属后，有关公民、法人或者其他组织才享有所有权或使用权，经合法确认的权益方受法律保护。行政主体对土地等自然资源权属的确认往往影响较大，违法或不当行使确认裁决权力，势必会造成当事人较大的损失，甚至影响到社会的稳定。根据《土地管理法》《草原法》《森林法》《渔业法》《矿产资源法》等法律的规定，对土地、矿藏等自然资源的所有权或使用权予以确认和核发证书，是县级以上各级人民政府的法定职权。公民、法人或者其他组织对各级政府关于确认土地、矿藏、水流、森林、山岭、草原、荒地、滩涂、海域等的所有权或者使用权的决定不服的，可以申请行政复议。

（五）认为行政机关侵犯合法的经营自主权的

经营自主权是公民、法人及其他经济组织依法享有的自主支配和使用其人力、物力和财力，自行组织生产、经营、供销等活动不受干涉的权利。赋予企业经营自主权是搞活企业的必要措施，保护企业的经营自主权，使企业真正成为自主经营、自负盈亏的商品生产者和经营者，是建立社会主义市场经济的内在要求，是深化经济体制改革的重要环节。行政机关侵犯经营自主权主要影响到相对方的财产权，通常表现为多种形式，如行政机关强制企业合并、变更企业名称、改变企业性质、转让知识产权等。企业的经营自主权受法律保护，行政机关干预企业的经营，侵犯企业的经营自主权，企业可以申请行政复议。

（六）认为行政机关变更或者废止农业承包合同，侵犯其合法权益的

农业承包合同是农民与所属的集体经济组织签订的有关农业生产方面的合同，双方依合同各自享有一定的权利和义务，主要包括土地承包合同、荒地承包合同、林地承包合同等。它是由村（组）集体经济组织与其内部成员或其他承包者之间通过签订承包合同的方式，确立双方在生产、经营和分配过程中的权利义务。实践中，一些基层行政机关无视法律的权威和农民的利益，随意变更、废止农业承包合同，侵犯了农民的经营自主权和财产权。承包合同当事人对行政机关行为有异议，认为侵犯自己合法权益的，有权依法申请行政复议。

（七）认为行政机关违法要求履行义务的

在我国，权利义务都是依法确定的，对于法定义务，公民、法人或者其

他组织应当认真履行；不履行的，行政机关可以依法强制其履行。但是，行政机关无权要求公民、法人或者其他组织履行法定义务以外的其他义务，否则就是侵犯他们的合法权益。行政机关没有法律依据或违反法律规定设定义务，属于违法要求履行义务，通常表现为违法集资、违法征收财物、乱收费、乱摊派等。这在实质上构成了对行政相对人合法权益的侵犯，行政相对人如有异议，可以申请行政复议。

（八）认为行政机关不依法办理行政许可等事项的

在我国，法律、法规和规章中规定了大量的行政许可，涉及经济、文化、环境、卫生、资源以及公民安全和公共秩序等社会生活各个领域，依法取得许可是公民、法人或者其他组织的权利。公民、法人或者其他组织认为符合条件，申请行政机关颁发许可证、执照、资质证、资格证等证书，或者申请行政机关审批、登记有关事项，行政机关没有依法办理的，可以申请行政复议。所谓"没有依法办理"，既包括行政机关明确表示对行政相对人申请的事项不予许可，也包括行政机关在法定期限内对相对方的申请不作任何表示的不作为。

（九）认为行政机关不履行保护人身权、财产权、受教育权等法定职责的

人身权利是指没有直接经济内容，与公民人身相关的权利，它包括人格权和身份权。其中人格权包括姓名权、名誉权、荣誉权、肖像权等。财产权是指有一定物质内容，直接体现为经济利益的权利，主要包括所有权及其他物权、债权和知识产权等。受教育权是指公民达到一定年龄并具备可以接受教育的智力时，通过学校或者通过其他教育设施和途径学习科学文化知识的权利。行政机关作为权力机关的执行机关，其法定职责之一就是保护公民人身权、财产权、受教育权等宪法、法律赋予公民的合法权利。行政机关没有依法履行职责，主要表现为拒绝履行或者不予答复两种情形，属于行政不作为，行政相对人均可以申请行政复议。

（十）认为行政机关不依法发放抚恤金、社会保险金或者最低生活保障费的

依法获得抚恤金、社会保险金或者最低生活保障费是公民的宪法权利，行政机关应按法定条件予以发放，而不能拒绝发放或者随意克扣。如果不能

依法履行法定职责，公民有权申请行政复议。

（十一）认为行政机关的其他具体行政行为侵犯其合法权益的

行政复议法采用概括的方式作为列举式的补充，行政相对方认为以上所列情形之外的具体行政行为侵犯其合法权益的，可以申请行政复议。这为我国行政复议受案范围逐步扩大奠定了法律基础，也更加有利于全面保护公民、法人及其他组织的合法权益。

三、附带申请复议的抽象行政行为

根据《行政复议法》第7条的规定，公民、法人或者其他组织在对具体行政行为申请复议时，可以一并向行政复议机关提出对具体行政行为所依据的规章以下的抽象行政行为的审查申请。这一规定有以下含义：

1. 对抽象行政行为提出复议审查请求是以对具体行政行为的复议申请为前提，只有在对具体行政行为申请复议的同时才可以一并提出对有关抽象行政行为进行审查的申请，而不能单独就抽象行政行为提出复议申请。申请人在对具体行政行为提出行政复议申请时尚不知道该具体行政行为所依据的抽象行政行为的，可以在行政复议机关作出行政复议决定前向行政复议机关提出对该抽象行政行为的审查申请。

2. 可以进行复议审查的抽象行政行为的范围仅限于规章以下的抽象行政行为，主要包括：（1）国务院部门的规定；（2）县级以上地方各级人民政府及其工作部门的规定；（3）乡、镇人民政府的规定。国务院部（委员会）规章和地方人民政府规章的审查依照法律、行政法规另行办理。

四、行政复议的排除事项

我国《行政复议法》除了明确规定了属于行政复议范围的各种各类行政案件之外，还规定了行政复议机关不能受理的几类事项，具体有以下两类：

（一）不服行政机关作出的行政处分或者其他人事处理决定的

行政处分是行政机关对其工作人员作出的警告、记过、记大过、降级、撤职、开除等惩戒决定。其他人事处理决定是行政机关对工作人员作出的录用、考核、奖励、辞退、职务升降、职务任免等决定。就性质而言，行政机关所作的行政处分或者其他人事处理决定均属于内部行政行为。根据我国法律法规的规定，工作人员对所属行政机关所作的行政处分或者其他人事处理决定不服的，应当向本行政机关、上级行政机关、监察机关、人事部门提起内部申诉程序，而不能申请行政复议。

（二）不服行政机关作出的对民事纠纷的调解或者其他处理行为的

通常情况下，民事纠纷是可以通过仲裁机构或人民法院处理的。鉴于有些民事纠纷与行政管理关系密切，且专业性、技术性较强，我国法律规定了行政机关先行调解和处理民事纠纷的制度。行政机关调解、处理民事纠纷是一种民间行为，行政机关以第三人的身份为民事争议双方当事人调停、斡旋，促使当事人友好协商，达成协议，从而解决纠纷。由于行政机关的先行调解、处理行为不是争议的最终裁决程序，主要起到了过滤纠纷和提高效率的作用，因而当事人不服行政机关对民事纠纷的调解、处理行为的，只能依法向仲裁机构申请仲裁或者向人民法院提起诉讼。

第三节　行政复议的主体与管辖

一、行政复议的主体

行政复议的主体主要是行政复议机构与行政复议机关。行政复议机构是行政复议机关内部设立的专门负责处理复议案件的机构，复议机构一般是复议机关内负责法制工作的机构。行政复议机构代表行政复议机关具体办理行政复议事项，但在行政法上的地位与行政复议机关相比仍存在区别，行政机构是行政机关的内设机构，不具有行政主体资格，不能独立对外行使权力，它只能以行政复议机关的名义对外行使职权，其行为后果由行政复议机关承担。在行政复议中，行政复议机构应当履行下列职责：（1）受理行政复议申请；（2）向有关组织和人员调查取证，查阅文件和资料；（3）审查申请行政复议的具体行政行为是否合法与适当，拟定行政复议决定；（4）处理或者转送对《行政复议法》第7条所列有关规定的审查申请；（5）对行政机关违反行政复议法规定的行为依照规定的权限和程序提出处理建议；（6）办理因不服行政复议决定提起行政诉讼的应诉事项；（7）依照《行政复议法》第18条的规定转送有关行政复议申请；（8）办理《行政复议法》第29条规定的行政赔偿等事项；（9）按照职责权限，督促行政复议申请的受理和行政复议决定的履行；（10）办理行政复议、行政应诉案件统计和重大行政复议决定备案事项；（11）办理或者组织办理未经行政复议直接提起行政诉讼的行政应诉事项；（12）研究行政复议工作中发现的问题，及时向有关机关提出改进建议，重大问题及时向行政机关报告；（13）法律法规规定的其他职责。

二、行政复议管辖

行政复议管辖，是指不同行政复议机关之间受理行政复议案件的权限和分工，即某一具体行政案件应由哪一个行政机关来行使行政复议权。管辖是行政复议机关复议活动发生的基础，也是其复议活动合法化的前提。

确定行政复议的管辖，通常要考虑提高行政复议工作效率和方便行政相对人参加复议等因素，科学地确定行政复议管辖机关，有利于及时、公正地处理行政争议，维护行政相对人的合法权益，促进行政机关依法行政。根据《行政复议法》的规定，行政复议管辖有以下情形：

（一）对政府工作部门的行为不服的行政复议管辖

1. 对县级以上（含县级）地方各级人民政府工作部门的具体行政行为不服的，由申请人选择，可以向该部门的本级人民政府申请复议，也可以向上一级主管部门申请复议。这是基于行政管理体制的特点确定管辖的。我国行政机关是按照层级隶属设置的，各级政府分别设立若干工作部门。对于作出具体行政行为的县级以上人民政府的工作部门来说，上一级政府部门和本级人民政府都有对行政案件的管辖权。

2. 对海关、金融、国税、外汇管理等实行垂直领导的行政机关和国家安全机关的具体行政行为不服的，向其上一级主管部门申请行政复议。《行政复议法》这样规定主要是因为：（1）海关、金融、国税、外汇管理等部门的工作性质较为特殊，专业性、技术性较强，决定了实行垂直领导的管理体制；国家安全机关的工作涉及国家安全和国家秘密；（2）为了加强国家经济宏观调控，减少地方保护主义的影响。

3. 申请人对经国务院批准实行省以下垂直领导的部门作出的具体行政行为不服的，可以选择向部门的本级人民政府或者上一级主管部门申请复议；省、自治区、直辖市另有规定的，依照省、自治区、直辖市的规定办理。目前，地税、质量等技术监督部门实行省以下垂直领导体制。

（二）对地方各级人民政府的行为不服的行政复议管辖

根据我国宪法与组织法的规定，地方上下级政府之间是领导与被领导的关系。上级人民政府领导下级人民政府的工作，有权改变或撤销下级人民政府的具体行政行为。因此，《行政复议法》规定，对地方各级人民政府的具体行政行为不服的，向上一级地方人民政府申请行政复议。在实践中，省、自治区人民政府设立的派出机关是指省、自治区人民政府经国务院批准设立的行政公署。行政公署虽不是一级政府，却享有独立的财政经费和人事管理权，发挥和体现了一级人民政府的功能。所以《行政复议法》规定，对省、自治区人民政府依法设立的派出机关所属的县级地方人民政府的具体行政行为不服的，向该派出机关申请行政复议。

（三）对国务院部门或省级政府的具体行政行为不服的行政复议管辖

对国务院部门或者省、自治区、直辖市人民政府的具体行政行为不服的，向作出该具体行政行为的国务院部门或者省、自治区、直辖市人民政府申请行政复议。对行政复议决定不服的，可以向人民法院提起行政诉讼；也可以向国务院申请裁决，国务院依照行政复议法的规定作出最终裁决。申请人对两个以上国务院部门共同作出的具体行政行为不服的，可以向其中任何一个国务院部门提出行政复议申请，由作出具体行政行为的国务院部门共同作出行政复议决定。行政法律法规作这样的规定，主要是使国务院减少负担，摆脱繁杂的日常性的行政管理事务，更好地履行决策职责，加强国务院对于有关省、市、自治区或者国务院部门行政执法活动的监督，维护作为最高行政机关应有的权威与公信力。

申请人依照《行政复议法》第30条第2款的规定申请行政复议的，应当向省、自治区、直辖市人民政府提出行政复议申请。《行政复议法》第30条第2款规定，根据国务院或者省、自治区、直辖市人民政府对行政区划的勘定、调整或者征用土地的决定，省、自治区、直辖市人民政府确认土地、矿藏、水流、森林、山岭、草原、荒地、滩涂、海域等自然资源的所有权或者使用权的行政复议决定为最终裁决，申请人对此不服不得再提起行政诉讼。申请人如果选择申请行政复议，必须直接向省级人民政府提出申请，接受最终裁决。市级、县级人民政府在收到此类行政复议申请后，应当告知申请人向省级人民政府提出或者转送省级人民政府。

（四）对派出机关、派出机构和被授权组织的具体行政行为不服的行政复议管辖

1. 对县级以上地方人民政府依法设立的派出机关的具体行政行为不服的，向设立该派出机关的人民政府申请复议。目前在我国县级以上地方人民政府设立的派出机关有三种：一是省、自治区政府派出的行政公署（盟）；二是县、自治县政府设立的区公所；三是市辖区、不设区的市设立的街道办事处。从派出机关的性质看，它不是一级国家机关，不设与之相应的国家权力机关，但在其所管辖的范围内对本辖区的经济、社会、文化、治安等社会生活的方方面面行使着管理权。从实际情况看，它们不是一级政府，但受政府委托履行了一级政府的职能，以自己的名义实施具体行政行为引起了行政复议，自然成为被申请人，而管辖这一复议案件的理应是设立它的地方人民政府；从另一个角度看，行政复议工作也是上级行政机关监督下级行政机关的一个重要手段，人民政府对它自己的派出机关有领导和监督的职责，复议管辖由派出它的人民政府负责应当说是既合理又便民。具体来说就是：对行政公署（盟）作出的具体行政行为不服，向派出它的省或者自治区人民政府申请复议；对区公所作出的具体行政行为不服，向派出它的县或者自治县人民政府申请复议；对街道办事处作出的具体行政行为不服，向派出它的市辖区或者不设区的市人民政府申请复议。

2. 对人民政府工作部门依法设立的派出机构依照法律、法规或规章规定，以自己的名义作出的具体行政行为不服的，向设立该派出机构的部门或者该部门的本级人民政府申请行政复议。经法律、法规和规章授权，派出机构诸如（工商）管理所、公安派出所、税务所等可具有行政主体资格，以自己名义行使行政职权，作出行政行为。

3. 对法律、法规授权的组织的具体行政行为不服的，分别向直接管理该组织的地方人民政府、地方人民政府工作部门或国务院部门申请行政复议。从行政法理论上讲，国家的行政权应当由行政机关和公务员行使，其他组织、个人无权对公民、法人等实施行政管理。但是，随着社会的发展，社会生活日趋复杂，国家对社会生活的干预无论是广度还是深度都在加强，行政管理的范围也越来越大，行政机关和公务员不可能无限制的增加，为了满足现实行政管理的需要，一些法律、法规就授权一些有公共事务管理职能的组织来

代行一些行政管理权。根据我国的法律规定，被授权组织本身不是行政机关，因为国家管理和社会生活的实际需要，法律、法规授予其一定的行政管理职权，该组织取得了行政管理的主体资格，可以以自己的名义行使行政管理权，以自己的名义独立承担因行使行政管理权而引起的法律后果。

（五）对共同行政行为不服的行政复议管辖

对两个或两个以上行政机关以共同名义作出的具体行政行为不服的，向其共同上一级行政机关申请行政复议。共同的行政行为是指两个或者两个以上的行政机关以共同的名义作出的具体行政行为。作出这个具体行政行为的主体不是一个机关，而是两个或者两个以上。出现这种情况，可能是地方政府相关部门组织联合执法；也可能是依据几个部委联合下发的文件地方多个部门综合执法；还有政府部门联合办公，等等，但必须注意的是，看这个具体行政行为是一个机关作出的还是两个或者两个以上机关作出的，不能只看表面形式，要看最后作出的具体行政行为是谁的名义。有些联合检查，各部门调查讨论都是在一起，但作出决定是以自己单位的名义，对于这样的决定不服，行政管理相对人不能将几个机关都作为行政复议被申请人，只能对具体作出行政决定的机关提出行政复议。对共同行政行为不服的，应当向其共同的上一级机关申请复议。

（六）对被撤销的行政机关的具体行政行为不服的行政复议管辖

对被撤销的行政机关在撤销前所作出的具体行政行为不服的，向继续行使其职权的行政机关的上一级行政机关申请复议。《行政复议法》这一规定充分保障了公民、法人或其他组织的复议申请权。随着我国市场经济的发展，政府职能的转变，各级政府都面临着体制改革问题，政府各部门的撤销重组，个别的分立都时有发生。这种情况的发生带来了行政管理职能的变化，使一些行政机关由此丧失了主体资格，使其主体资格随着管理职能的转移而转移到其他行政机关。这种情况可能是同一政府的两个职能部门合并；也可能是一个部门被另一个部门吸收成为该机关的一个组成部分；还有的由于行政管理的需要作为一个行政部门一部分分立出来成为一个新的政府部门，等等。无论主体资格如何变化，行政机关作出的具体行政行为都是客观存在的，对于行政管理相对人来说仍然发生着法律效力，因此，行政管理相对人对此具体行政行为不服，应当获得救济的权利。

（七）转送管辖和指定管辖

转送管辖指接受行政复议申请的县级地方人民政府，对不属于自己受理范围的行政复议申请，应当在法定期限内转送有关复议机关。具体来说，就是当行政相对人不服派出机关、派出机构、被授权组织、共同行政机关、被撤销行政机关作出的具体行政行为申请复议时，可以直接向具体行政行为发生地的县级地方人民政府提出行政复议申请，该地方人民政府对属于其他行政复议机关受理的申请，应当在接到行政复议申请之日起 7 日内转送有关行政机关，并告知申请人。

指定管辖是指某一行政复议案件，上级行政机关或同级人民政府指定某一行政机关管辖。指定管辖往往是因为管辖发生争议，且协商不成时，由它们的上级行政机关指定管辖。

第四节　行政复议参加人

一、行政复议申请人

行政复议申请人，是指认为行政机关的具体行政行为侵犯其合法权益，依法以自己名义向行政复议机关申请复议，要求对该具体行政行为进行审查并作出裁决的公民、法人或其他组织。

行政复议是一种依申请行为，没有行政复议申请人的申请，行政复议程序就不能启动。因此，《行政复议法》和《行政复议法实施条例》对于如何确定行政复议申请人的资格作了明确规定。通常情况下，行政复议申请人应该当具备以下条件：

1. 申请人必须是作为行政相对人的公民、法人或其他组织

在行政管理中，行政相对人相比行使国家行政权力的行政主体而言处于被管理的地位。为保障行政相对人的合法权益，法律赋予其在受到行政机关具体行政行为侵害时行使行政复议申请权予以救济。行政主体不能作为申请人，只能作为被申请人。

2. 申请人必须是认为具体行政行为侵害了其合法权益的行政相对人

包含了两层意思：（1）申请人拥有其想要保护的法律利益，与被申请复

议的具体行政行为之间有法律上的利害关系，才有必要申请复议。没有特定行政相对人声称要求保护的法律利益，而要求启动行政复议程序，是一种滥用行政复议申请权的行为，它会侵占宝贵的公共资源，挤占他人寻求行政复议救济的机会，法律对此不应予以支持。（2）申请人主观上"认为"就可以行使复议申请权，但这种主观认识需要行政复议机关审查后才能确认具体行政行为是否客观上构成侵权。

3. 申请人必须以自己的名义申请复议，目的是保护自己的合法权益，而不是为保护他人权益申请复议

在行政复议过程中，不是以自己名义而是受他人之托、以他人名义参加行政复议的人，因为其所表达的意志不属于自己的意志，所代表的利益也不属于自己的利益，因此不能取得行政复议申请人的法律地位。

关于行政复议申请人资格的确认，还须注意以下几种特殊情况：

（1）有权申请行政复议的公民死亡的，其近亲属可以申请行政复议。这里的近亲属包括配偶、父母、子女、兄弟姐妹、祖父母、外祖父母、孙子女、外孙子女，其法律地位等同于有权申请复议的公民，不属于代理人。

（2）有权申请行政复议的法人或其他组织终止，承受其权利的法人或其他组织可以申请行政复议。所谓"法人或者其他组织终止"，是指法人或者其他组织自身的消灭和变更。"消灭"是指法人或者其他组织的资格在法律上最终归于灭失和结束而不复存在，法人或者其他组织消灭后其权利包括复议申请权，应当由承受其权利的法人或者其他组织行使。"变更"是指原有意义上的法人或者其他组织虽然已经终止，但又以新的其他组织形式出现，并且与原法人或者其他组织之间在法律上具有继承关系。变更的主要形式是法人或者其他组织的分立和合并。

（3）合伙企业申请行政复议的，应当以核准登记的企业为申请人，由执行合伙事务的合伙人代表该企业参加行政复议。这是因为合伙企业是依法核准登记的企业，具有自己的名称、办公场所及内部的组织机构，这类合伙企业已经具备了法人基本特征，具有相应的以企业的名义对外承担法律责任的能力，因此可以以该企业的名义申请行政复议。同时，由于该企业在核准登记时要确定执行合伙事务的合伙人，该合伙人是合伙企业的负责人，相当于法人的法定代表人，可以对外以合伙企业的名义实施一定的行为，因此，由该合伙人作为合伙企业的代表参加行政复议，能够有效地代表、维护合伙企业的合法权益。其他合伙组织申请行政复议的，由合伙人共同申请行政复议。

这是因为非企业的其他合伙组织未经依法登记，没有法律承认的组织机构和代表人，每个合伙人在合伙组织中承担共同的责任，因此只有他们共同申请行政复议，才能更好地维护合伙组织的合法权益。从这个意义上讲，此时的申请人已经不是合伙组织，而是作为共同行政复议申请人的各合伙人。

不具备法人资格的其他组织申请行政复议的，由该组织的主要负责人代表该组织参加行政复议；没有主要负责人的，由共同推选的其他成员代表该组织参加行政复议。对这类组织，法律并没有规定其法定代表人或者主要负责人，为了便于他们申请行政复议，赋予他们自行确定代表人的权利是必要的。也就是说，如果他们在此前的日常活动中已经确立了主要负责人，则由该负责人作为复议代表人；如果他们此前并没有明确的主要负责人，也可以由他们在行政复议时共同推选代表人。

（4）股份制企业的股东大会、股东代表大会、董事会认为行政机关作出的具体行政行为侵犯企业合法权益的，可以以企业的名义申请行政复议。企业法人提出行政复议申请，一般是由其法定代表人提出，因为法定代表人是法律、法规或者组织章程确定的代表法人行使权利的自然人。实践中，可能出现法定代表人主观上不愿意或者客观上无法提出行政复议申请，导致股份制企业无法通过行政复议维护自主经营的合法权利，给企业带来损失。而在股份制企业中，股东的利益是包含在企业利益中的，企业的损失同时意味着股东的损失。为了避免这种情况的发生，从而规定了股份制企业的股东大会、股东代表大会、董事会的行政复议申请权。需要注意的是，只有在法定代表人怠于履行这项职责时，股东大会、股东代表大会、董事会才有权申请行政复议，但是只能由其中某一个主体提出一个行政复议申请，不能每个主体同时提出不同的行政复议申请。

（5）同一行政复议案件申请人超过5人的，推选1~5名代表参加行政复议。行政复议代表人实质上是一种特殊的行政复议代理人制度。行政复议代表人又不同于一般的行政复议代理人，两者的区别主要表现在两个方面：一是代表人必须享有全权委托，若受委托的权利是有限制的，则不符合行政复议代表人推举的要件。二是代表人本身就是行政复议申请人。在行政复议中适用复议代表人制度，不论复议申请人队伍如何庞大，都可由复议代表人进行复议，有助于大大简化行政复议程序，节省大量的人力、物力、财力，有助于行政复议机关依法全面彻底地解决纠纷，有效地保护当事人的合法权益，从而达到复议救济的目的。

二、行政复议被申请人

行政复议被申请人与申请人相对应，是指申请人认为实施了侵犯其合法权益的具体行政行为，并由复议机关通知参加复议的行政主体。

行政复议被申请人应具备以下条件：

1. 被申请人必须是行政主体

只有具备了行政主体资格，才能成为被申请人，以自己的名义独立承担法律后果。从这个意义上讲，被申请人包括行政机关、法律法规授权的组织。只要行政机关或者法律法规授权的组织作出的具体行政行为属于申请复议的范围，公民、法人或者其他组织依法申请复议，复议机关依法受理复议申请，作出该具体行政行为的行政机关或者法律法规授权的组织就成为被申请人。自然人不能成为行政复议的被申请人，即使具体行政行为由行政机关工作人员作出，被申请人也只能是行政机关。国家机关的工作人员及行使行政权的组织的工作人员不能成为行政复议的被申请人，这是由其法律地位决定的。公务人员的执法行为代表其所属的行政机关的意志，属于其所从属的行政机关的行政行为。即使该行政机关的工作人员有违法失职行为，也只能由有关行政机关处理，而不能通过复议来处理。

2. 被申请人必须实施了经申请人认为侵犯其合法权益的具体行政行为，并且这个具体行政行为与申请人的合法权益之间具有因果关系

正是由于具体行政行为引发了行政争议，从而产生了行政复议的救济方式。没有实施具体行政行为，或者虽实施了具体行政行为但与申请人的合法权益之间没有因果关系，不能成为被申请人。并不是所有的行政机关或组织随时都可以成为被申请人，而是他们实施的具体行政行为给公民、法人或其他组织的合法权益造成侵害，并被公民、法人或其他组织申请复议时才能成为被申请人。不仅如此，作为行使国家管理权的行政机关，即使其作出了具体行政行为，如果公民、法人或者其他组织认为该具体行政行为并没有侵犯其合法权益，或者即使公民、法人或者其他组织认为该具体行政行为侵犯了其合法权益，但并没有向行政复议机关提出行政复议的申请的，该行政机关也不是被申请人。只有公民、法人或者其他组织对行政主体的具体行政行为不服申请行政复议，作出该具体行政行为的行政主体才是被申请人。

3. 被申请人必须由行政复议机关通知参加复议活动

由于作为复议对象的具体行政行为是由被申请人作出的，因此，即便被

申请人认为存在错误，也只需通过法定程序予以纠正即可，而无须通过申请行政复议加以解决。当然也就不存在主动参加行政复议的问题。由复议机关通知参加复议是行政复议案件发生的标志，也是某一行政机关或者组织作为被申请人的必要条件。复议机关没有通知参加复议的，不能成为被申请人。行政机关即使作出了损害申请人权益的具体行政行为，如果没有申请人提起复议申请，也不会成为被申请人。

根据《行政复议法》和《行政复议法实施条例》的有关规定，行政复议被申请人的确定主要有以下几种情况：

（1）公民、法人或者其他组织对行政机关的具体行政行为不服申请复议的，作出行政行为的行政机关是被申请人。这里所说的行政机关是指行使国家行政职能，依法独立享有行使行政职权的国家机关。这是最主要的被申请人类型，包括具体行政行为的作为或不作为行政机关。作为的行政机关比如作出行政拘留决定的公安机关；不作为的行政机关比如应该颁发营业执照但是没有颁发营业执照的工商行政机关。

（2）法律、法规授权的组织作出的具体行政行为引起的行政复议，该组织是被申请人。法律、法规授权的组织虽然不是行政机关，但是按照其权力的来源，凡是由法律、法规授权的组织作出了具有具体行政行为性质的行为，该组织也是行政复议法所调整的被申请人。

（3）行政机关委托的组织作出的具体行政行为引起的行政复议，委托的行政机关是被申请人。例如，城市街道办事处受市民政局委托发放最低生活标准补助费，因街道办事处未及时发放而引起行政复议时，市民政局即应作为被申请人。

（4）两个或两个以上行政机关以共同名义作出同一具体行政行为的，共同作出具体行政行为的行政机关是共同被申请人；行政机关与法律、法规授权的组织以共同的名义作出具体行政行为的，行政机关和法律、法规授权的组织为共同被申请人，因为按照行政主体的理论，法律法规授权的组织作为行政主体，具有等同于行政主体的法律地位；行政机关与其他组织以共同名义作出具体行政行为的，行政机关为被申请人。

（5）下级行政机关依照法律、法规、规章规定，经上级行政机关批准作出具体行政行为的，批准机关为被申请人。所谓经批准的具体行政行为，就是由上级行政机关以批准方式予以确定具体的内容，同时由下级行政机关以自己的名义出具法律文书并送达给相对人的具体行政行为。在经批准的具体行政行为中，形式上存在两个行政主体，即作出批准行为的行政机关和对外出具法律文书的行政机关。

（6）对人民政府依法设立的派出机关的具体行政行为不服的，该派出机关是被申请人；行政机关设立的派出机构、内设机构或者其他组织，未经法律、法规授权，对外以自己名义作出具体行政行为的，该行政机关为被申请人。行政执法实践中，许多行政机关设立的派出机构、内设机构或者其他组织，未经法律、法规授权，以自己的名义对外作出具体行政行为，其中有些是因为工作失误，内部把关不严，将本来应当加盖机关印章的行政决定文书，加盖了派出机构、内设机构或其他组织的印章即送达当事人了；另外也有一些行政机关，错误地认为本机关的派出机构、内设机构或其他组织可以以自己的名义作出具体行政行为。

（7）作出具体行政行为决定的行政机关被撤销的，继续行使其职权的行政机关为被申请人。如无继续行使其职权的行政机关，则由作出撤销决定的行政机关或其指定的行政机关作为被申请人。这在理论上被称为被申请人资格的承受，这种承受是法律规定的，与承受者的主观愿望无关。无论哪种情况，其判断标准都只能是在被撤销的行政机关行政职权的转移中，谁承受了这种职权，谁就要对已被撤销的行政机关已作出的具体行政行为负责，谁就是被申请人。

行政复议第三人是指同申请的具体行政行为有利害关系，为维护自己的合法权益依申请或经复议机关通知参加复议的公民、法人或其他组织。行政复议第三人制度的设立，主要用意之一是力争通过一个行政复议案件的审理，解决与同一具体行政行为都有利害关系的多个当事人的诉求，避免不同当事人就同一具体行政行为引发若干个行政复议案件，加大审理的难度和成本。如果不允许与正在进行行政复议有利害关系的公民、法人或者其他组织参加已开始的行政复议，势必逼迫该利害关系人另行申请行政复议或者提起行政诉讼，从而可能导致就同一个问题作出的行政复议决定之间的冲突和矛盾。反之，则能防止前后两个复议决定出现互相矛盾情况，维护行政复议的权威性。因此，第三人参加行政复议，有利于行政复议机关及时查清案件的全部事实真相，有利于准确地把握和分析有关法律问题，正确地作出行政复议决定。这是正确开展行政复议的需要，也是保护各方当事人合法权益的需要，对促进行政复议活动的正常进行具有重要作用。

公民、法人或者其他组织作为第三人参加行政复议，应当具备以下几个条件：

1. 必须与申请复议的具体行政行为有利害关系

这是因为具体行政行为在客观上涉及和影响了第三人的权利与义务，第三人有必要通过参加行政复议进行救济。

2. 必须以维护自己的合法权益为目的，以自己的名义参加行政复议

第三人具有独立的法律地位，既不依附于申请人，也不依附于被申请人，在行政复议中享有与复议申请人或被申请人基本相同的复议权利和义务。

3. 必须在行政复议程序已经开始，但尚未结束前参加到行政复议

行政复议过程中第三人参加复议的方式主要有两种：（1）通过申请参加复议；（2）经复议机关通知参加复议。如果第三人拒不参加，复议机关不能强求，必须尊重第三人的权利与选择。

从行政复议的实践来看，行政复议第三人主要有以下几种情形：（1）行政处罚案件中的被处罚人或受害人。被处罚人和受害人中有一方不服行政处罚行为申请行政复议，另一方可作为第三人参加复议。（2）行政处罚中的共同被处罚人。其中有一部分人申请行政复议，其他的被处罚人可作为第三人参加行政复议。（3）在行政确权案件中主张权利的人。如在土地确权、专利确权案件中，被驳回请求的人申请复议，被授予权利的人或者其他被驳回请求的人，可以作为第三人参加行政复议。如在申请发明专利权的两人中其中一人被批准授予专利权，另外一人被驳回，被驳回的一人提起复议，被批准授予专利权的人可以作为第三人。（4）两个或两个以上的行政机关基于同一事实作出相互矛盾的具体行政行为，行政相对人对其中一个具体行政行为不服申请行政复议，其他行政机关可以作为第三人参加行政复议。如村委会获得林业局审批将公路上的树木砍伐，公路局对村委会作出处罚。村委会申请行政复议，林业局是第三人。（5）行政机关越权处罚被申请行政复议时，越权的行政机关是被申请人，被越权的行政机关作为第三人参加行政复议。（6）行政裁决案件的一方当事人。被裁决民事纠纷中的一方当事人不服行政裁决申请行政复议的，另一方当事人可以作为第三人参加行政复议。（7）其他与被申请的具体行政行为有利害关系的行政相对人。如某新闻出版管理机关，以某书店出售非法出版物为由，对其进行处罚，该书店不服，申请行政复议，并称所售出版物是从某正规出版社购进的，该出版社可以作为第三人。

四、行政复议代理人

行政复议代理人是指在行政复议中以被代理人的名义行使复议权利，代理他人进行复议的人。建立复议代理制度有利于协助公民、法人或者其他组织实现其权利，履行其义务，有效地维护自身的合法权益；有利于行政复议机关正确、合法、及时地审理案件，进一步查清事实，解决当事人之间的行政争议。

关于行政复议代理人，需注意行政法律法规规定的以下几种情形：

1. 有权申请行政复议的公民为无民事行为能力人或者限制民事行为能力人的，其法定代理人可以代为申请行政复议。

2. 申请人、第三人可以委托 1~2 名代理人代为参加行政复议。申请人、第三人委托代理人的，应当向行政复议机构提交授权委托书。授权委托书应当载明委托事项、权限和期限。以书面形式委托的好处在于有利于明确代理权限，有利于准确掌握代理人的情况，有利于行政复议机构与代理人交流。公民在特殊情况下无法书面委托的，可以口头委托。口头委托的，行政复议机构应当核实并记录在卷。实践中，落实这一要求往往需要委托人当面向行政复议机构口头委托，并由复议工作人员记录，对申请人、第三人来说，这种委托形式并不会带来太多的方便，因为他们在通常情况下是不会选择这种委托方式的。但如果他们坚持要求口头委托，行政复议机构应当依法核实，而不必劝说他们书面委托。委托代理关系成立后，申请人、第三人根据需要可以对代理权限作必要的变更、扩大或者缩小，委托人可以解除委托，代理人也可辞去委托。发生上述情况时，当事人应及时用书面形式告知行政复议机关。

第八章　行政诉讼

第一节　行政诉讼概述

一、行政诉讼的概念与特征

（一）行政诉讼的概念

行政诉讼是指公民、法人或者其他组织，认为行政机关及其工作人员的行政行为侵犯其合法权益，依法向人民法院提起诉讼，人民法院对被诉行政行为的合法性进行审查并依法作出裁决的制度和活动。行政诉讼的根本目的是通过司法权对行政权的监督，确保行政机关依法行政，保障相对人的合法权益。

（二）行政诉讼的特征

1. 行政诉讼的原告是作为行政相对人的公民、法人或其他组织，即合法权益受到侵犯的行政相对人，特殊情况下，某一行政机关处于行政相对人地位时，也可以作为原告。行政诉讼是因行政实体法律关系当事人之间的争议引起的。行政实体法律关系当事人处于不平等的地位，作为行政主体的国家行政机关有权对行政相对人发布行政命令，采取行政强制措施和实施行政制裁，因此，行政主体在行政诉讼中没有做原告的必要。而行政相对人在行政实体法律关系中处于被管理的地位，当合法权益受到侵犯时，法律就赋予他们以行政诉讼的起诉权。值得注意的是，行政机关及法律法规授权的组织不能作原告，是指他们在行政实体法律关系中处于管理者的地位时而言的，如果他们处于被管理的地位即成为行政相对人时，是完全可以作原告的。

2. 行政诉讼的被告是行使行政职权，作出被诉行政行为的国家行政机关或法律法规授权的组织

行政主体依法享有行政职权，也有义务接受司法监督。行政主体作被告，有两点需要明确：（1）行政机关和法律、法规授权的组织实施的行为表现为两种情况：一种是通过行政决定、命令，以行政主体的名义实施的；另一种是行政机关和法律法规授权组织的工作人员或行政机关委托的组织、个人在没有行政主体决定命令的情况下自己实施的对于行政相对人权利义务发生影响的职务行为，无论属于上述哪一种情况，相对人提起诉讼都只能以作为行政主体的行政机关或法律法规授权的组织为被告，而不能以公务员或行政机关委托的组织、个人为被告。（2）行政机关或法律、法规授权的组织只有在行使行政职权并与行政相对人发生争议时，才能成为行政诉讼的被告。

3. 行政诉讼争议的对象是行政机关针对行政相对人就特定事项所作出的行政行为

行政诉讼的内容是解决行政争议，行政争议的存在是行政诉讼的前提，行政诉讼的整个过程都是围绕解决行政争议进行的。行政争议的起因是被告作出的行政行为，是行政主体同提起诉讼的公民、法人或其他组织发生了行政法上的权利义务关系，至于公民、法人或其他组织所起诉的行政行为是否合法，要由人民法院审查确认和判断。对于合法的行政行为，即使原告认为造成了对他的权益的不利影响，人民法院也应予以维持；只有对侵犯了原告合法权益的违法的行政行为，人民法院才予以撤销，给予原告以相应的救济。

二、行政诉讼的性质

行政诉讼是对行政行为的一种法律监督制度，对于相对人而言，行政诉讼是一种行政法律救济制度；在国家制度的层面上，行政诉讼与民事诉讼、刑事诉讼一样，同属司法中的诉讼制度。

（一）行政诉讼是一种司法审查制度

在行政法制监督体系中，行政诉讼是一项不可缺少的事后法律监督制度，是国家法律监督制度的重要组成部分，其功能主要是监督行政机关以及法律、法规授权的组织依法行使职权。人民法院通过对行政案件的审理，发现被诉的行政行为违反法律规定或认定事实不清，可以运用国家司法权，撤销违法行政行为，或责成行政机关重新作出行政行为。在诉讼过程中，人民法院发

现被诉行政行为有关的人和事违法或有其他瑕疵，还可以向行政机关提出司法建议，要求行政机关予以纠正。这种在国家制度中设计的国家司法权对行政权实行制约和监督的机制，目的在于通过最终的司法决断，保障行政机关依法进行行政管理，实现司法审查的终极目的。

（二）行政诉讼是一种行政法律救济制度

作为行政相对人，他们有义务遵守国家的法律、法规，有义务服从行政机关合法的管理。但法律制度的设计者总是遵循这样的原则：有义务就有权利，有权利就应有救济。行政诉讼就是旨在监督行政机关依法行政的同时保护相对人的合法权益，在相对人合法权益受到或可能受到行政行为侵犯时，为相对人提供及时有效的救济。

（三）行政诉讼是国家诉讼制度的一部分

行政诉讼是解决行政机关与相对人行政纠纷的一种制度。在由法院解决纠纷这个意义上，行政诉讼与民事诉讼、刑事诉讼一样，是构成我国完整的诉讼制度的一个组成部分。一个国家解决行政纠纷的制度常常是多种多样的，我国现行法律法规规定了行政调解制度、行政复议制度等，但这些都是属于行政系统内部的争议解决机制，行政诉讼作为一种司法制度，其处在行政系统之外，程序更严格，更具权威性。不仅如此，行政诉讼还常常将行政处理、行政复议决定作为直接审查的对象。

三、行政诉讼的功能

现代行政法自产生以来，其作为法律所具有的特殊功能的核心内涵始终在发生着变化。授权作用（使行政权的行使获得合宪的依据）、保权作用（保护行政主体有效地行使行政权）、限权作用（限制行政主体滥用行政权）、维权作用（保障和维护公民权利）等功能理论相互交替，不同程度地影响着各国行政法制建设的实践。由于各国社会政治、经济、文化、风俗习惯等具体国情的不同，行政诉讼的功能在不同的国家甚至于在同一国家的不同时期都各有不同的具体表现。但从各国实行行政诉讼制度的综合情况来看，行政诉讼的功能可以概括为以下几个主要方面：

（一）解决行政纠纷功能

这是行政诉讼最基本的功能，解决纠纷可选择以下途径：协商、调解、复议、诉讼，由于行政行为的可妥协性很小，协商与调解在解决行政争议时没有太大的用武之地，复议和诉讼就成为解决行政纠纷的常用手段。

（二）排除不法侵害，恢复或弥补受损合法权益的功能

保护公民、法人和其他组织的合法权益，是现代民主宪政制度对国家行政机关的基本要求之一。行政诉讼能够排除不法行政行为侵害，恢复或弥补公民、法人或其他组织的合法权益。尽管在实际生活中，不法行政行为给公民、法人或其他组织的合法权益所造成的损害也可以通过民事、刑事等救济手段在不同程度上予以恢复或弥补，但在各种救济手段中，行政诉讼具有其他救济手段所无法替代的重要作用。

（三）恢复规则性正义功能

对政府而言，规则性正义的含义是，羁束行政行为要严格依法律规范进行，裁量行为则应在法律规定范围内，以类似情况处理为准则，受先例约束。与行政复议相比，行政诉讼对行政争议的解决更重于恢复规则性正义。

（四）监督和制约行政行为行使，促进和保护行政权力实现的功能

监督、制约与促进、保护是一个问题的两个方面，行政救济制度正是通过对行政行为实施过程的监督和制约，来促进和保护行政权力的实现的。

（五）促成政府与个体间的合理关系功能

民主政治要求的政府与个体间的合理关系可概括为：政府权力有限；个体相对服从。行政诉讼以其对两者的态度支持这种关系：一方面法院受理个体对政府的控告，对其合法主张予以支持；另一方面审查政府行为的合法性，对违法行政予以纠正。

（六）调整公私利益，实现公正，维护社会安定功能

现代社会，一方面是高度整体化的社会，任何个人或小集团都不能脱离社会整体利益去追求单纯的个人利益或小集团利益；另一方面又是民主文明、统筹兼顾各方面利益的社会，片面地强调社会整体利益而忽视个人利益或局部利益，也不利于社会的稳定与和谐。因此，国家必须对社会整体、局部及个人之间的利益进行适当的调节，以平衡不同的社会主体之间的利益关系。尤其要平衡为了整体利益或公共利益而受到损害或损失的人与其他社会成员之间的利益关系，使他们受损的合法权益能得到适当的恢复或弥补，从而维护社会公正。行政诉讼正好可以做到这一点。

（七）改善政治环境功能

政府对法律不尊重会导致政治败坏。政府不依法办事问题长期以来困扰着社会。行政诉讼制度则通过抑制违法行政促使政府尊重法律，从而改善政治环境。

（八）弘扬民主法治，推动社会发展，促成民主宪政观念形成的功能

实行民主与法治，建设宪政国家，是现代国家的共同发展要求。民主与法治精神体现在国家生活上，就是要求国家在政治、文化等一切领域都必须在法律面前一律平等和依法办事，不允许有任何特权。实行行政诉讼制度，可以把国家行政机关及其工作人员都纳入守法的行列，打破专制制度下所享有的法律之上的特权，贯彻法律面前人人平等和严格依法办事原则，培养人们的民主法治观念和宪政意识，行政诉讼使人们在价值取向上从属于民主宪政，它的不断发展和完善，必将使民主宪政思想更深人人心，建立在民主法治基础上的社会文明必将得到极大的提高。

四、行政诉讼法律关系

（一）行政诉讼法律关系的概念

行政诉讼法律关系，是指由行政诉讼法所调整的，以行政诉讼主体诉讼权利义务为内容的一种社会关系。

1. 行政诉讼法律关系是在行政诉讼法调整之下的行政诉讼主体之间的社会关系

这种社会关系，既包括人民法院同行政诉讼当事人或行政诉讼参与人之间的关系，也包括行政诉讼当事人或行政诉讼参与人与人民法院之间的关系。

2. 行政诉讼法律关系以行政诉讼主体的诉讼权利和义务为内容

行政诉讼法律关系并不是以诉讼行为与诉讼行为产生的后果为内容，而是以诉讼主体的诉讼权利和义务为内容的。无论是作为诉讼主导和指挥者的法院，还是诉讼当事人，他们进行起诉、受理、答辩、开庭、审理、裁判这些诉讼行为，以及其间各方的诉讼权利与诉讼义务的展开，均为一种诉讼程序上的权利和义务，而诉讼行为与诉讼行为导致的后果是法院裁判中对实体权利的确定。

（二）行政诉讼法律关系的要素

行政诉讼法律关系与其他法律关系相同，都由主体、内容和客体三要素构成。

1. 行政诉讼法律关系主体

行政诉讼法律关系主体，就是行政诉讼权利义务承担者，即在行政诉讼法律关系中享有诉讼权利、承担诉讼义务的人。在行政诉讼法律关系中，凡是参加行政诉讼活动的组织和个人，都是行政诉讼法律关系主体。

诉讼主体是参加行政诉讼活动的主体，他们的诉讼行为能够引起行政诉讼法律关系的产生、变化和发展。其他行政诉讼法律关系主体的行为不能够直接引起行政诉讼法律关系的发生、变化和发展。诉讼主体是指人民法院、原告、被告、共同诉讼人、第三人。其他诉讼法律关系主体指诉讼代理人、证人、鉴定人、翻译人员。

人民法院是行政诉讼法律关系中必不可少的当事人一方，当事人实施诉讼行为后，还必须有人民法院的受理、审理、执行等审判活动，行政诉讼法律关系方能发生、变化和消灭。

行政诉讼参加人中的当事人，也是行政法律关系中的当事人，同被诉行政行为有直接利害关系，受行政裁判所约束。当事人的诉讼行为能引起行政诉讼法律关系的产生、变化和消灭。诉讼代理人以当事人名义活动，同本案诉讼标的并无直接的利害关系，但诉讼代理人的诉讼行为，后果由当事人承担。在行政诉讼活动中，诉讼代理人地位同当事人地位相当，因此，诉讼代理人列入行政诉讼参加人中。其他诉讼参与人，虽然也是行政诉讼法律关系主体，但他们同行政案件无直接利害关系，不能直接引起行政诉讼法律关系产生、变更和消灭。

2. 行政诉讼法律关系内容

行政诉讼法律关系内容，是指由行政诉讼法所确定的各个行政诉讼法律关系主体在一定条件下所享有的诉讼权利和所承担的诉讼义务。

同一诉讼法律关系在行政诉讼法律关系中，原告和被告的具体诉讼权利和诉讼义务有所不同，这是由行政审判的特点所决定，但原、被告之间的法律地位是平等的。主体的诉讼权利和诉讼义务也不相同。人民法院享有行政诉讼审判权，因而享有案件受理权、调查取证权、审理权、裁判权、排除诉讼障碍的司法强制权、对裁判的执行权。人民法院负有维护国家法律尊严，合法、及时、公正地审理案件，保护当事人和一切诉讼参与人的诉讼权利，接受法律监督等诉讼义务。

当事人诉讼权利有：原告享有起诉权；原告、共同诉讼人、第三人享有提出诉讼请求权，被告享有答辩权；委托诉讼代理权；使用本民族语言文字权；辩论权；申请回避权；经审判长许可向证人、鉴定人、勘验人发问权；查阅并申请补正庭审笔录权；经法院许可，查阅本案庭审材料和请求复制本案庭审材料与法律文书权；原告有申请停止行政行为权，被告有停止执行行政行为权；原告有申请撤诉权，被告有改变其所作的行政行为权；上诉权；申请执行权。当事人负有不得滥诉、服从法庭指挥、遵守诉讼秩序、履行生效裁判等义务。证人、鉴定人、翻译人员也有相应的诉讼权利和诉讼义务。如有如实作证、翻译、鉴定和服从法律以及遵守法庭秩序的义务，但也有诉讼权利，如鉴定人员有权了解鉴定所需材料。

3. 行政诉讼法律关系客体

行政诉讼法律关系客体是行政诉讼权利和行政诉讼义务所指向的案件事实和被诉行政行为。

人民法院同当事人之间、当事人之间诉讼权利和诉讼义务所指向的对象是案件事实和所争议的行政行为。在有限的司法变更判决中，客体是所指向的行政法律上的权利义务关系。人民法院同其他诉讼参与人之间、诉讼参与人之间诉讼权利和诉讼义务指向的案件事实是行政诉讼法律关系客体。但翻译人员同人民法院以及一切诉讼参与人之间诉讼权利义务指向的法律行为本身是行政诉讼法律关系客体。

五、行政诉讼基本原则的概念

行政诉讼基本原则，是指反映行政诉讼基本特点和一般规律，贯穿于行政诉讼活动整个过程或者主要过程，指导行政诉讼法律关系主体诉讼行为的重要准则。行政诉讼的基本原则源于行政诉讼法的规则和学者根据案例和法理进行的理论概括。

六、行政诉讼基本原则的内容

行政诉讼的基本原则包括八项：

（一）人民法院依法独立行使审判权原则

该原则包括以下含义：

1. 只有人民法院才有权对行政案件进行审判。行政审判权是国家权力的重要组成部分，只能由我国人民法院代表国家行使，任何外国政府和机关不能干涉；人民法院有权依照法定程序确定自己对行政案件的管辖权，其他国家机关、社会团体或个人都不得干涉。

2. 人民法院依法独立审判，不受外界的任何非法影响。人民法院作为一个整体，在行使行政审判权时，独立于行政机关、社会团体和个人。

3. 每一个法院在对具体的行政案件行使审判权时，其审判活动是独立的，不受非法干预。各人民法院对自己所做的判决和裁定负责。

4. 人民法院设立行政审判庭对行政案件进行审理。在具体的办案过程中非依法定程序不受来自法院内部和外部的各种影响。当然，对于重大复杂的行政案件，如果合议庭经公开审判不能作出决定的，应当通过法定程序提交审判委员会讨论决定。

人民法院独立行使审判权，是我国民事诉讼、刑事诉讼和行政诉讼共有的一项极为重要的原则。这项原则的贯彻实施不仅关系到国家权力的相互制约和监督功能的发挥，而且关系到国家审判机关的权威。特别是行政诉讼的被告是行政主体，如果法院和法官的独立性差，就不可能真正公正地审理和裁判案件。但如何使法院能够真正独立行使审判权，是我国诉讼制度改革与完善的一项重要课题。

（二）以事实为根据，以法律为准绳原则

人民法院审理各类案件应以事实为根据，以法律为准绳。这就要求法院审理行政案件应当建立在客观事实的基础上，正确适用法律规范，对行政行为的合法性进行判断。为保障贯彻这一原则，法院在审理案件过程中，应在独立审判的前提下，进一步改革证据规则，坚持对证据的质证，坚持直接言词原则，加强对证人的法律保护和约束，同时加强立法机关对法律的解释，提高法官对法律法规内容、立法目的及效力层级的理解和法律适用的水平，确保审判的公正。

（三）当事人诉讼法律地位平等原则

当事人在行政诉讼中的法律地位是平等的，没有高低贵贱之分，也没有领导与被领导关系，共同处于人民法院的裁判之下。当事人有平等的诉讼权利，同时平等地承担诉讼义务，法院应当切实保障当事人之间平等地行使权利、履行义务，尤其是保障原告的合法权益。但是这并不意味着原、被告诉讼权利和义务完全对等。这是由行政诉讼制度的特点决定的，毕竟，行政诉讼是对行政机关行使职权的一种审查。因此，行政主体不具有起诉权，也无反诉权，只有应诉并承担举证责任的义务。地位平等只意味着平等地享有法律规定的权利和承担法律规定的义务。

（四）使用本民族语言文字进行诉讼原则

各民族公民都有使用本民族语言、文字进行行政诉讼的权利。在少数民族聚居或者多民族共同居住的地区，人民法院应当用当地民族通用的语言、文字进行审理和发布法律文书。人民法院应当对不通晓当地民族通用语言、文字的诉讼参与人提供翻译。

（五）辩论原则

辩论权是当事人基本的诉讼权利，原告、被告、共同诉讼人和第三人都享有辩论权，审判人员应当发挥其指挥职能，确保当事人充分行使辩论权。在行政诉讼中，当事人有权针对案件事实的有无、证据的真伪，适用法律、法规的正确与否诸方面相互进行辩论。辩论可以是口头形式也可以是书面形式。辩论原则贯穿于行政案件的全过程，主要是法庭辩论阶段，但不限于此，在第一审程序、第二审程序、审判监督程序和执行程序中都有进行辩论的权利。

（六）合议、回避、公开审判和两审终审原则

合议原则是指人民法院对行政案件的审理，由审判员或审判员与陪审员依照法定人数和组织形式组成合议庭进行。《行政诉讼法》第 68 条明确规定："人民法院审理行政案件，由审判员组成合议庭，或者由审判员、陪审员组成合议庭。合议庭的成员，应当是三人以上的单数。"

在行政诉讼中，回避原则是指承办行政案件的审判人员和其他有关人员遇有不宜参加审理的情形时，应当经过法定程序退出行政诉讼活动。回避适用于审判人员、书记员、勘验人员、鉴定人和翻译人员等。

公开审判是我国宪法确定的一项基本原则。在行政诉讼中，公开审判原则是指人民法院审理行政案件，除法律规定的特殊情况外，一律公开进行。《行政诉讼法》第 54 条规定："人民法院公开审理行政案件，但涉及国家秘密、个人隐私和法律另有规定的除外。涉及商业秘密的案件，当事人申请不公开审理的，可以不公开审理。"

在行政诉讼中，两审终审原则是指行政案件经过两级人民法院的审理即

告终结。根据《行政诉讼法》的规定，当事人对第一审行政判决、裁定不服的，可以向上一级人民法院提起上诉，启动第二审程序。第二审人民法院的判决、裁定是终局判决、裁定，对此，当事人不得再提起上诉。

（七）人民检察院对行政诉讼进行法律监督的原则

根据我国宪法和行政诉讼法的规定，人民检察院有权对行政诉讼实行法律监督。人民检察院对行政诉讼实行法律监督是为了保障行政诉讼活动依法进行，这也是我国人民检察院国家法律监督职能的体现。人民检察院对行政诉讼活动的监督体现在审判活动的各个环节中，是一种全面的法律监督。人民检察院对人民法院已经发生法律效力的判决、裁定，发现违反法律、法规规定的，有权按照审判监督程序提出抗诉。抗诉是人民检察院实行法律监督的主要形式，但在我国行政诉讼法中，却只规定了抗诉的方式，未对其他方式作出明确规定。理论上认为人民检察院还可以在特定情况下采取支持起诉、参加诉讼以及提起诉讼的方式。

（八）行政行为合法性审查原则

人民法院有权并应当对行政行为的合法性进行审查。行政行为合法性的要求包括：（1）主体、权限合法。只有主体合法的行政行为才是合法的行政行为。第一，行政行为主体应具备行政主体资格；第二，实施行为的公职人员应具有合法的身份；第三，只有在行政主体法定权限范围之内的行为才是合法、有效的行政行为。（2）行政行为内容合法。行政行为具有事实依据，意思表示真实、完整、准确，行为具有法律依据且适用法律、法规正确。（3）行为程序合法。法治原则要求行政行为应当符合法定程序，行政行为既要符合行政程序规则制度，又要符合行政程序的基本原则。违反法定程序是行政复议和行政诉讼撤销行政行为的理由之一。（4）作出行政行为应当具备法定的形式，尤其是要式行政行为，行政主体应严格按照法律要求的形式进行，否则就是违法的行政行为。

人民法院审查行政行为，原则上是进行合法性审查而非合理性审查。其原因有二：

（1）行政权和审判权是两种不同的国家权力，行政权的行使需要广泛运用法律赋予的自由裁量权，行政机关因长期处理行政事务而具有专门经验，能审时度势作出恰如其分的决定，因此法院在审理行政案件时不应代行行政机关的自由裁量权。

（2）行政诉讼的目的，一是保护公民、法人或其他组织的合法权益；二是监督行政机关依法行使行政职权。两者都与行政行为的合法性密切相关，法院只有通过司法审查确认行政行为是否合法，并作出相应的裁决，才能达到行政诉讼的目的。

合法性审查的例外。由于行政机关在行使职权时，具有较大的自由裁量权，因而其在法定幅度内作出的裁决是合法的，但可能是不适当的、不合理的。所以在个别领域司法权可以对行政行为的合理性进行审查裁判。具体而言，对于行政处罚明显不当，或者其他行政行为涉及对款额的确定、认定确有错误的，人民法院可以判决变更。

七、行政诉讼基本原则的作用

行政诉讼的基本原则对立法、执法和司法均有重要的指导作用。

（一）保证法律的公正实施

行政诉讼基本原则的作用，首先在于保证行政诉讼能够公正进行。行政诉讼是以国家行政机关为一方当事人（被告）的诉讼，而人民法院与行政机关同为国家机关，因此，人民法院能否公正审理案件，取决于其是否坚持行政诉讼的基本原则。只有法院坚持独立审判、公开审判，坚持当事人法律地位平等、辩论、检察监督等基本原则，人民法院的审判活动才能做到公正，行政诉讼的功能才能全面彻底地发挥出来。

（二）指导行政诉讼行为

行政诉讼法律关系主体在诉讼中的法律地位不同，对于国家法律的认知和理解也各异。为此，各方主体只有以行政诉讼基本原则规范其行为，才能实现行政诉讼法保护公民、法人和其他组织的合法权益，维护和监督行政机关依法行使职权的立法目的。

（三）弥补具体法律规定的遗漏

法律是人们对社会客观规律的认识和反映。人们对规律的认识是一个不断深化的过程，具体法律对规律的反映不可能尽善尽美，总会存在这样、那样的遗漏。在行政诉讼中，弥补这一遗漏的重要方法之一，是法官对行政诉讼基本原则的运用并据此作出符合立法意图的裁判；方法之二是将司法实践中发现的立法不足反馈至立法机关，从而推动法律的修改和完善。但是，法律的修改非常复杂，需要一定的时间，在法律没有正式修改之前，运用行政诉讼法的基本原则弥补遗漏不失为最佳选择。

八、行政诉讼法的基本制度

行政诉讼法的基本制度即行政审判的基本制度，是指法院审判行政案件必须遵循的基本操作规程。审判活动不同于其他社会活动，它具有体现审判规律、反映审判目的的一系列特点，这些特点具体表现为审判活动中的一些基本制度。根据我国《行政诉讼法》第 7 条和相关法律的规定，我国行政审判的基本制度包括合议制度、回避制度、公开审判制度和两审终审制度。

（一）合议制度

1. 合议制度的概念

合议制度，是指由三名以上的法官（或者法官、陪审员）组成合议庭，代表法院行使审判权，对案件进行审理并作出裁判的制度。我国的审判组织形式包括合议制和独任制两种。独任制是由一名法官对案件审理并作出裁判的制度。合议制度是相对于独任制而言的。

合议制由三名或者三名以上的法官或者法官和陪审员组成的合议庭进行审判，可以在审判中发挥众人的智慧，避免由一人审判可能出现的失误，有利于提高审判质量，有利于案件的正确处理。

2. 合议庭的组成

（1）第一审合议庭

第一审合议庭的组成有两种情形：一种情形是由审判员和陪审员共同组成合议庭，另一种情形是由审判员组成合议庭。法院在审判中究竟采用哪一种方式组成合议庭，应当根据需要和可能来确定。在由陪审员参加的合议庭中，陪审员虽然不是法官，但作为合议庭的成员，在执行陪审职务时与法官有同等的权利和义务。

（2）第二审合议庭

第二审审理的对象不同于第一审。第一审仅对当事人双方的争议进行审理，第二审除审理当事人的争议外，更主要的是要审查一审裁判认定事实和适用法律是否正确。此外，二审裁判的效力也不同于一审，是发生法律效力的终审裁判。因此，第二审的合议庭根据法律的规定，完全由法官即审判员组成。

（3）再审、重审合议庭

再审案件适用的程序取决于原来的审级，原来是第一审的，按第一审程序审理；原来是第二审的，按第二审程序审理。再审合议庭的组成也取决于原来的审级，原来是第一审的，按第一审程序组成合议庭；原来是第二审的，按第二审程序组成合议庭。再审合议庭必须另行组成，即原来的合议庭的法官或陪审员一律不得作为再审合议庭的成员。另行组成合议庭可以避免成见，使原审裁判的错误易于得到纠正。

上级法院发现裁判确有错误而提审的案件，为第二审案件，应当按第二审程序的规定由法官组成合议庭。二审法院发回重审的案件，仍然是一审案件，合议庭应当按一审程序的规定组成。重审的合议庭也必须另行组成。

3. 合议庭的活动规则

合议庭须由一名成员来担任审判长，主持对案件的审理。当院长或庭长为合议庭成员时，由院长或庭长担任审判长；院长或庭长不是合议庭成员时，由他们指定一名法官担任审判长。陪审员不得担任合议庭的审判长。

合议庭成员应当自始至终地参与审判活动，中途不得退出或更换。合议庭的成员应当认真地参与案件的审理并进行评议，不得将审判的任务交给审判长，搞名为合议、实为独任，一人办案、三人署名。

不论在哪个审判阶段，合议庭的组成人数都应当是三人以上的单数。合议庭的审判活动实行民主集中制。合议庭成员不论是院长、庭长还是一般法官或陪审员，均享有同等的权利。在对案件进行评议时，合议庭实行少数服从多数的原则。评议应当制作笔录，由合议庭成员签名，评议中的不同意见，必须如实记入笔录。将不同意见记入笔录，既尊重了合议庭成员的权利，也如实地反映了合议庭成员对案件的不同意见。笔录中记载的少数意见，有利于二审或再审时纠正原审裁判中的错误。

4. 合议庭与审判委员会的关系

审判委员会是我国法院内部依照法院组织法设立的领导审判工作的机构，其职能之一是讨论重大疑难案件。合议庭与审判委员会必然会发生工作上的关系。

在行政审判中，必须正确处理审判委员会与合议庭的关系。一方面，审判委员会不能越俎代庖，替代合议庭行使审判权，不能将裁判结果定下来后再将案件交给合议庭审理，不能将大多数案件都拿到审判委员会来讨论决定，否则就会形成"先定后审"或者使"审"与"判"处于分离状态，合议庭的审判职能就无法正常行使。另一方面，合议庭也应当自觉接受审判委员会的领导与监督，将重大疑难案件提交审判委员会讨论决定；同时，也不能为了

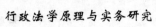

推卸责任凡是案件都提交审判委员会决定。

（二）回避制度

回避制度，是指法官和其他有关人员遇有法律规定的不宜参加审理的情形时，退出对某一案件审理或者与案件审理有关的活动的制度。设立回避制度是为了确保审判的公正性。通过回避制度，可以把存在的可能影响案件公正审理情形的法官和其他有关人员排除出审判的过程，以消除当事人的疑虑，保证审判过程和审判结果的公正性。

1. 回避事由

回避的事由是与本案有利害关系或者有其他关系。具体可以理解为：一是审判人员是本案的当事人或者是当事诉讼代理人的近亲属；二是与本案当事人是同学、朋友，或者与当事人有恩怨关系等；三是违法规定会见当事人或者接受当事人及其代理人请客送礼的。

2. 回避对象

回避的对象首先是法官和陪审员，其次是书记员、翻译人员、鉴定人、勘验人。他们虽然不是案件的审判人员，但是记录或者提供与审判有关的信息，在存在应当回避的法定情形时，他们的行为也可能影响审判的公正进行。

3. 回避程序

回避的方式有两种：一种是自行回避，即遇有法定的回避原因时，由法官或者其他有关人员主动要求回避；另一种是申请回避，即由当事人或者其诉讼代理人向法院提出申请，要求审判人员或者其他有关人员回避。

审判人员或者其他有关人员认为自己有法定回避情形时，应当主动地向审判长、院长或者审判委员会提出回避；当事人或者其诉讼代理人认为他们有法定的回避情形时，有权向法院申请回避。

当事人申请回避，可以采用口头或者书面两种方式，不论采用何种方式，均应当说明申请的理由。提出回避申请的时间，一般是在案件开始审理之时。法院按普通程序审理案件时，一般应在合议庭组成后的三日内将合议庭成员告知当事人。在开庭审理时，审判长要询问当事人是否申请回避。当事人如果申请回避，就应在此时提出。但有时当事人在审理开始后才得知有应当回避的情形，在这种情况下，可在法庭辩论终结前提出申请。

被申请回避的人员，在人民法院作出是否回避的决定前，应当暂停参与本案的工作，但是案件需要采取紧急措施的除外。

对当事人等提出的回避申请，法院应当进行认真的审查，并在申请提出的三日内以口头或者书面方式作出决定。决定回避的权限依据被申请回避人员的不同而异：院长担任审判长时的回避，由审判委员会决定；审判人员的回避，由院长决定；其他人员的回避，如书记员、翻译人员、鉴定人、勘验人员的回避，由审判长决定。

回避是保证审判公正的一项重要制度，申请回避是当事人依法享有的一项重要诉讼权利，为保障回避的正确适用和当事人的这一诉讼权利，行政诉讼法对驳回回避申请的决定设置了救济措施。根据行政诉讼法的规定，当事人对回避决定不服的，可以在接到决定时申请复议一次，复议期间，被申请回避人员不停止参与本案的审理工作。法院对复议申请，应当在三日内作出复议决定，并通知复议申请人。

（三）公开审判制度

1. 公开审判制度的概念和意义

公开审判制度，是指法院对行政案件的审理过程和判决结果向群众、社会公开的制度。

公开审判是诉讼制度文明和进步的标志。公开审判是相对于秘密审判而言。封建专制社会实行司法专横，审判多在秘密状态下进行。秘密审判在资产阶级革命时期受到进步思想家的猛烈抨击。资产阶级革命胜利后，公开审判取代了秘密审判，成为诉讼制度中的一项重要原则。公开审判后来逐步成为现代各国诉讼法中的一项重要制度。

公开审判制度的意义在于：首先，它有利于促进和保障司法公正。这一制度将审判活动置于群众和社会的监督之下，增强了审判活动的透明度，能够促使法官依法公正审判，防止不公开审理可能出现的因"黑箱操作"而造成的裁判不公。其次，公开审判对当事人及其他诉讼参与人也有约束作用，能够促使当事人据实陈述案情和证人如实提供证言。最后，公开审判有利于进行法制宣传教育，可以使群众受到生动而形象的法制教育，公开审判的过程，就是通过具体案例进行法制宣传教育的过程。

2. 公开审判制度的内容和要求

如上所述，公开审判制度包含两方面的内容：一是向群众公开，允许群众旁听案件的审判活动；二是向社会公开，允许大众传媒对案件的审理情况进行采访和报道。

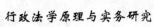

公开审判的案件，除合议庭评议不公开外，整个审判的过程均应当公开。依法不公开审理的案件，判决必须公开宣告。对公开审理的案件，为了便于群众参加旁听和新闻媒体采访报道，行政诉讼法规定法院应当在开庭前公告当事人的姓名、案由和开庭的时间与地点。

3. 公开审判制度的例外情形

公开审判可以产生多方面的积极意义。但对有些行政案件进行公开审理，却会给国家或者当事人的利益造成重大损害。考虑到这一情况，现代各国诉讼法在确立公开审判制度的同时，均规定了不公开审理的例外情形。我国《行政诉讼法》规定的不公开审理的案件包括：

(1) 涉及国家秘密的案件

国家秘密一般是指关系到国家利益和安全的秘密事项，包括军事方面的秘密、科技方面的秘密、经济方面的秘密等。国家秘密的泄露将会给国家的安全和利益造成难以估量的损失。因此，在案件涉及国家秘密时，保守国家秘密比公开审判更为重要。

(2) 涉及个人隐私的案件

个人隐私是指自然人私生活中不愿公开的内容。为了保障社会成员私生活的安宁与自由，为了避免私生活受到他人的干扰和窥探，现代各国的法律一般都承认和保护隐私权。涉及个人隐私的案件不公开审理，正是保护隐私权在行政诉讼法中的具体体现。

(3) 法律另有规定的案件

行政诉讼法没有明确除上述情形以外的情形具体是怎样的。但是这一规定却为其他法律可能涉及重大事项或者原因而导致不便公开审理的情形提供了便利。当行政诉讼在其他法律涉及的重要领域内遇有不便开庭审理的情形时，这一带有兜底性的规定便可以援引解决。当然，必须是法律规定的情形，而不能由个别人随便编造理由搪塞群众和媒体。

(4) 涉及商业秘密的案件，当事人申请不公开审理的，可以不公开审理。不公开仅指案件审理的过程不公开，判决结果必须公开宣告。

(四) 两审终审制度

1. 两审终审制度的概念

两审终审制，是指行政案件经过两级法院审理就告终结的制度。

外国法院一般实行三审终审制，即案件经过三级法院审理后才告终结。

我国在"中华民国"时期实行的是三审终审，新民主主义革命时期革命根据地的法院也实行三审终审。新中国成立后，我国开始实行两审终审，但在例外情况下允许有第三审，可以对二审裁判上诉至最高法院。1954 年，我国颁布了《人民法院组织法》，该法正式确定了两审终审制，从此中国内地的诉讼完全实行两审终审，但中国香港、澳门、台湾地区仍然实行三审终审。

我国的法院分为四级：基层法院、中级法院、高级法院、最高法院。在这四级法院中，除最高法院受理的第一审案件实行一审终审外，其余三级法院受理的第一审案件均实行两审终审。

2. 我国实行两审终审制的理由

我国实行两审终审制度的理由主要有四个方面：第一，可以减轻当事人的讼累，方便当事人进行诉讼。我国地域辽阔，在一些地方交通又不方便，实行三审终审，审级过多，会使行政法律关系长期处于不稳定状态，会给双方当事人尤其是行政相对人造成人力、物力、时间上的浪费，也不利于树立行政机关的权威。第二，可以使高级法院和最高法院摆脱审理具体案件的工作负担，集中精力搞好审判业务的指导监督。第三，我国的审判监督程序可以弥补审级少的不足，对确有错误的已生效裁判，当事人可以通过审判监督程序申请再审，法院也可以利用审判监督程序予以纠正。第四，第三审仅作书面审和法律审，对案件事实部分不予过问，因而作用极为有限。

3. 两审终审制的内容

当事人不服第一审法院的判决、裁定，可以向上一级人民法院（即第二审法院）提起上诉。第二审法院对上诉案件所作的判决、裁定是终审的判决、裁定，当事人不得再提起上诉。当事人如果在法定上诉期间不提起上诉，那么第一审法院的判决、裁定在上诉期满后即发生法律效力。由于最高人民法院是国家最高审判机关，它对第一审行政案件作出的判决、裁定是终审的判决、裁定，当事人不得提起上诉。

九、行政诉讼与行政复议的联系

行政复议与行政诉讼都是法律救济和权力监督制度。两者都对行政主体的行政行为进行监督，纠正违法和不当。行政复议和行政诉讼都属于救济行为，都具有事后性和依申请的性质，即它们都是事后的一种监督手段。行政复议与行政诉讼的联系主要体现为：

1. 产生的基础相同

都是基于行政争议的存在，用以解决争议的法律制度。

2. 目的和作用相同

都是为了防止和纠正违法不当的行政行为，保护公民、法人和其他组织的合法权益，监督行政机关依法行政。

3. 审查的对象基本相同

行政复议与行政诉讼都以行政争议为处理对象，都要对行政行为是否合法进行审查，只是复议机关作为行政机关，审查范围要宽一些，可以同时审查行政行为的合理性。

4. 启动条件相同

都是一种依申请启动的活动。两种程序的启动，都有赖于相对人的申请。

（一）行政诉讼与行政复议的区别

行政复议与行政诉讼虽有诸多共同点，但毕竟是解决行政争议的两种不同方式，相互间存在明显区别，这主要体现在：

1. 处理机关不同

行政复议与行政诉讼的处理机关是不同的，前者是行政机关，后者是人民法院，即司法机关。

2. 性质不同

处理机关的不同决定了它们行为性质上的区别：行政复议机关的复议行为属于行政行为，它是一种行政机关内部的层级监督制度，对相对人来说，这是一种行政救济的手段；而人民法院审理行政案件的活动属于司法活动，是人民法院对行政机关的监督活动，是人民法院行使司法权对行政行为的司法审查，对行政相对人来说这是一种诉讼救济的手段。前者受行政程序法即行政复议法调整，后者则受诉讼法即行政诉讼法支配。

3. 受案范围不同

行政复议范围大于行政诉讼范围。属于行政诉讼范围的，必然属于行政复议范围；但属于行政复议范围的，未必属于行政诉讼的范围。

4. 审查标准不同

行政复议与行政诉讼都以行政行为为审查对象，但其审查标准是不同的。行政复议对行政行为是否合法与适当进行审查；行政诉讼原则上只对行政行为是否合法进行审查，对不适当的行政行为不予审查。此外，行政复议法对复议的申请范围作了扩大的规定，公民、法人或其他组织的合法权益受到更全面的保护。

5. 审理方式和审理制度不同

行政复议是行政机关内部的上级对下级的层级监督制度，是高层级的行政权对低层级行政权的监督，所以监督是全面的，不仅限于对行政行为合法性的审查，还包括对行政行为合理性的审查。甚至不仅包括对行政行为的审查，而且在对行政行为审查的同时，还可以审查作为行政行为的依据的规章以下的行政规范性文件。行政复议一般实行书面复议制度，也就是说，复议机关在审理复议案件时，仅就行政案件的书面材料进行审查，不传唤申请人、被申请人、证人或其他复议参加人到庭，这样可以节省时间、人力和费用；而行政诉讼一般不实行书面审理制度，当事人双方必须到庭，相互答辩。行政复议实行一级复议制，也就是说对复议机关的复议决定，一般不得再请求复议；而行政诉讼实行两审终审制，当事人对一审裁判不服的，可依法向上一级人民法院提起上诉。

6. 法律效力不同

行政复议一般没有最终的法律效力，相对人对复议不服，还可以提起行政诉讼；只有在法律规定复议裁决为终局裁决的情况下，复议才具有最终的法律效力，相对人不能再提起行政诉讼。只有全国人大及其常委会制定的法律才有权规定哪些案件的行政复议有终局裁决权。行政机关自己制定的行政法规和行政规章，不能为自己设定终局裁决权。地方法规也无权规定行政复议的终局裁决权。行政诉讼则具有最终的法律效力，无论有没有经过行政复议的案件，一经行政诉讼，诉讼的裁判结果就是有最终效力的结果，不能再由行政机关复议。行政诉讼的终审判决具有最终的法律效力，当事人必须遵行。

（二）行政复议与行政诉讼的衔接

1. 自由选择型

行政诉讼与行政复议由行政相对人自行选择，既可以先选择行政复议，若不服还可以再提起行政诉讼，也可以不经复议直接提起诉讼，但选择诉讼后不能回到复议。我国多数法律、法规作出如此规定。

2. 复议前置型

行政复议为行政诉讼的必经前置程序。即相对人不服行政行为向法院起诉前必须先向复议机关提起行政复议,否则,不得向法院起诉。如《反垄断法》《税收征管法》的规定。

3. 复议终局型

行政复议决定为终局裁决,行政相对人即使对复议决定不服,也不得提起行政诉讼,即复议排斥诉讼。应当注意的是,只有最高权力机关制定的法律规定行政复议为最终裁决的,方可有效排斥行政诉讼,如《行政复议法》第 30 条第 2 款的规定。

第二节 行政诉讼的范围

一、行政诉讼受案范围的概念

行政诉讼受案范围,也称法院的主管范围,是指人民法院受理行政案件的范围,即法律规定的,法院受理一定范围内行政案件的权限。

各国基于不同的政治、经济、文化、法律条件以及历史等原因,行政诉讼受案范围有不同的规定。受案范围不仅是法院对哪些行政案件可以受理的问题,还具有更深层次的意义:

1. 受案范围是法院对行政机关的行政活动实施司法审查的权限范围。法院可以受理哪些行政案件,即意味着其能对行政机关特定范围的行政活动具有审查的权限。

2. 受案范围是公民、法人和其他组织的合法权益能受到司法救济的范围。

3. 受案范围的确定决定着法院与权力机关、行政机关在处理行政案件上的分工与权限。

4. 受案范围是法院正确、及时履行职责和对当事人正确有效行使诉权的重要保障。

二、我国确立受案范围的方式

受案范围需要运用一定的方式才能得到明确的表达。确立方式越科学,受案范围的划定就越准确、清晰。有些国家以判例来确立受案范围,如英、美等国。有些国家则主要以制定法来明确规定,比如大多数大陆法系国家。

以制定法来明确规定受案范围表现为不同的方式：概括式、列举式和混合式。概括式是由统一的行政诉讼法典对受案范围作原则性、概括性的规定。其特点是简单、全面，不致发生遗漏，但可能出现规定过于宽泛，不易具体掌握。列举式分为肯定列举和否定列举两种。肯定列举是由行政诉讼法和其他单项法律、法规对属于行政诉讼受案范围的行政案件逐一列举，凡列举的都属于受案范围；否定列举是对不属于行政诉讼受案范围的事项逐一列举，凡列举的都被排除在行政诉讼的受案范围外，其特点是具体、细致、明确、易于掌握却烦琐，难以列举全面。混合式将上述两种方法混合使用，兼具其优缺点。

我国行政诉讼法在确定受案范围时采用的是混合式的立法方法，具体体现为：

1. 以概括的方式确立行政诉讼受案范围。《行政诉讼法》第 2 条规定："公民、法人或者其他组织认为行政机关和行政机关工作人员的行政行为侵犯其合法权益，有权依照本法向人民法院提起诉讼。"这是关于公民、法人、其他组织可以起诉的范围的规定，同时也是人民法院受案范围的一个概括规定。

2. 以肯定列举的方式列出应当受理的一系列具体行政案件。例如，《行政诉讼法》第 12 条第 1 款具体列举的应当受理的十二类行政案件。

3. 以否定列举的方式对不属于行政诉讼受案范围的事项作出排除规定。例如，《行政诉讼法》第 13 条规定的四类不予受理的事项：国防、外交等国家行为；行政法规、规章或者行政机关制定、发布的具有普遍约束力的决定、命令；行政机关对行政机关工作人员的奖惩、任免等决定；法律规定由行政机关最终裁决的行政行为。

三、人民法院受理的行政案件

（一）法定的受案范围

《行政诉讼法》第 12 条具体列出了人民法院受理的一系列由行政行为引起的行政案件。

1. 行政处罚案件

行政处罚案件，即对行政拘留、暂扣或者吊销许可证和执照、责令停产停业、没收违法所得、没收非法财物、罚款、警告等行政处罚不服而起诉的案件。行政处罚是指行政机关或者法律、法规授权的组织依法对违反行政管理秩序的行政相对人实施的处罚。我国行政处罚法对行政处罚的设定、种类、处罚机关、处罚程序作出了明确规定，其他相关法律、法规和规章对行政处罚也有实体规定。本项规定了六种处罚种类，但是行政处罚不限于这六种，其他法律、法规还可以规定新的处罚种类。认为行政机关违反实体规定和程序规定实施行政处罚的，都可以向人民法院起诉。

2. 行政强制案件

行政强制案件，即对限制人身自由或者对财产的查封、扣押、冻结等行政强制措施和行政强制执行不服而起诉的案件。行政强制是指行政机关为了实现行政目的，根据法律赋予的强制权对相对人的人身、财产和行为采取的强制性措施。包括行政强制措施和行政强制执行两类。行政强制措施，是指行政机关在行政管理过程中，为制止违法行为、防止证据损毁、避免危害发生、控制危险扩大等情形，依法对公民的人身自由实施暂时性限制，或者对公民、法人或者其他组织的财物实施暂时性控制的行为。行政强制措施包括限制公民人身自由，查封场所、设施或者财物，扣押财物，冻结存款、汇款，其他行政强制措施五种。行政强制执行，是指行政机关或者行政机关申请人民法院，对不履行行政决定的公民、法人或者其他组织，依法强制履行义务的行为。行政强制执行包括加处罚款或者滞纳金，划拨存款、汇款，拍卖或者依法处理查封、扣押的场所、设施或者财物，排除妨碍、恢复原状，代履行，其他强制执行方式六种具体执行方式。我国行政强制法对行政强制的设定、种类、实施机关、实施程序都作出了明确规定。认为行政机关违反行政强制法的规定实施行政强制的，可以向人民法院起诉。需要注意的是，本项的行政强制执行仅指行政机关的行政强制执行，不包括人民法院的非诉强制执行。

3. 行政许可案件

行政许可案件，即申请行政许可，行政机关拒绝或者在法定期限内不予答复，或者对行政机关作出的有关行政许可的其他决定不服而起诉的案件。行政许可，是指行政机关根据公民、法人或其他组织的申请，经依法审查，准予其从事特定活动的行为。我国行政许可法对行政许可的设定、实施机关、实施程序、期限作出了明确规定。公民、法人或者其他组织申请行政许可，行政机关拒绝或在法定期间内不予答复，或者对行政机关作出的有关行政许可的准予、变更、延续、撤销、撤回、注销等决定不服的，可以向人民法院起诉。

4. 关于自然资源的行政确认案件

关于自然资源的行政确认案件，即对行政机关作出的关于确认土地、矿藏、水流、森林、山岭、草原、荒地、滩涂、海域等自然资源的所有权或者使用权的决定不服而起诉的案件。根据我国土地管理法、矿产资源法、水法、森林法、草原法、渔业法、海域使用管理法等法律的规定，县级以上各级人民政府对土地、矿藏、水流、森林、山岭、草原、荒地、滩涂、海域等自然资源的所有权或者使用权予以确认和核发相关证书。这里的确认既包括颁发确认所有权和使用权证书，也包括所有权或使用权发生争议，由行政机关作出的裁决。需要注意的是，根据我国行政复议法的规定，公民、法人或者其他组织认为行政机关的具体行政行为侵犯其已经依法取得的土地、矿藏、水流、森林、山岭、草原、荒地、滩涂、海域等自然资源的所有权或者使用权的，应当先申请行政复议；对行政复议决定不服的，可以依法向人民法院提起行政诉讼。根据国务院或者省、自治区、直辖市人民政府对行政区划的勘定、调整或者征用土地的决定，省、自治区、直辖市人民政府确认土地、矿藏、水流、森林、山岭、草原、荒地、滩涂、海域等自然资源的所有权或者使用权的行政复议决定为最终裁决，不得向人民法院起诉。

5. 行政征收、行政征用及补偿案件

行政征收是指行政机关为了公共利益的需要，依法将行政相对人的财产收归国有的行政行为。如为了公共利益需要将土地、房屋收归国有的行为。行政征用是指行政机关为了公共利益的需要，依照法定程序强制征用相对人财产或劳务的一种行政行为。无论是行政征收还是行政征用都需要给予行政相对人一定的补偿。如果行政相对人对征收、征用决定不服，或者对补偿决定不服，除法律规定复议终局的外，都可以提起诉讼。需要注意的是，一般意义的行政征收还包括征税和行政收费，但是本项所规定的征收不包括征税和行政收费。对于征税和行政收费不服的，可以依照税法和本法第 12 条第 1 款第 9 项的规定起诉。

6. 对不履行法定职责不服的案件

对不履行法定职责不服的案件，即因申请行政机关履行保护人身权、财产权等合法权益的法定职责，行政机关拒绝履行或者不予答复而起诉的案件。保护公民的人身权、财产权等合法权利是我国行政机关的法定职责。如果公民的人身权、财产权和其他合法权益受到侵害时，行政机关不依法履行保护职责，属于行政不作为，公民可以向人民法院起诉，要求行政机关履行职责。

7. 认为侵犯经营自主权或者农村土地承包经营权、农村土地经营权的案件

所谓经营自主权，是指企业和个体经营者依法所拥有的调配使用自己的人力、物力、财力，自行组织生产经营的权利。只要行政机关侵犯了企业或者个体经营者的经营自主权，相对人便可以提起行政诉讼。农村土地承包经营权，是指农村土地承包人对其依法承包的土地享有占有、使用、收益和一定处分的权利。

农村土地承包经营一般采用承包合同的方式约定双方的权利和义务，双方当事人之间发生的争议属于民事争议，可以申请仲裁或者提起民事诉讼。如果乡镇政府或者县级以上地方农村部门干涉农村土地承包，变更、解除承包合同，或者强迫、阻碍承包方进行土地承包经营权流转的，可以提起行政诉讼。农村土地经营权是从农村土地承包经营权分离出的一项权能，就是承包户将其承包土地流转出去，由其他组织或个人经营，其他组织或个人取得土地经营权。

8. 认为行政机关滥用行政权力排除或者限制竞争的案件

公平竞争权是指经营者在市场竞争过程中，依法所享有的要求其他经营者及相关主体进行公平竞争，以保障和实现经营者合法竞争利益的权利。我国反垄断法专章规定了行政机关不得滥用行政权力排除、限制竞争。如规定行政机关和法律、法规授权的具有管理公共事务职能的组织不得滥用行政权力，实施下列行为，妨碍商品在地区之间的自由流通：对外地商品设定歧视性收费项目、实行歧视性收费标准，或者规定歧视性价格；对外地商品规定与本地同类商品不同的技术要求、检验标准，或者对外地商品采取重复检验、重复认证等歧视性技术措施，限制外地商品进入本地市场；采取专门针对外地商品的行政许可，限制外地商品进入本地市场；设置关卡或者采取其他手段，阻碍外地商品进入或者本地商品运出；妨碍商品在地区之间自由流通的其他行为。我国反不正当竞争法也规定政府及其所属部门不得滥用行政权力，限定他人购买其指定的经营者的商品，限制其他经营者正当的经营活动。政府及其所属部门不得滥用行政权力，限制外地商品进入本地市场，或者本地商品流向外地市场。行政机关违反了反垄断法、反不正当竞争法的相关规定，经营者可以向人民法院提起诉讼。

9. 认为行政机关违法要求履行义务的案件

行政机关向企业、个人乱集资、乱收费、乱摊派这种"三乱"现象曾经非常严重，随着依法行政的推进，虽然有所遏制，但是还大量存在，必须依

法治理。行政机关要求公民、法人和其他组织履行义务必须依法进行，否则就是违法行政。本项所规定的违法要求履行义务，不仅是指"三乱"问题，还包括违法摊派劳务、违法要求协助公务等行为。对于此类行为行政相对人当然可以起诉。

10. 认为行政机关没有依法支付抚恤金、最低生活保障待遇或者社会保险待遇的案件

抚恤金是指公民因公、因病致残或死亡后，由民政部门发放给其本人或亲属的生活费用。主要包括伤残抚恤金和死亡抚恤金两种。伤残抚恤金，发放对象为革命伤残军人、因公致残的职工等；工人、职员因工负伤被确定为残废时，完全丧失劳动力不能工作退职后，饮食起居需人扶助者，发给因工残废抚恤费，至死亡时止。完全丧失劳动能力不能工作退职后，饮食起居不需人扶助者，发给因工残废抚恤费，至恢复劳动力或死亡时止。死亡抚恤金，发放对象是革命烈士、因公牺牲人的家属。公民认为符合条件应当发给抚恤金，行政机关没有发给的，可以起诉。

最低生活保障是指国家对家庭人均收入低于当地政府公告的最低生活标准的人口给予一定现金资助，以保证该家庭成员基本生活所需的社会保障制度。最低生活保障线就是贫困线。对达到贫困线的人口给予相应补助，一般按月发放。

社会保险是指公民在年老、疾病、工伤、失业、生育等情况下，由国家和社会提供的物质帮助。按照我国社会保险法的规定，我国的社会保险包括基本养老保险、基本医疗保险、工伤保险、失业保险、生育保险等。社会保险机构不按照规定支付社会保险待遇的，相对人可以起诉。根据社会保险法的规定，用人单位或者个人认为社会保险经办机构不依法办理社会保险登记、核定社会保险费、支付社会保险待遇、办理社会保险转移接续手续或者侵害其他社会保险权益的行为，可以依法申请行政复议或者提起行政诉讼。

本项规定的不依法支付抚恤金、最低生活保障待遇或者社会保险待遇，是指不支付、不按时支付、不足额支付抚恤金、最低生活保障待遇或者社会保险待遇。

11. 行政合同案件

行政合同案件，即认为行政机关不依法履行、未按照约定履行或者违法变更、解除政府特许经营协议、土地房屋征收补偿协议等协议而起诉的案件。行政合同又称行政契约，是指行政主体为了行使行政职能，实现特定的行政

管理目标，与作为相对人的公民、法人或者其他组织，相互协商，在意思表示一致的基础上所达成的涉及双方权利和义务的协议。行政合同是现代行政法中合意、协商等行政民主精神的具体体现，作为一种有效的行政管理手段，已在我国行政管理实践中大量运用。行政合同包括国家科研合同、国家订购合同、公用征收补偿合同、公共工程建设投资合同、国有土地使用合同、国有企业承包合同等。本项只针对政府特许经营协议、土地房屋征收补偿协议两类行政合同，而且只有行政机关违反合同，即不依法履行、未按照约定履行或者违法变更、解除合同时，才允许提起行政诉讼。因为如果相对人一方违反行政合同，行政机关一方可以用其他方法解决，如解除特许经营等方式。

12. 认为行政机关侵犯其他人身权、财产权等合法权益的案件

本项是兜底性规定。因为公民的人身权、财产权极其广泛，除了以上十一项外，还有其他人身权、财产权不可能一一列举。另外，除人身权、财产权之外，公民的其他合法权益受到侵犯的，也可以起诉。

13. 人民法院受理法律、法规规定可以提起诉讼的其他行政案件

这是补足性条款，防止发生法律漏洞而设置。

（二）对行政规范性文件的附带审查

我国《行政诉讼法》第53条规定："公民、法人或者其他组织认为行政行为所依据的国务院部门和地方人民政府及其部门制定的规范性文件不合法，在对行政行为提起诉讼时，可以一并请求对该规范性文件进行审查。"这是关于对行政规范性文件可以附带审查的规定。

根据本条规定要注意把握两点：一是审查范围仅限于国务院部门和地方人民政府及其部门制定的规范性文件，不包括行政法规和行政规章。二是审查是附带性的，只能在对行政行为起诉时一并提出，而不能直接针对规范性文件单一提出审查要求。

四、人民法院不予受理的事项

（一）国家行为不得诉

国家行为是指国务院、中央军事委员会、国防部、外交部等根据宪法和法律的授权，以国家的名义实施的有关国防和外交事务的行为，以及经宪法和法律授权的国家机关宣布紧急状态、实施戒严和总动员等行为。国家行为涉及国家的整体利益和重大利益，往往是中央政府协调各种冲突，对国家重

大利益和整体利益作出选择和安排的行为。国家行为强调的不是法律问题，而是国家的政治的、整体的利益问题，具有较强的政治性。所以国家行为不得诉。

（二）抽象行政行为不得诉

抽象行政行为是指行政机关制定行政法规、行政规章和行政规范性文件的行为。其中，制定行政法规、行政规章的行为，根据《立法法》的规定，由相关机关监督，不属于司法监督范畴。行政规范性文件，不得单独对其提起诉讼，但是根据《行政诉讼法》第53条的规定，可以提起附带性审查。

（三）内部行政行为不得诉

行政机关对行政机关工作人员的奖惩、任免行为，属于行政机关的内部人事管理行为，学理上称为内部行政行为，不同于针对行政相对人的外部行政行为，不得对其提起行政诉讼。

（四）法律规定由行政机关最终裁决的行政行为不得诉

第一，这里的法律，仅指全国人大及其常委会制定的法律文件，不包括法规和规章。第二，现阶段我国只有《行政复议法》《出入境管理法》《集会游行示威法》等几部法律规定了行政复议终局。第三，行政机关终局裁决排除法院的司法审查，不符合法治原则，应当逐步减少其适用范围。

第三节　行政诉讼的参加人与管辖

一、行政诉讼管辖的概念

行政诉讼管辖，是指关于不同级别和地方的人民法院之间受理第一审行政案件的权限分工。管辖是解决不同审级和同级不同区域法院之间的权限划分问题。

二、行政诉讼管辖的类别

（一）级别管辖

级别管辖是指划分由哪一级人民法院审理第一审行政案件的管辖，即上下级人民法院之间审理第一审行政案件的分工和权限划分。划分级别管辖的标准包括行政案件的性质及其重大、复杂程度。

1. 基层人民法院

《行政诉讼法》第14条规定："基层人民法院管辖第一审行政案件。"除上级法院管辖的第一审行政案件外，一般来说行政案件都由基层法院管辖。

2. 中级人民法院

根据《行政诉讼法》第15条的规定，中级人民法院管辖的案件包括：

（1）对国务院部门或者县级以上地方人民政府所作的行政行为提起诉讼的案件。国务院部门行政级别较高，而且其行政行为政策性较强，不宜由基层人民法院审理，所以由中级人民法院审理。县级以上地方人民政府为被告的案件主要集中在土地、林地、矿藏等所有权和使用权案件，案情相对复杂，而且容易受到地方政府行政干预，因而适宜由中级人民法院审理。

（2）海关处理的案件。海关处理的案件，专业性、技术性较强，不宜由基层人民法院审理。

（3）本辖区内重大、复杂的案件。此项规定灵活性较大。此类案件应根据实际情况确定。一般来说，社会影响重大的共同诉讼、集团诉讼案件，重大涉外、涉港澳台案件，属于本辖区重大、复杂的案件。

（4）其他法律规定由中级人民法院管辖的案件。这项规定需要根据其他法律的规定来判断和确定。

3. 高级人民法院

《行政诉讼法》第16条规定："高级人民法院管辖本辖区内重大、复杂的第一审行政案件。"高级人民法院的主要任务是对本辖区内基层和中级人民法院的审判工作进行指导、监督，并负责审理不服中级人民法院裁判的上诉案件。只有在遇到本辖区内具有重大影响的案件，以及案件复杂、难度较大的情况下，认为中级人民法院作为第一审不利于案件审理，不利于判决或者执行的，才由高级人民法院行使管辖权。所谓本辖区内重大、复杂的案件，是指就全省、全自治区、直辖市范围内而言，案情重大，涉及面广，具有重大影响的案件。一般考虑涉案标的金额较大和社会影响较大两个因素来判断是否属于本辖区重大复杂的案件。

4. 最高人民法院

《行政诉讼法》第17条规定："最高人民法院管辖全国范围内重大、复杂的第一审行政案件。"最高人民法院是我国最高审判机关，其主要任务是对全国各级人民法院的审判工作进行指导和监督，并对审判中的法律适用问题进行司法解释，以及审理不服高级人民法院裁判提起的上诉案件。只有在全国范围内有重大影响的第一审行政案件，才由最高人民法院管辖。

（二）地域管辖

行政诉讼的地域管辖，又称"区域管辖""土地管辖"，是指同级人民法院之间受理第一审行政案件的分工和权限。它是根据人民法院的辖区、当事人所在地、诉讼标的所在地等条件确定第一审行政案件的管辖。

1. 一般地域管辖

一般地域管辖，又称"普通地域管辖"，是指按照最初作出行政行为的行政机关所在地确定的管辖。根据《行政诉讼法》第 18 条的规定，行政案件由最初作出行政行为的行政机关所在地人民法院管辖。经复议的案件，也可以由复议机关所在地人民法院管辖。经最高人民法院批准，高级人民法院可以根据审判工作的实际情况，确定若干人民法院跨行政区域管辖行政案件。

行政诉讼法之所以确定一般由最初作出行政行为的行政机关所在地的人民法院管辖，主要理由是：（1）便于双方当事人进行诉讼。行政诉讼的原告绝大多数居住在最初作出行政行为的行政机关辖区内，由最初作出行政行为的行政机关所在地的人民法院管辖，便于原告起诉；同时被告是最初作出行政行为的行政机关，因而也便于被告应诉。（2）便于人民法院审理和执行。最初作出行政行为的行政机关所在地，一般都是违法行为发生地或者行政争议发生地，由当地人民法院管辖，便于勘验现场、调查取证、及时审结案件。同时，也便于人民法院对判决和裁定的执行。（3）便于地方性法规和地方政府规章的适用。根据行政诉讼法的规定，地方性法规和地方政府规章适用于制定机关所辖行政区域内的行政案件。如果原告为其他行政区域的公民、法人或者其他组织，由其所在地的人民法院审理这类案件，在适用地方法规和参照地方规章上就会出现一定的困难。

行政诉讼法规定经过复议的案件，不论复议机关作出维持决定，还是改变原行政行为，复议机关均是被告。因此规定经复议的案件，也可以由复议机关所在地人民法院管辖。

地方保护和行政干预，是行政诉讼运行不畅的重要原因。为了解决这一问题，各地法院在管辖方面做了多方面尝试。党的十八届三中全会决定中规定"探索建立与行政区划适当分离的司法管辖制度"，四中全会决定中规定

"最高人民法院设立巡回法庭，探索设立跨行政区划的人民法院和人民检察院"。因此，行政诉讼法明确规定经最高人民法院批准，高级人民法院可以根据审判工作的实际情况，确定若干人民法院跨行政区域管辖行政案件。

2. 特殊地域管辖

特殊地域管辖，又称"特别管辖"，是指根据行政行为的特殊性或标的物所在地来确定受诉法院的管辖。特殊地域管辖是相对于一般地域管辖而言的，是对一般地域管辖的例外规定。因为某些行政案件，如果适用一般地域管辖规则，会不利于法院审理行政案件和当事人参加诉讼。

《行政诉讼法》第19条规定："对限制人身自由的行政强制措施不服提起的诉讼，由被告所在地或者原告所在地人民法院管辖。"这里的"被告所在地"，是指被诉行政机关的主要办事机关所在地；"原告所在地"，是指原告的户籍所在地、经常居住地或被限制人身自由所在地。如果被告所在地与原告所在地分处数地，则数地人民法院都有管辖权。行政诉讼法之所以作此规定，其主要根据是：行政行为在诉讼期间一般不停止执行，原告的人身自由受到限制，参加诉讼活动已极为不便，如果仍仅由最初作出行政行为的行政机关所在地人民法院管辖，则对原告极为不利，可能使原告实际上失去通过司法途径获得救济的权利。

《行政诉讼法》第20条规定："因不动产提起的行政诉讼，由不动产所在地人民法院管辖。"所谓不动产，是指不能移动其位置的财产，或者移动其位置以后，会引起性质、状态、价值改变的财产，一般指土地（包括滩涂、草原、山岭、荒地等）及其附着物。所谓附着物，是指自然的或者人工的附在土地之上或土地之中的物体，如建筑物、山林、水流等。因不动产提起的行政诉讼，是指因不动产的所有权或者使用权引起的行政争议，相对方向人民法院提起的诉讼，这类案件适用专属管辖，既便于受诉人民法院调查、勘验、调取证据和对案件进行及时处理，也便于案件判决或裁定的执行。

3. 共同管辖

共同管辖，是指根据法律规定，两个或者两个以上的人民法院对同一行政案件都有管辖权，而由原告选择具体管辖的法院的管辖制度。根据行政诉讼法的规定，共同管辖有以下两种情况：

（1）经过复议的案件，最初作出行政行为的行政机关和复议机关可能成为共同被告，因而最初作出行政行为的行政机关所在地或者复议机关所在地的人民法院都有管辖权。

（2）对限制人身自由的行政强制措施不服提起的行政诉讼，由被告所在地或者原告所在地人民法院管辖。共同管辖只是表明了各有关人民法院对同一行政案件都拥有管辖权，这并不是几个有管辖权的人民法院共同审理同一个行政案件或者分别审理同一案件。这一行政案件具体应由哪一个人民法院行使管辖权，还必须由原告选择来确定。原告可以选择其中任何一个法院起诉，从而确定具体管辖。《行政诉讼法》第 21 条规定："两个以上人民法院都有管辖权的案件，原告可以选择其中一个人民法院提起诉讼。原告向两个以上有管辖权的人民法院提起诉讼的，由最先立案的人民法院管辖。"由此可见，共同管辖和原告选择是就同一问题分别从管辖权和当事人两个不同的角度作出的规定，共同管辖是原告选择的前提和基础，原告选择又是共同管辖的必要补充和具体落实。行政诉讼法之所以这样规定，是为了避免和解决人民法院管辖权争议问题。

（三）裁定管辖

依照《行政诉讼法》的规定，遇到某些情况，由法院自行确定的管辖，被称为裁定管辖。裁定管辖分为移送管辖、指定管辖和管辖权转移三种。

1. 移送管辖

移送管辖，是指人民法院受理案件后，发现本法院对该案无管辖权，依照法律规定将案件移送给有管辖权的人民法院审理。人民法院移送案件应具备三个条件。（1）移送案件的人民法院已经受理了该案，但是案件并没有审结。（2）移送案件的人民法院认为自己对本案没有管辖权。（3）接受移送案件的人民法院依法享有管辖权。

移送案件的裁定具有程序上的法律效力，对接受移送的人民法院具有约束力。具体而言，接受移送的人民法院应当受理，不得拒收、退回或者再次自行移送。受移送的人民法院认为受移送的案件按照规定不属于自己管辖的，应当报请上级人民法院指定管辖。

2. 指定管辖

指定管辖，是指上级人民法院以裁定方式，指定下级人民法院对某一案件行使管辖权。指定管辖的实质，是法律赋予上级人民法院在特殊情况下有权变更和确定案件管辖法院，以适应审判实践的需要，保证案件得以及时、正确地裁判。根据《行政诉讼法》第 23 条的规定，有下列情况之一的，由上级法院指定管辖：

一是由于特殊原因，致使有管辖权的法院不能行使管辖权的。特殊原因包括不可抗力或者其他障碍致使难以行使管辖权的，或者由于法定事实造成本院不能审理的。前者如地震、战争等，后者如当事人申请回避致使无法组成合议庭等原因。

二是两个以上法院对管辖权发生争议且协商不成时，报请共同的上级法院指定管辖。管辖权发生争议，主要是指管辖区域不明的案件、有共同管辖的案件、多种地域管辖并存的案件、对管辖规定存在不同理解的案件。

3. 管辖权转移

管辖权转移，是指经上级人民法院决定或者同意，将某个案件的管辖权由上级人民法院转交给下级人民法院，或者由下级人民法院转交给上级人民法院。就管辖权转移的实质而言，是对级别管辖的一种变通和补充。

（1）管辖权转移的条件。根据《行政诉讼法》第24条的规定，管辖权的转移必须同时具备以下三个条件：第一，必须是法院已受理的案件；第二，移交的法院对此案具有管辖权；第三，移交的法院与接受移交的法院之间具有审判监督关系。即管辖权的转移只能发生在有隶属关系的上下级人民法院之间。

（2）理论上管辖权转移有两种情形，即上移下和下移上。但是现行行政诉讼法只规定了下移上，而取消了上移下，即取消了管辖权下放。这样规定主要目的在于防止地方干预，更加公正地审理案件。

三、行政诉讼参加人

行政诉讼参加人，是指依法参加行政诉讼活动，享有诉讼权利，承担诉讼义务，并且与诉讼争议或诉讼结果有利害关系的人。依据《行政诉讼法》的规定，行政诉讼参加人具体包括当事人、共同诉讼人、诉讼中的第三人和诉讼代理人。

行政诉讼参加人不同于行政诉讼参与人，行政诉讼参与人是指除审判人员、书记员、执行人员以外的参与行政诉讼的人。也就是说，行政诉讼参与人的范围比行政诉讼参加人的范围更广，诉讼参与人除参加人以外，还包括证人、鉴定人、翻译人和勘验人员等。

四、行政诉讼当事人

行政诉讼的当事人有广义和狭义之分。广义的当事人包括原告、被告、共同诉讼人、诉讼代表人和诉讼中的第三人。狭义的当事人，仅指原告和被告。在行政诉讼的不同阶段中，当事人有不同的称谓：在第一审程序中，称为原告和被告；在第二审程序中，称为上诉人和被上诉人；在执行程序中，称为申请执行人和被申请执行人。在行政诉讼中，当事人的称谓，不仅仅是一个名称问题，它直接表明了当事人在行政诉讼中的诉讼地位及其所享有的诉讼权利和所承担的诉讼义务。

行政诉讼当事人既是行政诉讼参加人中的核心诉讼主体，也是整个诉讼活动的核心主体。在行政诉讼中，当事人（广义）具有以下几个特征：

（一）以自己的名义进行诉讼

在行政诉讼中，只有以自己的名义参加行政诉讼活动的，才属于行政诉讼的当事人，凡是不能以自己的名义参加行政诉讼活动的，则不属于行政诉讼的当事人，如诉讼代理人。

（二）与行政案件有直接或间接的利害关系

在行政诉讼中，当事人是为了维护自己的合法权益而参与到行政诉讼活动之中的，案件的处理结果与当事人有直接或间接的利害关系。而当事人以外的其他诉讼参与人并不是基于自身的利益参加到诉讼之中，而是为了协助他人进行诉讼，使行政诉讼活动能够顺利进行，他们与案件的结果没有直接或间接的利害关系，如证人、鉴定人、翻译人员等。

（三）受人民法院裁判的拘束

由于人民法院的裁判是针对当事人之间的行政权利和义务的争执作出的，因而其裁判的效力只是针对当事人。对当事人以外的其他诉讼参与人，人民法院的裁判则不发生拘束力。

（四）具有一定的稳定性

行政诉讼的原告是公民、法人或者其他组织，而被告是行政机关或者法律、法规授权的组织。这是由行政诉讼"民"告"官"的特征决定的。

五、行政诉讼原告的概念和特征

（一）行政诉讼原告的概念

行政诉讼原告，是指认为行政机关的行政行为侵犯其合法权益，依照行政诉讼法的规定，以自己的名义向人民法院提起诉讼，要求法院予以裁决的公民、法人和其他组织。行政诉讼实行不告不理原则，没有原告的发动，具体的诉讼就无法形成。

（二）行政诉讼原告的特征

《行政诉讼法》第25条规定，行政行为的相对人以及其他与行政行为有利害关系的公民、法人或者其他组织，有权提起诉讼。根据本条规定，原告有如下特征：

1. 原告是行政管理相对一方的行政相对人或者是其他与行政行为有利害关系的人

原告必须是处于行政管理活动中与行使行政管理职权的行政主体相对一方，即被管理的行政相对人，或者是其他与行政行为有利害关系的公民、法人或者其他组织。在行政诉讼中，作为被告的行政机关作为行使行政管理权的一方，没有原告资格。这种规定是基于行政管理中双方处于不平等的地位而作出的，旨在保护处于被动地位的行政相对人，监督行政机关依法行政。

2. 认为行政行为侵犯其合法权益

这种认为只是主观上的认识，并不一定是客观事实，被告行政机关的行政行为是否侵犯了原告的合法权益，有待人民法院判决认定。

3. 以自己的名义向人民法院起诉

以自己的名义向法院提起诉讼，不同于诉讼代理人的活动，需要有原告的主体资格，同时承担人民法院的裁定和判决的法律后果。以自己的名义起诉，也不同于作为第三者身份向有关部门反映情况为他人鸣不平申冤。

4. 受人民法院裁定、判决的拘束

原告向人民法院起诉被受理后，开始享有诉讼权利，承担诉讼义务，并且受人民法院判决和裁定的拘束。

六、原告的范围

根据行政诉讼法的规定，我国行政诉讼原告包括下列几类：公民、法人、其他组织（非法人组织）。

1. 公民

公民是指具有一国国籍并享有该国法律所规定的权利，履行该国所规定的义务的自然人。中国公民就是指具有中国国籍的自然人。原告必须具有诉讼权利能力，但并不一定需要同时具备诉讼行为能力，他可能没有亲自参加诉讼活动的资格，如精神病患者和未成年人，但其作为原告的资格不能被剥夺。反之，没有诉讼权利能力的人不能作为原告。

2. 法人

法人是指具有民事权利能力和民事行为能力，依法独立享有民事权利和承担民事义务的组织。根据《民法通则》第37条的规定，法人必须具备的条件是：依法成立；有必要的财产和经费；有自己的名称、组织机构和场所；能够独立承担民事责任。缺少其中的任何一个条件，有关组织不能作为法人而存在。一般来说，法人可以是企业法人、机关法人、事业法人、社会团体法人四类。

（1）企业法人。企业法人是指实行独立经济核算，自主经营、自负盈亏的各类经济组织。

（2）机关法人。机关法人是指依法成立，有独立经费的各级国家管理部门。这些机关从依法成立时起就取得法人资格。其职能主要是从事国家管理活动，一般不得从事经营的业务。

（3）事业法人。事业法人是指不以营利为目的，经费主要靠国家预算拨款而成立的非经营性组织，如学校、科研院所等。

（4）社会团体法人。社会团体法人是指由公民自愿结合而成立的各类组织。这类组织从登记之日起就具有法人资格，如学会、协会等。

3. 其他组织

其他组织是指不具备法人资格但又从事一定活动的组织。这类组织虽然不具备法人条件，但是他们往往也会因为国家机关违法行使职权的行为造成合法权益被侵犯。因此法律同样赋予它们提起行政诉讼的权利。

根据《最高人民法院关于适用＜中华人民共和国民事诉讼法＞的解释》第52条的规定：《民事诉讼法》第48条规定的"其他组织"是指合法成立、有一定的组织机构和财产，但又不具备法人资格的组织，包括：（1）依法登记领取营业执照的个人独资企业；（2）依法登记领取营业执照的合伙企业；（3）依法登记领取我国营业执照的中外合作经营企业、外资企业；（4）依法成立的社会团体的分支机构、代表机构；（5）依法设立并领取营业执照的法人的分支机构；（6）依法设立并领取营业执照的商业银行、政策性银行和非银行金融机构的分支机构；（7）经依法登记领取营业执照的乡镇企业、街道企业；（8）其他符合本条规定条件的组织。

4. 外国人、无国籍人

外国组织外国人、无国籍人、外国组织在中国境内进行活动，必须遵守中华人民共和国的宪法和法律，接受中国行政机关的管理，因而在行政管理活动的某些方面，有可能同我国的行政机关因行使行政管理权力而发生争议。我国法律在制度上保障外国人、无国籍人、外国组织的诉权，根据不同的情形而给予不同对待。

七、原告资格的确认

在行政诉讼中，原告资格的确认是一个十分复杂的问题。根据《行政诉讼法》和相关司法解释对行政诉讼原告作出的规定，可以根据以下几种情形确定原告。

（一）相邻权人的原告资格

相邻权是民法中赋予民事主体的一种权利。不动产的占有人在行使物权时，对相毗邻的他人的不动产享有一定的支配权。根据《民法通则》第83条的规定："不动产的相邻各方，应当按照有利生产、方便生活、团结互助、公平合理的精神，正确处理截水、排水、通行、通风、采光等方面的相邻关系。给相邻方造成妨碍或者损失的，应当停止侵害，排除妨碍，赔偿损失。"根据这一相邻关系的规定，相邻权主要包括截水、排水、通行、通风、采光等权利。由于社会的发展、人们生产生活的区域的相对集中和人们的相互依赖性的增强，相邻权问题变得很普遍。民事主体侵犯他人相邻权的行为，在很多时候与行政机关的行政行为有着密切联系。被诉的行政行为涉及其相邻权或者公平竞争权的，公民、法人或者其他组织可以依法提起行政诉讼。

（二）公平竞争权人的原告资格

社会主义市场经济客观上要求建立的是一种公平竞争的市场体制，国家制定法律、政策措施来保障市场主体的公平竞争权。对市场主体公平竞争权的侵害不仅来自其他市场主体，有时也来自行政机关，如限制外地商品进入本地市场、不公平的商检、不合法的行政确认等，损害市场主体的公平竞争权益，因此，法律赋予公平竞争权人可以具有原告资格。

（三）受害人的原告资格

受害人是指合法权益受到另一民事主体应受行政处罚的违法行为侵害的公民、法人或者其他组织。行政机关对侵害人进行处罚既是一种职权也是一种职责；既是为了维护社会秩序和公共利益，也是为了保护受害人的合法权益。因此，在侵害发生时，行政机关采取的做法有可能会被受害人认为处理偏轻或者处理不公正，在这种情形下受害人要求行政机关追究加害人责任的，可以作为原告起诉。

（四）与撤销或者变更行政行为有法律上利害关系的行政相对人的原告资格

行政行为具有确定力，对于行政主体来说，这种确定力要求行政主体不得随意改变自己已作出的行政行为，否则应承担相应的法律责任。但是，行政机关对一个已经生效的行政行为，在认为违法或者不正当的时候，可主动或依申请撤销、变更。这种撤销或者变更行为往往会侵犯以下两种人的权益：合法权益的保护依赖于被撤销或者变更的行政行为的相对人、相关人；行政行为的信赖人。行政行为成立、生效以后，不仅创设、变更或终止某种法律关系，而且也因其确定力、拘束力以及执行力，使当事人对其信赖并予遵守而形成法律的安定性及法律的确定性，尤其是当行政行为的申请复议或提起诉讼的期间已经过时，行政机关的撤销和变更行为往往会打破这种"安定性及确定性"，侵害信赖人的合法权益。在这种情况下，对于因此而权益受损的利害关系人，应赋予其行政诉讼原告资格，为其提供救济途径。

（五）与行政复议决定有法律上的利害关系的行政相对人的原告资格

行政复议是行政救济的一种，申请人对行政复议决定不服的，可以提起行政诉讼，但其他与行政复议决定有法律上的利害关系的人，对行政复议决定不服的，也有权提起行政诉讼。由于行政复议决定改变或撤销了原行政行为，与行政复议决定有法律上的利害关系的行政相对人，有权针对行政复议决定提起行政诉讼，享有原告资格。

（六）合伙企业的原告资格

在我国，合伙作为一种商业组织形式，已经有很长的历史。自改革开放以来，合伙组织已有很大的发展。现行立法所确立的合伙企业不同于其他合伙组织，二者的主要区别在于：（1）合伙企业设立的依据是《合伙企业法》，其他合伙组织设立的依据是《民法通则》；（2）合伙企业必须具有营利为目的，而其他合伙组织不一定具有营利目的；（3）合伙企业具有稳定性，而其他合伙组织往往具有临时性；（4）合伙企业必须具有自己的名称，而其他合伙组织则不以具备名称为必要；（5）合伙企业必须申请登记，其他合伙组织则没有此要求。合伙企业向人民法院提起诉讼的，应当以核准登记的字号为原告，由执行合伙企业事务的合伙人作诉讼代表人；其他合伙组织提起诉讼的，合伙人为共同原告。

（七）联营、合资、合作各方的原告资格

联营企业、中外合资或者合作企业的联营、合资、合作各方，认为联营、合资、合作企业权益或者自己一方合法权益受行政行为侵害的，均可以自己的名义提起诉讼。这里需要注意的是，当联营企业、中外合资或者合作企业的联营、合资、合作各方，认为行政机关的行政行为侵犯了联营、合资、合作企业权益或者是自己一方权益的，均可以自己的名义提起诉讼。因为联营、合资及合作各方或为法人、其他组织，或为个人，组成联营、合资、合作企业后，亦不丧失自己的独立性，具有自己独立的利益，所以在认为行政行为侵犯自己合法权益时，也可以以自己的名义提起行政诉讼。当行政行为是针对企业作出的，联营、合资、合作各方对行政机关行政行为不服的，也可以以自己的名义起诉。

（八）非国有企业被终止或者改变隶属关系的原告资格

非国有企业被行政机关注销、撤销、合并、强令兼并、出售、分立或者改变企业隶属关系的，该企业或者其法定代表人可以提起诉讼。这些都是将非国有企业主体资格消灭的行为，在法律上原企业已经不复存在，但是如果不允许被消灭的企业提起行政诉讼，则对行政机关的这种行为没有司法救济手段，无人能够提起诉讼，因此司法解释承认了该企业或者其法定代表人的行政诉讼原告资格。

（九）股份制企业的原告资格

股份制企业的股东大会、股东代表大会、董事会等认为行政机关作出的行政行为侵犯企业经营自主权的，可以以企业名义提起诉讼。股份制企业的经营自主权受到行政行为的侵害，企业具有原告资格，企业的法定代表人可以以企业的名义起诉。但是，也存在企业的法定代表人不起诉的情况，这时需要其他的组织为了企业利益而起诉。根据该条规定，股份制企业的内部机构股东大会、股东代表大会和董事会可以因公司的经营自主权受到了侵犯而提起诉讼，但又因股东大会、股东代表大会和董事会是公司的内部机构，其本身不具备独立的诉讼权利能力。因此，不能够以自己的名义提起诉讼，而只能以股份制企业的名义提起诉讼。

八、原告资格的转移

行政诉讼中的原告资格转移，是指有权起诉的公民、法人或者其他组织死亡或终止，原告资格依法自然转移给有利害关系的特定公民、法人或者其他组织。《行政诉讼法》第 25 条规定，有权提起诉讼的公民死亡，其近亲属可以提起诉讼。有权提起诉讼的法人或者其他组织终止，承受其权利的法人或者其他组织可以提起诉讼。

（一）原告资格转移的条件

1. 享有原告资格的主体在法律上不复存在，即自然人死亡或被宣告死亡；法人或其他组织依法终止；

2. 享有原告资格的主体在法律上消灭时，法定的起诉期限尚未经过；

3. 原告资格转移发生于与原告有特定利害关系的主体之间，没有这种关系也不发生资格转移。

（二）原告资格的承受主体

享有原告资格的自然人死亡，其近亲属均可以获得起诉权，并没有顺序限制，近亲属的一人或者数人均可以提起行政诉讼。近亲属包括配偶、父母、子女、兄弟姐妹、祖父母、外祖父母、孙子女、外孙子女和其他具有扶养、赡养关系的亲属。在这种情形下，这些亲属享有原告资格，以自己的名义提起诉讼。

享有原告资格的法人或者其他组织终止的，由承受其权利的法人或者其他组织获得起诉权。法人或者其他组织终止有两种情况：（1）消灭，即法人或者其他组织的资格在法律上最终归于消灭和结束，如撤销、破产，其权利由法律规定的组织承受。（2）变更，即原法人或者组织以新的法人或其他组织形式出现并且与原法人或者其他组织之间在法律上具有继承关系。这种变更主要有合并和分离两种形式。承受原告资格的公民或者组织应当向人民法院提供其属于法定亲属范围的证明或者作为被终止组织的权利承受者的证明文件。

九、行政诉讼被告的概念和特征

(一) 行政诉讼被告的概念

行政诉讼被告,是指被原告指控其行政行为侵犯原告合法权益,由人民法院通知应诉的行政机关和法律、法规、规章授权的组织。

(二) 行政诉讼被告的特征

1. 被告是具有行政职权的行政机关或者法律、法规、规章授权的组织

行政诉讼的被告是组织,而不是个人。行政机关是指依法独立享有行政职权的国家机关。行政机关能够以自己的名义独立行使行政职权,有独立的机构、经费。法律、法规授权的组织虽然不具有行政机关的身份,但通过依法授权获得了一定的行政职权。另外,《行诉法解释》承认了"规章"授权的组织,也具有独立的行政诉讼被告资格。

2. 被告应当是作出被诉行政行为,对被诉行政行为承担法律责任的组织

并不是所有具有行政职权的组织都可以成为某个行政争议案件行政诉讼的被告,还必须是实施行政行为给公民、法人或者其他组织合法权益造成侵害,并被公民、法人或者其他组织诉诸法院时,才是行政诉讼的被告。一般来说,作出行政行为的组织,是指具有独立承担行政行为法律责任的组织,即具有行政主体资格。

3. 被告须是被指控并经人民法院通知应诉的人

被告是被原告所控告的人,而且经过法院审查确认正当,并由人民法院通知应诉的人。原告指控与法院通知应诉这两个方面必须结合一致,缺少任何一个方面都不能成立。没有原告的指控,法院不能确定被告,没有法院的审查确定,仅有原告指控也不能构成被告。

十、被告的确定

行政诉讼被告的一般确认规则是作出行政行为的行政机关或者法律、法规、规章授权的组织。但是,在实践中,确定行政诉讼的被告确实是一个十分复杂的问题。根据《行政诉讼法》和相关司法解释对行政诉讼被告的规定,行政诉讼的被告根据以下规则确定:

(一) 直接起诉的案件,作出被诉行政行为的行政机关是被告

《行政诉讼法》第 26 条第 1 款规定,公民、法人或者其他组织直接向人

民法院提起诉讼的，作出行政行为的行政机关是被告。这里指的是公民、法人或者其他组织对行政机关所作的行政行为不服，没有经过复议而直接起诉的情况。比如，公民甲对县公安机关的处罚不服而直接起诉的，县公安机关就是被告。

（二）复议情形下的被告

《行政诉讼法》第26条第2款、第3款规定，经复议的案件，复议机关决定维持原行政行为的，作出原行政行为的行政机关和复议机关是共同被告；复议机关改变原行政行为的，复议机关是被告。复议机关在法定期限内未作出复议决定，公民、法人或者其他组织起诉原行政行为的，作出原行政行为的行政机关是被告；起诉复议机关不作为的，复议机关是被告。

"复议机关决定维持原行政行为"，包括复议机关驳回复议申请或者复议请求的情形，但以复议申请不符合受理条件为由驳回的除外。"复议机关改变原行政行为"，是指复议机关改变原行政行为的处理结果。

复议机关决定维持原行政行为的，作出原行政行为的行政机关和复议机关是共同被告。原告只起诉作出原行政行为的行政机关或者复议机关的，人民法院应当告知原告追加被告。原告不同意追加的，人民法院应当将另一机关列为共同被告。

（三）两个以上行政机关作出同一行政行为的，各行政机关是共同被告

《行政诉讼法》第26条第4款规定，两个以上行政机关作出同一行政行为的，共同作出行政行为的行政机关是共同被告。在我国行政实践中，经常存在联合执法、共同署名发文、共同组成临时执法机构等情形，几个行政机关共同作出一个行政处理决定，相对人不服时，应当以几个机关作为共同被告来起诉。但是，当相对人只起诉其中一个的时候，法院无权依职权主动追加，而只能列应当追加的被告为第三人参加诉讼。

（四）法律、法规、规章授权的组织所作的行政行为，该组织是被告

《行政诉讼法》第2条规定，"公民、法人或者其他组织认为行政机关和行政机关工作人员的行政行为侵犯其合法权益，有权依照本法向人民法院提起诉讼。前款所称行政行为，包括法律、法规、规章授权的组织作出的行政

行为。"法律、法规、规章授权的组织在授权范围和幅度内，能够以自己的名义独立地对外行使行政职权，享有对特定事件和行为作出处理的权力，并能以自己的名义独立地承担法律责任。换句话说，法律、法规、规章授权的组织取得了行政主体的资格。因而，其作出的行政行为引起的诉讼，由该授权的组织自己承担法律责任，成为行政诉讼的被告。

（五）委托情形下的被告

行政委托，是指依法拥有某项行政管理职权的行政机关，根据法律的规定，按照法定的程序，将其行政管理事务委托给符合法定条件的行政机关、组织办理，由受托人以委托机关的名义从事活动，并由委托机关承担该活动的法律后果的行为。

《行政诉讼法》第 26 条第 5 款规定，行政机关委托的组织所作的行政行为，委托的行政机关是被告。因此，在行政委托的情形下，相对人不服提起诉讼的，应该以委托机关为被告。

（六）行政机关被撤销或者职权变更的，继续行使其职权的行政机关是被告

《行政诉讼法》第 26 条第 6 款规定，行政机关被撤销或者职权变更的，继续行使其职权的行政机关是被告。行政机关被撤销的时间可能发生在行政机关作出行政行为之后，原告尚未提起诉讼之前；或者在诉讼过程中，人民法院尚未作出裁决前。由于行政行为对行政相对人权益产生的影响不会因为行政机关被撤销而消灭，因此就产生行政机关被撤销后，行政责任的承担问题。因行政机关被撤销后，职权有可能转移给其他行政机关，或原行政机关与其他行政机关合并或者职权分立，成立新的行政机关。无论何种情形，都以继续行使其职权的行政机关为被告。但也可能行政机关被撤销后随着政府职能转变，没有继续行使职权的行政机关，则应以作出撤销决定的行政机关为被告。

（七）经上级行政机关批准的行政行为，以对外发生法律效力的文书上署名的机关是被告

当事人不服经上级行政机关批准的行政行为，向人民法院提起诉讼的，应当以在对外发生法律效力的文书上署名的机关为被告。

行政机关或者法律、法规授权的组织经上级行政机关批准作出行政行

时，谁是被告，应看是哪个主体实施的行为。实践中，有些法律、法规授权的组织或者行政机关作了一些自我约束型规定，如规定须报上级行政机关批准才能作出或者生效。这种情况下，被告应是在行政处理决定书上署名盖章的行政机关。因为批准程序仅仅是内部程序，所以对公民、法人或者其他组织来说，直接对他作出处理决定的机关才是被告。

（八）内部机构或临时性机构作出行政行为时的被告

行政机关组建并赋予行政管理职能但不具有独立承担法律责任能力的机构，以自己的名义作出行政行为，当事人不服提起诉讼的，应当以组建该机构的行政机关为被告。

行政机关的内设机构或者派出机构在没有法律、法规或者规章授权的情况下，以自己的名义作出行政行为，当事人不服提起诉讼的，应当以该行政机关为被告。

法律、法规或者规章授权行使行政职权的行政机关内设机构、派出机构或者其他组织，超出法定授权范围实施行政行为，当事人不服提起诉讼的，应当以实施该行为的机构或者组织为被告。

在我国行政管理的实践中，较为普遍地存在许多临时性机构或临时性综合机构，这些机构或者是一个职能机关设的，或者是几个行政职能机关共同组建的，或者是同级政府牵头由几个职能部门组建的。对于这些机构以自己名义行使的行政行为，相对人不服提出诉讼的，应当以组建该机构的行政机关为被告。

内设机构、派出机构能否成为行政诉讼中的被告，以是否有法律、法规、规章授权作为区分的标准。如果法律、法规、规章对内设机构、派出机构有一定的授权，该内设机构、派出机构依据该授权行使权力而作出行政行为，相对人不服的，应该以该内设机构、派出机构作为行政诉讼中的被告。内设机构、派出机构在没有法律、法规、规章授权的情况下，虽然以自己的名义作出行政行为，但是在法律上他们并没有独立的主体资格，相对人不服提起诉讼时，仍然以设立该机构的行政机关为被告。

（九）不作为情形下的被告

行政不作为的案件中，行政机关没有作出一个有形的行政行为，在被告认定上必须采用法律的标准，即看到底是哪个行政机关对某人或某事项负有具体的直接法律职责，负有法定职责的机关就是该案件的被告。

（十）被告的更换

原告所起诉的被告不适格，人民法院应当告知原告变更被告；原告不同意变更的，裁定驳回起诉。应当追加被告而原告不同意追加的，人民法院应当通知其以第三人的身份参加诉讼。

起诉是原告的权利，审查被告是法院的职责。因此．在原告所列明的被告不正确时，法院要告知原告变更被告，原告拒不变更的，法院应当裁定驳回起诉。应当追加被告而原告不同意追加的，列其为第三人参加诉讼，法院不能依职权直接追加。

十一、行政诉讼第三人的概念和特征

（一）行政诉讼第三人的概念

行政诉讼第三人，是指与被诉行政行为或同案件处理结果有利害关系、申请参加或者由人民法院通知其参加到行政诉讼中来的公民、法人或者其他组织。设定第三人制度，主要是为了实现诉的合并，减少不必要的诉讼；同时也是为了查清案件事实，有利于人民法院的公正审判。

（二）行政诉讼第三人的特征

1. 第三人与争议行政行为具有法律上的利害关系

根据《行政诉讼法》的规定，第三人就是同被诉的行政行为有利害关系或者同案件处理结果有利害关系的人。第三人参加诉讼的目的是维护自身的合法权益，当然也有助于全面查明案件事实和全面正确解决纠纷。基于这种考虑，行政诉讼第三人与被诉行政行为的利害关系，就应当作更宽泛的解释，即这种利益关系包括与被诉行政行为的利害关系，也包括与诉讼结果的利害关系。

2. 第三人具有独立的诉讼地位

第三人与原、被告均不一样，它参加诉讼是为了维护自己的合法权益，它既不必然依附于原告也不必然依附于被告，它有自己独立的诉讼地位，它可以提出自己的请求，也可以发言、辩论，对一审判决不服时还可以提出上诉。

3. 第三人参加的是他人已经开始、尚未结束的诉讼

这是第三人参加诉讼的时间要求，在诉讼程序尚未开始或者诉讼程序终结以后，是没有第三人的。

4. 第三人参加诉讼的方式有申请和通知

这是第三人参加诉讼的两种方式，既可以主动向法院提出申请，参加已经开始的诉讼，也可以是人民法院为了更好地查明案情，通知其参加，目的是节省司法资源，提高诉讼效率。

十二、行政诉讼第三人的种类

从行政诉讼的实践来看，第三人主要有以下几种形式：

1. 行政处罚案件中的受害人或被处罚人

在行政处罚案件中，如果被处罚人对处罚结果不服作为原告起诉，另一方受害人则可以作为第三人参加诉讼；如果是受害人对处罚结果不服而以原告身份向法院起诉，相应的被处罚人也可以第三人名义参加诉讼。

2. 行政处罚案件中的共同被处罚人

在一个行政处罚案件中，行政机关处罚了两个以上的违法行为人，其中一部分人向法院起诉，而另一部分被处罚人没有起诉的，可以作为第三人参加诉讼。

3. 行政裁决、行政确权案件的当事人

公民、法人或者其他组织之间发生民事权益纠纷，由行政机关确权裁决，一部分当事人不服向法院起诉，另一部分当事人可以作为第三人参加诉讼。

4. 两个以上的行政机关作出相互矛盾的行政行为，非被告的行政机关可以作为第三人参加诉讼

例如，甲机关批准公民可为一定的行为，而乙机关则作出撤销该公民的这一资格的决定或因此而处罚该公民，公民提起诉讼，乙机关是被告，甲机关即为诉讼中的第三人。

5. 与行政机关共同署名作出处理决定的非行政机关组织

这种组织既不是行政机关，也不是授权组织，不具有行政主体资格，不能作为行政诉讼中的被告，但是可以作为第三人，必要时人民法院可以判决其承担一定的赔偿责任。

6. 因利害关系人提起诉讼的行政行为的其他利害关系人

受行政机关的行政行为影响的公民、法人或者其他组织提起了诉讼，而其他没有提起诉讼的有法律上利害关系的人可以作为诉讼第三人参与诉讼。行政机关的同一行政行为涉及两个以上利害关系人，其中一部分利害关系人对行政行为不服提起诉讼，人民法院应当通知没有起诉的其他利害关系人作

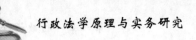

为第三人参加诉讼。

7. 应当追加被告而原告不同意追加的，法院应通知其作为第三人

参加诉讼如果只有一个被告而原告又指控不正确的，法院应要求原告变更正确的被告。原告不同意变更的，则裁定驳回起诉。但是，如果应当有两个或两个以上的被告，而原告只诉其中部分被告，不同意诉其他具有被告资格的行政机关的，这些机关应作为第三人参加诉讼。

十三、第三人参加诉讼的程序

第三人参加诉讼的方式有两种：

1. 申请参加诉讼

当与本诉讼有利害关系的第三人知悉本诉讼正在法院进行时，第三人可以以申请的形式，要求参与本案诉讼。对于当事人的申请，法院应当进行审查，确认其与本案有利害关系并符合其他参诉条件，并通知其参加本案诉讼。

2. 由法院通知参加诉讼

应当追加被告而原告不同意追加的，人民法院应当通知其以第三人的身份参加诉讼。行政机关的同一行政行为涉及两个以上利害关系人的，其中一部分利害关系人对行政行为不服提起诉讼，人民法院应当通知没有起诉的其他利害关系人作为第三人参加诉讼。

第三人具有当事人的诉讼地位，享有独立的上诉权。

十四、第三人参加诉讼的法律意义

在行政诉讼中设定第三人制度的意义在于：有利于保护作为第三人的公民、法人或者其他组织的合法权益，督促行政主体依法行政，这是根本所在；避免没有参加诉讼的第三人可能提起新的诉讼，以及人民法院可能对此作出与原判决相互矛盾的判决；有利于人民法院认真听取争议各方的意见，查明事实，全面正确地处理行政案件。总之，第三人制度的确定，既符合诉讼公正的要求，也与行政诉讼法的目的一致。

第三人提出与本案有关的诉讼主张，对人民法院的一审判决不服，有权提起上诉。第三人经过法院合法传唤无正当理由拒不到庭的，或者未经法庭许可中途退庭的，不影响案件的审理。

十五、诉讼代理人

（一）诉讼代理人的概念和特征

诉讼代理人是指依照法律的规定或者基于当事人的委托，以当事人的名义，在一定权限范围内，为当事人的利益进行诉讼活动的人。诉讼代理人有以下特征：

1. 以被代理人的名义进行诉讼活动。诉讼代理的目的在于维护被代理人的合法权益，因此只能以被代理人的名义进行诉讼，而不能以自己的名义进行诉讼。

2. 诉讼代理人是有诉讼行为能力的人。没有诉讼行为能力的人，不能作为诉讼代理人。在诉讼中，如果诉讼代理人丧失了诉讼行为能力，也就丧失了诉讼代理人的资格。

3. 在代理权限内实施诉讼行为。诉讼代理人的代理权限，来源于法律规定或当事人的授权。凡是超越代理权所实施的诉讼行为，都是无效的诉讼行为，不能产生诉讼法上的效果。

4. 诉讼代理的法律后果由被代理人承担。

5. 在同一诉讼中，不能代理双方当事人。在诉讼中，双方当事人的利益是对立的。同时为双方当事人的代理人，可能会损害一方当事人的利益。

（二）诉讼代理人的分类

在行政诉讼中，诉讼代理人可以分为法定代理人和委托代理人两类。

1. 法定代理人

法定诉讼代理人的含义和适用范围是根据法律的直接规定而发生的诉讼代理，称为法定诉讼代理。依照法律规定取得并行使诉讼代理权的人，称为法定诉讼代理人。法定诉讼代理是为无诉讼行为能力的人在法律上设立的一种代理制度。

诉讼行为能力是指当事人可以亲自实施诉讼行为，并通过自己的行为，行使诉讼权利和承担诉讼义务的能力。无诉讼行为能力人是指意思表示能力欠缺，无法独立行使诉讼权利的人，通常是指未成年人、精神病患者、弱智或痴呆病人。无诉讼行为能力人的监护人是其法定代理人。

根据民法通则的规定，未成年人的父母已经死亡或者没有监护能力的，由下列人员中有监护能力的人担任监护人：（1）祖父母、外祖父母；（2）兄、姐；（3）关系密切的其他亲属、朋友愿意承担监护责任，经未成年人的父、母的所在单位或者未成年人住所地的居民委员会、村民委员会同意的；（4）未成年人的父、母的所在单位或者未成年人住所地的居民委员会、村民委员会或者民政部门。

精神病人由下列人员担任监护人：（1）配偶；（2）父母；（3）成年子女；（4）其他近亲属；（5）关系密切的其他亲属、朋友愿意承担监护责任，经精神病人的所在单位或者住所地的居民委员会、村民委员会同意的；（6）精神病人的所在单位或者住所地的居民委员会、村民委员会或者民政部门。

法定代理人代理当事人参加诉讼，是其对被代理人和社会应尽的义务，不应推诿。但是如果发生互相推诿的情形，由人民法院指定其中一人代为诉讼。

2. 委托代理人

委托代理人，是指根据当事人、法定代理人的委托，代为进行诉讼活动的人。由于委托代理人要依赖被代理人的授权进行诉讼代理活动，因此委托代理人也被称为授权代理人或意定代理人。

委托代理不同于法定代理。一是代理权不是根据法律的规定，而是基于当事人、法定代理人的委托；二是代理权限由当事人、法定代理人决定；三是必须向法院提交授权委托书。

根据《行政诉讼法》第31条的规定，当事人、法定代理人最多只能委托2人作为诉讼代理人。委托代理人的范围是：

（1）律师、基层法律服务工作者；

（2）当事人的近亲属或者工作人员；

（3）当事人所在社区、单位以及有关社会团体推荐的公民。

（三）诉讼代理人的权利

《行政诉诊法》第32条规定，代理诉讼的律师，有权按照规定查阅、复制本案有关材料，有权向有关组织和公民调查、收集与本案有关的证据。对涉及国家秘密、商业秘密和个人隐私的材料，应当依照法律规定保密。当事人和其他诉讼代理人有权按照规定查阅、复制本案庭审材料，但涉及国家秘密、商业秘密和个人隐私的内容除外。根据本条规定，代理律师和其他代理人享有的权利是有差异的。

1. 代理律师的权利

律师的权利有两项：一是查阅、复制与本案有关材料。包括证据材料、庭审记录、起诉状、答辩状、代理意见书等。二是调查收集证据。无论是调查收集证据，还是查阅、复制本案材料，对于涉及国家秘密、商业秘密和个人隐私的材料，律师应当依照法律规定承担保密义务。

2. 其他诉讼代理人的权利

当事人和其他诉讼代理人有权查阅、复制本案庭审材料，但不能查阅、复制涉及国家秘密、商业秘密和个人隐私的内容。

十六、诉讼代表人

（一）诉讼代表人的概念和条件

诉讼代表人，是指为了便于诉讼，由人数众多的一方当事人推选出来，代表其利益实施诉讼行为的人。诉讼代表人具有双重身份，一方面他是诉讼当事人，另一方面他又是代表人。诉讼代表人应具备以下基本条件：

1. 行政案件属于当事人一方人数众多的共同诉讼。

2. 诉讼代表人是本案的当事人。

3. 诉讼代表人具有诉讼行为能力。

4. 诉讼代表人具备进行诉讼相适应的能力。

5. 须能善意地履行诉讼代表人的职责。

（二）诉讼代表人制度需要注意的问题

在行政诉讼中，要正确理解诉讼代表人制度必须把握以下几个问题：一是诉讼代表人制度只发生在共同诉讼中。二是推选的代表人必须是当事人之一，不能是案外人。三是诉讼代表人的诉讼行为仅限于提出管辖权异议、提供证据、进行法庭辩论等不涉及实体权利的行为。四是代表人变更、放弃诉讼请求或者承认对方当事人的诉讼请求，应当经被代表的当事人同意。五是推选代表人是一项权利而非义务，言外之意，当事人可以推选，也可以不推选代表人。六是当事人一般是指原告一方，因为一般情形下，被告一方不存在人数众多的情况。

第四节　行政诉讼程序

一、起诉

（一）起诉的概念

行政诉讼中的起诉，是指公民、法人或者其他组织认为行政机关及其工作人员的行政行为侵犯了自己的合法权益，依法请求人民法院对该行政行为予以审查以保护自己合法权益的法律行为。它是原告单方面行使法律赋予的起诉权的行为。

起诉是诉讼程序发生的前提，公民、法人或者其他组织通过起诉行为来实现诉权，人民法院通过审查起诉能否受理来逐步展开案件的审理与行政行为的审查工作。没有起诉，也就没有行政诉讼程序的发生。行政诉讼中的起诉具有以下特点：

1. 起诉是启动诉讼程序发生的唯一途径。在行政诉讼中，公民、法人或者其他组织是启动诉讼程序的唯一一方当事人，如果没有原告的起诉，人民法院无法受理和审理行政案件。

2. 起诉是公民、法人或者其他组织请求人民法院审查行政行为，解决行政争议的行为。起诉的根本目的就是要启动司法程序，解决行政争议。

3. 起诉是起诉人单方面行使诉权的具有法律意义的行为。公民、法人或者其他组织起诉无须经过其他任何机关、团体或者个人的同意，一旦起诉，人民法院必须作出回应。

4. 起诉必须按法律规定的条件、程序和方式。

（二）起诉的条件

起诉条件，是指按照行政诉讼法的规定，公民、法人或者其他组织起诉时必须满足的形式要件。从客观上来说，任何公民、法人或者其他组织认为行政机关的行政行为侵犯其合法权益，都可以向人民法院提起诉讼，请求人民法院的司法保护。具体而言，某一行政行为引起的行政争议能否进入诉讼进程并由人民法院予以裁决，则要看起诉人的起诉是否符合行政诉讼法规定的起诉条件。只有符合起诉条件的起诉，才有可能会被人民法院受理和审理。我国《行政诉讼法》第49条对起诉的条件作了明确的规定，主要有：

1. 原告适格

起诉人应当是行政相对人或者是与行政行为有利害关系的其他公民、法人、组织；有权提起诉讼的公民死亡，起诉人可以是其近亲属；有权提起诉讼的法人或者其他组织终止，起诉人可以是承受其权利的法人或者其他组织。

2. 有明确的被告

有明确的被告，是指原告指控的被告一方应当清楚、具体。原告应当在起诉时明确自己告谁，在起诉状上写明被告的名称、法定代表人的具体情况。如果原告起诉的被告不明确，案件没有明确的被告人，诉讼就不能成立，人民法院也无法审理这类案件。

要求原告的起诉有明确的被告，并不是要求原告起诉的被告必须是正确、合格的被告。由于我国行政机关的设置比较复杂，行政诉讼法对被告制度的设计也比较烦琐，原告起诉时所确定的被告并不一定符合行政诉讼法关于被告确定的要求。为保障原告的诉权，人民法院有义务帮助原告找出正确的被告。

3. 有具体的诉讼请求和事实根据

诉讼请求，是指原告向人民法院就其行政争议所提出的诉讼主张。原告向人民法院提出诉讼请求的目的，是请求人民法院肯定其主张，对被告的行政行为进行处理。诉讼请求具有主观性，反映了原告的利益要求。

原告提出的诉讼请求内容应当清楚明确、内容特定。在行政诉讼中，原告的诉讼请求通常包括以下几种：（1）请求判决撤销或者变更行政行为；（2）请求判决行政机关履行法定职责或者给付义务；（3）请求判决确认行政行为违法；（4）请求判决确认行政行为无效；（5）请求判决行政机关予以赔偿或者补偿；（6）请求解决行政协议争议；（7）请求一并审查规章以下规范性文件；（8）请求一并解决相关民事争议；（9）其他诉讼请求。

事实根据，是指原告向人民法院起诉所应依据的事实和根据，包括案件事实和证据事实。例如，行政行为存在的事实，行政行为侵犯原告合法权益的事实等。原告提供事实根据主要是针对起诉是否成立而言的，是为了证明行政争议的存在，原告对被诉行政行为违法并不负举证责任。在行政诉讼中，被诉行政行为是否合法由被告负举证责任，原告只对程序性的事实和受侵害的事实负举证责任。原告所起诉的案件事实包括两类：当事人争议的行政法律关系发生、变更、消灭的法律事实；当事人的合法权益是否受到行政行为的侵害或当事人之间是否发生行政争议的事实。

4. 属于人民法院受案范围和受诉人民法院管辖

在我国，行政诉讼的受案范围有法律的明确规定。原告只能就受案范围内的行政争议向人民法院提起诉讼，对超出了受案范围的行政争议，公民、法人或者他组织无权起诉，人民法院也无权受理。对属于人民法院受案范围的行政案件，原告应当向有管辖权的人民法院起诉。人民法院发现原告起诉的法院有错误时．应该告知其向有管辖权的人民法院起诉。

（三）起诉的期限

公民、法人或者其他组织提起行政诉讼，必须在法律规定的期限内提出诉讼，对超过法律规定期限的起诉，人民法院有权拒绝受理。行政诉讼法规定起诉期限的目的不是要限制公民、法人或者其他组织依法享有的诉讼权利，而在于促使其及时行使权利，使法律关系尽早地稳定下来。

1. 期限

（1）公民、法人或者其他组织直接向人民法院提起诉讼的，应当自知道或者应当知道作出行政行为之日起 6 个月内提出。法律另有规定的除外。

（2）公民、法人或者其他组织不服复议决定的，可以在收到复议决定书之日起 15 日内向人民法院提起诉讼。复议机关逾期不作决定的，申请人可以在复议期满之日起 15 日内向人民法院提起诉讼。法律另有规定的除外。

（3）关于最长诉讼保护期限。最长保护期限就是指自行政机关作出行政行为之日起，经过一定的时间，不论当事人知道该行为与否，都不得再起诉。因不动产提起诉讼的案件自行政行为作出之日起超过 20 年，其他案件自行政行为作出之日起超过 5 年提起诉讼的，人民法院不予受理。

（4）行政机关不履行法定职责的起诉期限。公民、法人或者其他组织申请行政机关履行保护其人身权、财产权等合法权益的法定职责，行政机关在接到申请之日 2 个月内不履行的，公民、法人或者其他组织可以向人民法院提起诉讼。法律、法规对行政机关履行职责的期限另有规定的，从其规定。公民、法人或者其他组织对行政机关不履行法定职责提起诉讼的，应当在行政机关履行法定职责期限届满之日起 6 个月内提出。

公民、法人或者其他组织在紧急情况下请求行政机关履行保护其人身权、财产权等合法权益的法定职责，行政机关不履行的，提起诉讼不受以上规定期限的限制。比如，公安机关在收到公民紧急救助的申请后，而不立即出警造成损害的，就属于这种情形。

2. 起诉期限的扣除和延长

（1）起诉期限的扣除。公民、法人或者其他组织因不可抗力或者其他不属于其自身的原因耽误起诉期限的，被耽误的时间不计算在起诉期限内。不可抗力是指相对人无法预见、无法预防、无法避免和无法控制的事由，属于法律事件范畴，如地震、洪灾、台风、低温、雨雪、冰冻等自然灾害。"不属于自身的原因"是指不可抗力之外的客观原因，如病重、重伤等致使当事人在一定时间内不能正确表达意志的。需要注意的是，起诉期限的扣除不需要人民法院的准许而直接扣除。

（2）起诉期限的延长。公民、法人或者其他组织因其他特殊情况耽误起诉期限的，在障碍消除后10日内，可以申请延长期限，是否准许由人民法院决定。起诉期限延长需要具备三个条件：一是发生了其他特殊情况；二是需要当事人向人民法院提出申请；三是需要人民法院准许。实践中相对人不能及时起诉的原因多种多样，为了进一步保护相对人的诉权而作出了此项规定。

（四）起诉方式

起诉应当向人民法院递交起诉状，并按照被告人数提出副本。书写起诉状确有困难的，可以口头起诉，由人民法院记入笔录，出具注明日期的书面凭证，并告知对方当事人。可见起诉方式有两种：

1. 起诉状

一般情形下，要求原告要以书面形式起诉，即起诉状形式。起诉状一般包括以下内容：原告的基本情况；被告的基本情况；诉讼请求和事实根据及其理由；证据及其来源，证人姓名和住所。

2. 口头起诉

为了更好地保护相对人的诉权，当事人可以口头起诉。当然这是一项特别规定，条件是当事人书写困难。

二、受理

（一）受理的概念

行政诉讼中的受理，是指人民法院对公民、法人或者其他组织的起诉经过审查，认为符合法律规定的起诉条件而决定立案并予以审理的诉讼行为。

原告起诉是法院受理的前提，没有原告的起诉就没有人民法院的受理，但受理并不是起诉的必然结果，受理是人民法院行使国家审判权对起诉行为进行审查而单方面得出的结论，是人民法院行使审判权的重要标志．只有经过起诉与受理这两个诉讼行为的结合，诉讼程序才能开始。

（二）对起诉的处理

1. 登记立案

人民法院在接到起诉状时对符合行政诉讼法规定的起诉条件的，应当登记立案。对当场不能判定是否符合本法规定的起诉条件的，应当接收起诉状，出具注明收到日期的书面凭证，并在 7 日内决定是否立案。不符合起诉条件的，作出不予立案的裁定。裁定书应当载明不予立案的理由。原告对裁定不服的，可以提起上诉。起诉状内容欠缺或者有其他错误的，应当给予指导和释明，并一次性告知当事人需要补正的内容。不得未经指导和释明即以起诉不符合条件为由不接收起诉状。对于不接收起诉状、接收起诉状后不出具书面凭证，以及不一次性告知当事人需要补正的起诉状内容的，当事人可以向上级人民法院投诉，上级人民法院应当责令改正，并对直接负责的主管人员和其他直接责任人员依法给予处分。

2. 法院不立案的救济

人民法院既不立案，又不作出不予立案裁定的，当事人可以向上一级人民法院起诉。上一级人民法院认为符合起诉条件的，应当立案、审理，也可以指定其他下级人民法院立案、审理。

3. 驳回起诉

有下列情形之一，已经立案的，应当裁定驳回起诉：

（1）不符合《行政诉讼法》第 49 条规定的；

（2）超过法定起诉期限且无正当理由的；

（3）错列被告且拒绝变更的；

（4）未按照法律规定由法定代理人、指定代理人、代表人为诉讼行为的；

（5）未按照法律、法规规定先向行政机关申请复议的；

（6）重复起诉的；

（7）撤回起诉后无正当理由再行起诉的；

（8）行政行为对其合法权益明显不产生实际影响的；

（9）诉讼标的已为生效裁判所羁束的；

（10）不符合其他法定起诉条件的。

人民法院经过阅卷、调查和询问当事人，认为不需要开庭审理的，可以径行裁定驳回起诉。

（三）受理的法律后果

符合法定条件的起诉一旦被人民法院受理后，即产生以下法律后果：

1. 人民法院依法取得了对该案的审判权，排除了其他国家机关或者其他法院对该案件的受理和管辖。

2. 受理意味着诉讼审理程序的正式开始。人民法院从立案之日起，开始计算一审时限，人民法院负有在审限内审结案件的义务。

3. 受理后意味着当事人取得了各自的诉讼地位，并相应地享有诉讼权利和承担诉讼义务。

三、第一审程序

行政诉讼第一审程序是人民法院首次审理行政案件所适用的程序。在行政诉讼中，第一审程序是最重要、最基础的程序，它是所有行政案件基本的、必经的程序阶段，是二审程序的前提条件，只有经过一审程序才能有二审程序。

（一）简易程序

1. 简易程序的含义

简易程序是一种相对于普通程序来说的审判程序，它是普通程序的简化，但不是普通程序的分支程序，而是与普通程序并存的一种独立的简便易行的诉讼程序。行政诉讼简易程序是指专门由人民法院用来审理简单的行政诉讼案件所适用的审判程序。

2. 简易程序的适用范围

（1）适用简易程序案件的标准

适用简易程序的行政案件应当符合三个标准：事实清楚、权利义务关系明确、争议不大。所谓事实清楚是指当事人提供的证据足以证明案件争议事实的真相，不需要人民法院做大量的调查取证工作。所谓权利义务关系明确是指当事人之间的权利义务关系简单、清楚，双方之间的争议也比较明确。所谓争议不大是指当事人对他们之间引起行政争议的事实、案件发生的原因、权利义务的归属等方面没有太大争议。

（2）适用简易程序的案件类型

共有四类案件可以适用简易程序：第一类是被诉行政行为是依法当场作出的，比如交警对于违章停车的车主当场作出处罚决定的案件。第二类是案件涉及款额 2000 元以下的，这类案件由于涉案金额较低，可以适用简易程序。第三类是属于政府信息公开的案件，这类案件属于争议不大，权利义务关系明确，可以适用简易程序。第四类属于当事人同意适用简易程序的案件，要注意的是只有原告、被告、第三人都同意的，才能适用简易程序。

（3）简易程序的排除项。首先，简易程序只适用于第一审行政案件，上诉案件、按照审判监督程序再审的案件不能适用。其次，发回重审的案件也不能适用简易程序。《行政诉讼法》第 89 条第 1 款第（3）、（4）项规定人民法院审理上诉案件"（三）原判决认定基本事实不清、证据不足的，发回原审人民法院重审，或者查清事实后改判；（四）原判决遗漏当事人或者违法缺席判决等严重违反法定程序的，裁定撤销原判决，发回原审人民法院重审。"这两类案件都是事实不清、争议比较大的行政案件，当然不能适用简易程序。

3. 简易程序的审理方式和审理期限

简易程序实行审判员独任审判制。设立简易程序就是为了节约司法资源，而实行独任审判制，能够更好地体现这一点。需要注意的是，独任审判必须是审判员独任审判，而不能是陪审员独任审判。《行政诉讼法》第 101 条规定："人民法院审理行政案件，关于期间、送达、财产保全、开庭审理、调解、中止诉讼、终结诉讼、简易程序、执行等，以及人民检察院对行政案件受理、审理、裁判、执行的监督，本法没有规定的，适用《中华人民共和国民事诉讼法》的相关规定。"根据这一规定，人民法院在适用简易程序审理行政案件时，可以用简便方式传唤当事人和证人、送达诉讼文书、审理案件，但应当保障当事人陈述意见的权利。

适用简易程序审理的行政案件，应当在立案之日起 45 日内审结。注意这里的 45 日是固定的期间，不能延长。在审理过程中，如果发现确有特殊情况 45 内不能审结的，应当裁定转为普通程序。

4. 简易程序和普通程序的转换

人民法院在审理过程中，发现案件不宜适用简易程序的，裁定转为普通程序。不宜适用简易程序需要转为普通程序的情形主要包括：当事人对适用简易程序提出异议，人民法院认为异议成立的；当事人改变或者增加诉讼请求，使案情复杂化的；因当事人依法申请人民法院调取证据、申请证人出庭等原因导致案件不能在 45 日内不能审结的；案件具有一定的代表性，可能影响相同案件或者同类案件审理的；案件关系到原告、第三人基本生活、生产，可能引发群体性事件的。

（二）第一审普通程序

1. 审理前的准备

审理前的准备，是指人民法院受理案件后至开庭审理前，为保证审判工作的顺利进行和案件正确、及时审理，审判人员所做的一系列准备工作。它是一个必经的步骤，其中心任务是为开庭审理创造必要的条件。审理前的准备工作主要包括以下内容：

（1）组成合议庭

人民法院审理行政案件，由审判员组成合议庭，或者审判员、陪审员组成合议庭。合议庭的成员，应当是 3 人以上的单数。合议庭在审判长的领导下进行活动，合议庭全体人员集体审理、共同评议，按少数服从多数的原则表决案件审理工作中的重大事宜。

（2）通知被告应诉和发送诉讼文书

人民法院应当在立案之日起 5 日内，将起诉状副本发送被告。被告应当在收到起诉状副本之日起 15 内向人民法院提交作出行政行为的证据和所依据的规范性文件，并提出答辩状。人民法院应当在收到答辩状之日起 5 日内，将答辩状副本发送原告。被告不提出答辩状的，不影响人民法院审理。

（3）初步审阅诉讼材料或更换、追加当事人

通过对原告、被告提供的起诉状、答辩状和各种证据材料进行审查，合议庭可以全面地了解案情，熟悉原告的诉讼请求和理由及被告答辩理由，为开庭审理做好准备，同时在比较全面了解案情的基础上，根据实际情况对诉讼主体进行全面审查，及时更换和追加当事人，决定或通知第三人参加诉讼。

（4）确定其他事项

确定开庭审理的时间、地点，并应当在开庭 3 日前通知当事人和其他诉讼参加人。公开审理的案件，应当公告当事人的姓名、案由和开庭的时间、地点。

2. 开庭审理

开庭审理，是指在审判人员的主持下，在当事人和其他诉讼参与人的参加下，依法定程序对行政案件进行审理并作出裁判的活动。庭审阶段是全部

审理活动的中心环节，主要任务是审查、核实证据，查明案情，正确适用法律，确认当事人之间的权利义务关系，作出正确的裁判。一般来说，完整的庭审程序主要包括：

（1）开庭准备

开庭准备不同于审理前的准备，它是为确保顺利开庭而需要完成的程序性工作。人民法院应当在开庭审理的 3 日前，通知当事人开庭的时间、地点。

（2）宣布开庭审理

首先，由书记员查明当事人和其他诉讼参与人是否到庭，并宣布法庭纪律。其次，由审判长宣布开庭，宣布审判人员、书记员名单，宣布案由，告知当事人的诉讼权利和义务，并询问当事人是否申请回避。

（3）法庭调查

法庭调查是指审判人员以及当事人和诉讼参与人在法庭审判人员的主持下，调查案件事实，审查判断证据的诉讼活动。法庭调查的一般顺序是：

a. 原告宣读起诉状，提出诉讼请求及事实根据。然后由被告宣读答辩状，说明作出行政行为的事实根据和所依据的规范性文件。

b. 当事人陈述和询问当事人。

c. 询问证人，审查证人证言材料。

d. 出示书证、物证和视听资料等。

e. 询问鉴定人、勘验人，审查鉴定结论、勘验笔录。

当事人在法庭上有权提出新的证据，还可以要求重新鉴定、调查或者勘验，是否准许由人民法院决定。如果合议庭认为案件事实已经查清，审判长即可宣布法庭调查结束，进入法庭辩论阶段。

（4）法庭辩论

法庭辩论是在审判人员的主持下，当事人及其诉讼代理人就案件的事实问题和法律适用问题相互进行辩驳质证、申明理由的活动。法庭辩论的一般顺序是：原告及其诉讼代理人发言；被告及其诉讼代理人发言；第三人及其诉讼代理人发言；当事人相互辩论。

当审判长认为案件的事实已经辩论清楚，即可宣布法庭辩论结束。由审判长按顺序咨询原告、被告、第三人的最后意见，宣布休庭，合议庭评议。

（5）合议庭评议

法庭辩论结束后，进入合议庭评议阶段。合议庭组成人员在评议案件时，实行少数服从多数的原则，按照多数的意见作出裁决。评议过程应当制作笔录，评议中的不同意见应当如实记入笔录，并由合议庭全体成员及书记员签名。

（6）公开宣判

行政案件无论是否公开审理，都要公开宣判。宣告判决的方式有两种：一种是当庭宣判，即在合议庭评议结束后立即宣告判决，并应当在 10 日内发送判决书。另一种是定期宣判，在开庭审理结束后的某个日期公开宣告判决。定期宣判的，宣告后立即发给判决书。宣告判决时，应当告知当事人上诉权利、上诉期限和上诉法院。

3. 审理期限

人民法院应当在立案之日起 6 个月内作出第一审判决。有特殊情况需要延长的，由高级人民法院批准，高级人民法院审理第一审案件需要延长的，由最高人民法院批准。

（三）妨害行政诉讼行为的排除

1. 妨害行政诉讼行为的含义及构成

妨害行政诉讼的行为，是指在行政诉讼过程中，诉讼参与人以及其他公民、法人故意实施的扰乱诉讼秩序、妨碍诉讼正常进行的各类违法行为。构成妨害行政诉讼的行为应当具备三个要件：（1）在行政诉讼过程中实施；（2）行为人主观上是故意的，过失行为不构成；（3）客观上妨碍了行政诉讼的正常进行。

根据《行政诉讼法》第 59 条的规定，妨害行政诉讼的行为有以下几种：

（1）有义务协助调查、执行的人，对人民法院的协助调查决定、协助执行通知书，无故推脱、拒绝或者妨碍调查、执行的；

（2）伪造、隐藏、毁灭证据或者提供虚假证明材料，妨碍人民法院审理案件的；

（3）指使、贿买、胁迫他人作伪证或者威胁、阻止证人作证的；

（4）隐藏、转移、变卖、毁损已被查封、扣押、冻结的财产的；

（5）以欺骗、胁迫等非法手段使原告撤诉的；

（6）以暴力、威胁或者其他方法阻碍人民法院工作人员执行职务，或者以哄闹、冲击法庭等方法扰乱人民法院工作秩序的；

（7）对人民法院审判人员或者其他工作人员、诉讼参与人、协助调查和执行的人员恐吓、侮辱、诽谤、诬陷、殴打、围攻或者打击报复的。

2. 排除措施

根据行政诉讼法的规定，排除妨害行政诉讼行为的措施主要有：

（1）训诫

训诫是指人民法院对有轻微违反行政诉讼秩序要求的人，以批评警告的方式指出行为人的错误及其危害，并责令不许再犯。

（2）责令具结悔过

责令具结悔过是指人民法院对犯有轻微妨害行政诉讼行为的人，令其写出书面悔过，认识所犯错误的性质、危害，并保证不再重犯的制度。

（3）罚款

罚款是指人民法院对犯有较重妨害行政诉讼行为的人实施经济制裁，责令其缴纳一定数量的金钱的强制措施。罚款的数额应在 1 万元以下。

（4）司法拘留

司法拘留是指人民法院对严重妨害行政诉讼行为的人限制人身自由的一种强制措施。拘留的天数在 5 日以下。严重妨害行政诉讼构成犯罪的，应依法追究刑事责任。

人民法院对有妨害行政诉讼行为的单位，可以对其主要负责人或者直接责任人员予以罚款、拘留；构成犯罪的，依法追究刑事责任。

人民法院在采取排除妨害行政诉讼的强制措施时应遵循排除措施的形式与妨害行为的性质相适应的原则。训诫、责令具结悔过由合议庭当场作出，罚款、司法拘留须经人民法院院长批准后才能实施。当事人对罚款、司法拘留决定不服的，可以向人民法院申请复议。

（四）审理中的各项制度

1. 撤诉

行政诉讼中的撤诉，是指人民法院受理行政案件后至宣告判决或者裁定前，原告主动要求撤回诉讼或者放弃诉讼请求，经人民法院准许而终结诉讼的法律制度。它是原告行使处分权的一种体现，也是人民法院终结行政案件审理的一种方式。根据《行政诉讼法》的规定，行政诉讼中的撤诉分为两种：申请撤诉和按照撤诉处理。

（1）申请撤诉

申请撤诉即原告自愿放弃起诉权的行为。申请撤诉需满足一系列条件方能达到撤诉的后果，主要有：撤诉是原告自愿明确提出的或者被告改变其所作的行政行为，原告同意并申请撤诉的；申请撤诉符合法律规定，撤诉申请的提出必须在判决、裁定宣判前提出；撤诉必须经人民法院准许。

（2）按照撤诉处理

按照撤诉处理的情形有三个：一是经人民法院传票传唤，原告无正当理由拒不到庭的；二是原告未经法庭许可中途退庭的；三是原告或者上诉人未按规定的期限预交案件受理费，又不提出缓交、减交、免交申请，或者提出申请未获批准的，按自动撤诉处理。

（3）撤诉的法律后果

在行政诉讼中，经人民法院裁定准许撤诉后，原告以同一事实和理由重新起诉的，人民法院不予受理。

如果被告在行政诉讼中改变了被诉的行政行为，原告申请撤诉，并经法院准许后，行政机关又以同一事实和理由作出相同的行政行为的，原告重新起诉的，人民法院应当受理。如果准许撤诉的裁定确有错误，原告申请再审的，人民法院应当通过审判监督程序撤销原准予撤诉的裁定，重新对案件进行审理。

2. 缺席判决

缺席判决，是指人民法院开庭审理时，在一方当事人或双方当事人未到庭陈述、辩论的情况下而作出判决的一种法律制度。根据《行政诉讼法》的规定，缺席判决有两种情况：一是被告无正当理由拒不到庭，二是被告未经法庭许可中途退庭的可以缺席判决。

3. 财产保全与先予执行

（1）财产保全

行政诉讼财产保全，是指人民法院在因一方当事人的行为或者其他原因，可能使行政行为或者人民法院生效裁判不能或者难以执行的情况下，根据对方当事人的申请或者依职权对有关财产加以保护的措施。

在行政诉讼中，人民法院在诉讼中采取财产保全措施主要是：因一方当事人的行为或者其他原因，可能使人民法院生效裁判不能或者难以执行；因一方当事人的行为或者其他原因，可能使行政行为不能或者难以执行。这是与民事诉讼相比，行政诉讼增加了法院财产保全的情形，这是因为，有些行政机关并没有被法律赋予强制执行权，只能申请法院强制执行。

（2）先予执行

先予执行，是指人民法院在终局判决之前，为解决权利人生活或生产经营的急需，依法裁定义务人预先履行一定数额的金钱或者财物等措施的制度。先予执行的着眼点是满足权利人的迫切需要。行政诉讼中的先予执行，是指人民法院在审理行政案件过程中，根据原告的申请，裁定被告先行给付一定数额的金钱或特定物，并立即执行的制度。

人民法院对起诉行政机关没有依法支付抚恤金、最低生活保障金和工伤、医疗社会保险金的案件，权利义务关系明确、不先予执行将严重影响原告生活的，可以根据原告的申请，裁定先予执行。当事人对先予执行裁定不服的，可以申请复议一次。复议期间不停止裁定的执行。

4. 审理程序的延阻

审理程序的延阻，是指因特殊原因使诉讼程序不能按正常程序进行，而出现的程序终结、中止和延期审理的情形。

（1）延期审理

延期审理，是指在法定情形出现时，人民法院决定把已经确定的审理日期或正在进行的审理推延至另一日期再审理的制度。行政诉讼法未规定延期审理的情况，根据审判实践经验，并参考民事诉讼法的有关规定，延期审理适用于以下情形：

a. 因当事人请求而延期审理。

b. 当事人有正当理由不能按时参加诉讼的。

c. 需要通知新的证人到庭、调取新的证据、重新鉴定、勘验或者需要补充调查的。

d. 其他应当延期审理的情况。

（2）诉讼中止

诉讼中止，是指正在进行的诉讼程序，因出现某种原因而使诉讼暂时停止，待原因消除后诉讼继续进行的一种法律制度。应当中止诉讼的情形包括：

a. 原告死亡，需要等待其近亲属表明是否参加诉讼的；

b. 原告丧失诉讼行为能力，尚未确定法定代理人的；

c. 作为一方当事人的行政机关、法人或者其他组织终止，尚未确定权利义务承受人的；

d. 一方当事人因不可抗力的事由不能参加诉讼的；

e. 案件涉及法律适用问题，需要送请有权机关作出解释或者确认的；

f. 案件的审判须以相关民事、刑事或者其他行政案件的审理结果为依据，而相关案件尚未审结的；

g. 其他应当中止诉讼的情形。

（3）诉讼终结

诉讼终结，是指正在进行的诉讼程序，由于出现某种特殊情况不得已结束诉讼的一种法律制度。诉讼终结包括以下情形：

a. 原告死亡，没有近亲属或者近亲属放弃诉讼权利的；

b. 作为原告的法人或者其他组织终止后，其权利义务的承受人放弃诉讼权利的；

c. 因原告死亡须等待其近亲属表明是否参加诉讼，或者原告丧失诉讼行为能力尚未确定法定代理人，或者作为一方当事人的行政机关、法人或者其他组织终止，尚未确定权利义务承受人的，使诉讼中止满90日仍无人继续诉讼，但有特殊情况例外。

5. 有限调解制度

建立行政诉讼调解制度不仅能够及时化解行政纠纷，而且对于节约司法成本，构建和谐社会都有着重大意义。《行政诉讼法》第60条规定，人民法院审理行政案件，不适用调解。但是，行政赔偿、补偿以及行政机关行使法律、法规规定的自由裁量权的案件可以调解。调解应当遵循自愿、合法原则，不得损害国家利益、社会公共利益和他人合法权益。可见，原则上行政案件还是不适用调解的，但是法律放宽了可以调解案件的范围，因此称为有限调解制度。

（1）调解范围

可以调解的案件有三类：

a. 行政赔偿案件。行政赔偿是国家赔偿的一种，是指行政机关及其工作人员在行使职权的过程中，违法侵犯公民、法人或其他组织的合法权益造成损害，国家对此承担赔偿责任的法律制度。因为行政赔偿主要涉及金钱赔偿，因而可以调解。

b. 行政补偿案件。行政补偿是指行政机关在管理公共事务过程中，因合法的行政行为给公民、法人或者其他组织的合法权益造成损害时，由国家给予补偿的法律制度。因为行政补偿案件主要涉及金钱或者实物补偿，因而也是可以调解的。

c. 涉及自由裁量权的案件。根据法律的规定，行政机关在行使某些行政职权时具有一定的自由裁量权，这是行政事务的复杂性所造成的不可避免的现象。比如，行政机关在罚款时，就可以在法定幅度内自由裁量。对于此类案件也是可以调解的。

（2）调解原则

在进行调解时必须遵循三项原则：一是双方当事人自愿原则，不得强迫调解，尤其是行政机关不得强迫公民、法人或者其他组织接受调解；二是合法原则，不得违反法律的禁止性规定，或者规避法律进行调解；三是不得损害第三方利益原则。第三方利益包括国家利益、社会公共利益和他人合法权益。

（3）调解程序

行政诉讼法没有规范调解程序，但是根据《行政诉讼法》第 101 条的规定，调解程序准用民事诉讼法的规定。

6. 行政行为的不停止执行制度

行政诉讼期间，不停止执行被诉的行政行为是原则，停止执行是例外。行政行为具有公定力，行政行为一经依法作出，在未经法定程序予以撤销前被推定为有效，即使起诉也不产生停止被诉行政行为继续执行的效力，即在行政诉讼期间也不停止执行该行政行为。这是提高行政效率的需要，如果一遇争议就将行政行为搁置一边不予执行，等待漫长的复议决定乃至一、二审判决的作出，将不利于行政管理秩序。

诉讼期间，不停止行政行为的执行。但有下列情形之一的，裁定停止执行：

（1）被告认为需要停止执行的；

（2）原告或者利害关系人申请停止执行，人民法院认为该行政行为的执行会造成难以弥补的损失，并且停止执行不损害国家利益、社会公共利益的；

（3）人民法院认为该行政行为的执行会给国家利益、社会公共利益造成重大损害的；

（4）法律、法规规定停止执行的。

当事人对停止执行或者不停止执行的裁定不服的，可以申请复议一次。

7. 民事争议和行政争议交叉处理制度

《行政诉讼法》第 61 条规定，在涉及行政许可、登记、征收、征用和行政机关对民事争议所作的裁决的行政诉讼中，当事人申请一并解决相关民事争议的，人民法院可以一并审理。在行政诉讼中，人民法院认为行政案件的审理需以民事诉讼的裁判为依据的，可以裁定中止行政诉讼。

在行政诉讼中一并审理民事案件，有利于减少当事人的诉累，使当事人的权益得到及时的保护，也有利于节约司法资源，提高审判效率，同时也可以防止行政诉讼和民事诉讼的裁判结果相矛盾。

在行政诉讼中一并审理民事案件，需要具备四个条件：一是行政诉讼成立，符合起诉和受理条件；二是该行政诉讼涉及行政许可、登记、征收、征用或者行政裁决事项；三是当事人提出申请；四是行政诉讼和民事诉讼之间具有关联性。

四、第二审程序

行政诉讼中的第二审程序，又称为上诉审程序，是指上级人民法院对下级人民法院就第一审行政案件所作的裁判，在其发生法律效力以前，由于当事人的上诉而对案件进行重新审理的程序。设立二审程序，对于实现当事人的上诉权，维护当事人的合法权益和实现上级法院对下级法院的审判监督，保证人民法院裁判的正确性具有重要作用。

（一）上诉的提起

1. 上诉的条件

上诉是当事人不服一审法院所作出的未生效的行政裁判，在法定期限内声明不服，提出上诉状请求上一级人民法院对行政案件进行第二次审理并撤销或改变第一审裁判的行为。上诉是法律赋予当事人的一项重要的诉讼权利，既不能被剥夺，也不能被限制。当事人依法提起上诉，就必然引起第二审程序。当事人提起上诉，须具备以下条件：

（1）上诉必须有上诉的法定对象。即未生效的第一审行政裁判。

（2）上诉人和被上诉人必须是适格的。第一审程序的当事人，包括原告、被告、第三人及其法定代理人和其他组织的法定代表人，都有资格提起上诉；委托代理人必须经被代理人的特别授权，才能以被代理人的名义提起上诉。

（3）上诉必须遵守上诉的法定期限。当事人不服第一审人民法院判决的，有权在判决书送达之日起 15 日内向上一级人民法院提起上诉；当事人不服第一审人民法院裁定的，有权在裁定书送达之日起 10 日内向上一级人民法院提起上诉。当事人逾期不上诉的，即丧失上诉权。在上诉期间，当事人因不可抗拒的事由或者其他正当理由耽误了上诉期限的，应在障碍消除后 10 日内申请顺延上诉期限，是否准许由人民法院决定。

（4）上诉必须递交上诉状。上诉状是表明当事人上诉意愿和请求的书面诉讼文书。

(5) 上诉必须依法交纳诉讼费用。

2. 上诉的提起

当事人上诉,既可以向原审人民法院提出,也可以直接向第二审法院提出。上诉状应当通过原审人民法院提出,并按照对方当事人的人数提出副本,当事人直接向第二审人民法院上诉的,二审法院应当在 5 日内将上诉状发交原审法院。原审法院或二审法院收到上诉状后应当立即通知对方当事人。原审法院应当在 5 日内将上诉状副本送达对方当事人。对方当事人收到上诉状副本后,应当在 10 日内提出答辩状。当事人不提交答辩状的,不影响人民法院的审理。原审法院应当在收到答辩状之日起 5 日内将副本送达当事人。原审法院应当在 5 日内连同全部案卷和证据报送二审法院,已经预收的诉讼费用一并报送。

(二) 上诉的撤回

在二审法院受理上诉至作出二审裁判之前,上诉人认为自己的上诉理由不充分,或者接受一审裁判等,可以向二审法院申请撤回上诉。撤回上诉应当递交撤诉状。撤回上诉是否准许,应由二审法院裁定。

有下列情形之一的,人民法院有权裁定不准撤诉:(1) 原审法院的裁判确有错误,应当依法纠正或发回重审的案件。(2) 在第二审程序中,行政机关不得改变被诉的行政行为,而上诉人因行政机关改变其原行政行为才申请撤回上诉的。(3) 撤回上诉将影响或损害被上诉人权益的,或者损害国家、集体、他人利益的。(4) 双方当事人都提出上诉,而只有一方当事人提出撤回上诉的。

撤回上诉的法律后果:上诉人丧失对本案的上诉权,不得再行上诉;一审裁判发生法律效力;诉讼费用由上诉人负担。

(三) 上诉案件的审理

1. 审判组织

人民法院审理行政案件无论是第一审程序还是第二审程序,都必须采用合议制,不能采用独任制。在第二审程序中,合议庭成员只能由审判员组成,合议庭成员不得有陪审员。

2. 审理的方式

人民法院对上诉案件,应当组成合议庭,开庭审理。经过阅卷、调查和询问当事人，对没有提出新的事实、证据或者理由，合议庭认为不需要开庭审理的，也可以不开庭审理。可见，审理二审案件，以开庭审理为原则，以书面审理为例外。

对于经过审查阅卷，调查、询问当事人，没有提出新的事实、证据或者理由的上诉案件，合议庭认为案件事实清楚，上诉人的请求和理由明确，上诉人和被上诉人双方提出的事实和证据基本一致，纠纷比较清楚，可以不开庭审理，即书面审理。其他上诉案件应当一律开庭审理。

3. 审理的对象

行政诉讼中上诉案件实行全面审查，不仅要审查一审裁判的合法性，还要审查被诉行政行为的合法性；不仅要审查证据是否充分，还要审查法律、法规适用是否正确；不仅要审查实体问题，还要审查程序问题；不仅要进行事实审，还要进行法律审。这样规定，主要是为了能够及时、全面、有效地解决行政争议，真正做到诉息事了。

4. 二审裁判

第二审人民法院对上诉案件经过审理后，根据不同情况，分别作出裁判：

（1）原判决、裁定认定事实清楚，适用法律、法规正确的，判决或者裁定驳回上诉，维持原判决、裁定；

（2）原判决、裁定认定事实错误或者适用法律、法规错误的，依法改判、撤销或者变更；

（3）原判决认定基本事实不清、证据不足的，发回原审人民法院重审，或者查清事实后改判；

（4）原判决遗漏当事人或者违法缺席判决等严重违反法定程序的，裁定撤销原判决，发回原审人民法院重审；

（5）原审人民法院对发回重审的案件作出判决后，当事人提起上诉的，第二审人民法院不得再次发回重审；

（6）人民法院审理上诉案件，需要改变原审判决的，应当同时对被诉行政行为作出判决。

5. 二审审限

人民法院审理上诉案件，应当在收到上诉状之日起 3 个月内作出终审判决。有特殊情况需要延长的，由高级人民法院批准，高级人民法院审理上诉案件需要延长的，由最高人民法院批准。需要延长期限的特殊情况，主要是指案情复杂，或者当事人提出了新的证据、事实需要调查核实，工作量较大，有可能在 3 个月内无法审结的。具体情况要根据实际情况来决定。

五、审判监督程序

（一）审判监督程序概述

1. 审判监督程序的概念

行政诉讼中的审判监督程序，又称为再审程序，是指人民法院发现已经发生法律效力的裁判违反法律、法规的规定，或者根据当事人的申请以及人民检察院的抗诉，而依法对案件再次进行审理的程序。审判监督程序并不是每个行政案件的必经程序，而只是对已经发生法律效力的违反法律、法规的裁判确实需要再审时所适用的一种特殊程序，其设置的目的是保证人民法院公正、正确地审理行政案件，体现审判工作实事求是、有错必纠的精神。

2. 审判监督程序和二审程序的区别

审判监督程序与二审程序有着密切关系。两者审理的对象都是人民法院已经作出的裁判，审理的目的都是纠正人民法院已经作出的裁判可能存在的错误。但两者存在显著的区别：

（1）提起的主体不同

提起审判监督程序的主体必须是法律明确规定的原审人民法院院长、上级人民法院、最高人民法院、人民检察院或者当事人。第二审程序的提起主体是第一审程序的当事人。

（2）审理的对象不同

审判监督程序审理的对象是已经发生法律效力的裁判；第二审程序审理的是尚未生效的裁判。

（3）提起的条件不同

提起审判监督程序，必须是生效的判决、裁定违反法律、法规的规定；提起第二审程序，只要当事人提出并符合上诉的条件就可以。

（4）提起的时间不同

法律没有明确规定提起审判监督程序的时间，只是对当事人申请再审有相应时间的规定，即应当在判决、裁定或者调解书发生法律效力后 6 个月提出；第二审程序的提起只能在法定的上诉期限内提出。

（5）审理的法院不同

审判监督程序既可以由原审人民法院审理，也可以由原审人民法院的上一级法院审理，还可以是更高级别的法院审理。第二审程序只能由第一审法院的上一级法院审理。

（二）审判监督程序的提起

1. 提起审判监督程序的原因

第一，当事人的再审申请符合下列情形之一的，人民法院应当再审：

（1）不予立案或者驳回起诉确有错误的；

（2）有新的证据，足以推翻原判决、裁定的；

（3）原判决、裁定认定事实的主要证据不足、未经质证或者系伪造的；

（4）原判决、裁定适用法律、法规确有错误的；

（5）违反法律规定的诉讼程序，可能影响公正审判的；

（6）原判决、裁定遗漏诉讼请求的；

（7）据以作出原判决、裁定的法律文书被撤销或者变更的；

（8）审判人员在审理该案件时有贪污受贿、徇私舞弊、枉法裁判行为的。

第二，人民法院提起再审的事由除以上八种情形外，还包括调解违反自愿原则或者调解书内容违法的情形。

第三，人民检察院提起再审的事由除以上八种情形外，还包括调解书损害国家利益、社会公共利益的情形。

2. 提起审判监督程序的主体

（1）当事人对已经发生法律效力的判决、裁定，认为确有错误的，可以向上一级人民法院申请再审，但判决、裁定不停止执行。

第一，当事人向上一级人民法院申请再审，应当在判决、裁定或者调解书发生法律效力后6个月内提出。有下列情形之一的，自知道或者应当知道之日起6个月内提出：

a. 有新的证据，足以推翻原判决、裁定的；

b. 原判决、裁定认定事实的主要证据是伪造的；

c. 据以作出原判决、裁定的法律文书被撤销或者变更的；

d. 审判人员审理该案件时有贪污受贿、徇私舞弊、枉法裁判行为的。

第二，有下列情形之一的，当事人可以向人民检察院申请抗诉或者检察建议：

a. 人民法院驳回再审申请的；

b. 人民法院逾期未对再审申请作出裁定的；

c. 再审判决、裁定有明显错误的。

第三，人民法院基于抗诉或者检察建议作出再审判决、裁定后，当事人申请再审的，人民法院不予立案。

（2）最高人民法院、上级人民法院可以提起再审；各级人民法院院长对本院的生效裁判有提起再审的建议权，需要提交审委会讨论决定。

（3）最高人民检察院、上级人民检察院有权通过抗诉的方式提起再审；地方各级人民检察院对同级人民法院已经发生法律效力的判决、裁定，可以通过检察建议的方式或通过上级检察院抗诉的方式提起再审。

（三）再审案件的审理

再审案件的程序根据《行诉法解释》，参照《民事诉讼法》的有关规定，再审的程序为：

1. 裁定中止原裁判的执行

按照审判监督程序决定再审的案件，应当裁定中止原裁判的执行；裁定由院长署名，并加盖人民法院印章。

2. 再审案件适用的程序

人民法院按照审判监督程序再审的案件，发生法律效力的判决、裁定是由第一审人民法院作出的，按照第一审程序审理，所作的判决、裁定，当事人可以上诉；发生法律效力的判决、裁定是由第二审人民法院作出的，按照第二审程序审理，所作的判决、裁定是发生法律效力的判决、裁定；上级人民法院按照审判监督程序提审的案件，按照第二审程序审理，所作的判决、裁定是发生法律效力的判决、裁定。

人民法院审理再审案件，应当另行组成合议庭。原来参加案件审理的审判人员不能参加对案件的再审，以防原审判人员的主观偏见。

3. 再审案件的裁判

人民法院审理再审行政案件，应当对原裁判认定的事实和适用的法律进行全面审查，不受原裁判范围和当事人申诉范围的限制。人民法院对行政案件进行再审后，应分别对不同情况作出处理。

（1）维持原裁判

人民法院经过审理后，认为原生效判决、裁定认定事实清楚，证据确凿，符合法定程序，适用法律正确的，应当判决维持并继续执行原判决。原中止执行的裁定自行失效。

（2）撤销原生效裁判并作出相应的裁判，或发回重新裁判

人民法院经过对再审案件的审理，认为原生效判决、裁定确有错误，在撤销原生效裁判的同时，可以对生效判决、裁定的内容作出相应的裁判，也可以裁定撤销生效的裁判，发回作出生效裁判的人民法院重新审理。

（3）裁定撤销原判，发回重审

人民法院审理再审案件，发现生效裁判有下列情形之一的，应当裁定发回作出生效裁判的人民法院重新审理：

a. 审理本案的审判人员、书记员应当回避而未回避的；

b. 依法应当开庭审理而未经开庭即作出判决的；

c. 未经合法传唤当事人而缺席判决的；

d. 遗漏必须参加诉讼的当事人的；

e. 对与本案有关的诉讼请求未予裁判的；

f. 其他违反法定程序可能影响案件正确裁判的。

人民法院发现原裁判存在以上问题的，必须发回作出生效裁判的人民法院重新审理，再审法院不能直接进行改判。

（4）对生效的不予受理或驳回起诉裁定错误的处理

人民法院经过对再审案件的审理，发现原审法院不予受理或者驳回起诉错误的，应当分别作出处理：

a. 如果生效的不予受理或者驳回起诉裁定是一审法院作出的，再审法院应当撤销一审法院的裁定，作出予以受理的裁定；

b. 如果第二审人民法院维持第一审人民法院不予受理裁定错误的，再审法院应当撤销第一审、第二审人民法院裁定，指令第一审人民法院受理；

c. 如果第二审人民法院维持第一审人民法院驳回起诉裁定错误的，再审法院应当撤销第一审、第二审法院裁定，指令第一审人民法院审理。

4. 再审期限

再审案件根据适用的程序不同而有不同的审限，如果是按照第一审程序审理的，人民法院应当在再审立案之日起6个月内作出一审判决；如果是按照第二审程序审理的，人民法院应当在再审立案之日起3个月内作出终审判决。一、二审有特殊情况需要延长审限的，由高级人民法院批准，高级人民法院需要延长审限的，由最高人民法院批准。

参考文献

[1]黄擎.关于中国行政法学的体系化困境分析[J].法制博览,2019.

[2]李福林,张肇廷.从"行为论"到"关系论"的中国行政法学[J].学术研究,2018.

[3]施立栋.形成性评价与法学本科课程的改革——以《行政诉讼法学》课程为例[J].安顺学院学报,2018.

[4]马颜昕.行政法重点问题与法治政府新课题——中国行政法学研究会2016年年会综述[J].行政法学研究,2017.

[5]向芳青,王友云.公共行政实践中行政学与行政法学学科的互动建构[J].四川行政学院学报,2019.

[6]谢文宇.部门行政法学研究之三重进路[J].法制博览,2018.

[7]王柯颖.中国行政法学的体系化困境及其突破方向[J].赤子,2018.

[8]章志远.新《行政诉讼法》司法解释对行政法学理论的发展[J].福建行政学院学报,2018.

[9]杨贵先.中国行政法学的体系化困境及其突破方向[J].法制与社会,2018.

[10]马怀德,王玎.2017年行政法学研究述评:行政法学理论新发展[J].湖南科技大学学报(社会科学版),2018.

[11]江国华,梅扬.行政决策法学论纲[J].法学论坛,2018.

[12]宋杨.公共服务问题的行政法学研究[J].区域治理,2018.

[13]庞雨欣.论近代中国行政法学的起源[J].法制博览,2017.

[14]纪雪.行政法学视角下的高等学校学生管理行为[J].赤子,2017.